L0565021

上海三联人文经典书库

编委会主任　　陈启甸

主　　编　　陈　恒　黄　韬

编　委　会　　（以姓氏笔画为序）
　　　　　　　于　沛　王　旭　王晋新　王晓德
　　　　　　　王海利　王晴佳　卢汉超　刘　昶
　　　　　　　刘北成　刘津渝　刘新成　向　荣
　　　　　　　江晓原　宋立宏　张绪山　张　强
　　　　　　　李剑鸣　杨巨平　杨熙楠　汪民安
　　　　　　　范景中　陈　新　陈仲丹　陈志强
　　　　　　　陈　淳　林子淳　林在勇　金寿福
　　　　　　　侯建新　查常平　俞金尧　贺照田
　　　　　　　赵立行　夏可君　徐晓旭　晏绍祥
　　　　　　　高　毅　郭小凌　郭长刚　钱乘旦
　　　　　　　黄　洋　彭　刚　彭小瑜　韩东育
　　　　　　　魏楚雄

Published in the United States
by Oxford University Press Inc., New York
© John Hatcher and Mark Bailey 2001
The mortal rights of the authors have been asserted
Database right Oxford University Press (maker)
First published 2001

All rights reserved. No part of this publication may be reproduced, stored in a retrieval
system, or transmitted, in any form or by any means,without the prior permission
in writing of Oxford University Press, or as expressly permitted by law, or under
terms by agreed with the appropriate reproghaphic rights organizations. Enquiries
concerning reproduction outside the scope of the above should be sent to the Rights
Department, Oxford University Press, at the address above

国家出版基金项目
NATIONAL PUBLICATION FOUNDATION

上海三联人文经典书库

111

中世纪的模型
英格兰经济发展的历史与理论

［英］约翰·哈彻 马克·贝利 著

许明杰 黄嘉欣 译

MODELLING THE MIDDLE AGES
THE HISTORY AND THEORY OF ENGLAND'S ECONOMIC DEVELOPMENT

上海三联书店

"十三五"国家重点图书出版规划项目

国家出版基金资助项目

国家社会科学基金重大项目

"英国经济社会史文献学专题研究"（项目号 17ZDA225）的阶段性成果；

国家社会科学基金青年项目

"法律视角下中世纪晚期英格兰民众与国家关系研究"（项目号19CSS002）资助。

总　序

陈　恒

　　自百余年前中国学术开始现代转型以来,我国人文社会科学研究历经几代学者不懈努力已取得了可观成就。学术翻译在其中功不可没,严复的开创之功自不必多说,民国时期译介的西方学术著作更大大促进了汉语学术的发展,有助于我国学人开眼看世界,知外域除坚船利器外尚有学问典章可资引进。20世纪80年代以来,中国学术界又开始了一轮至今势头不衰的引介国外学术著作之浪潮,这对中国知识界学术思想的积累和发展乃至对中国社会进步所起到的推动作用,可谓有目共睹。新一轮西学东渐的同时,中国学者在某些领域也进行了开创性研究,出版了不少重要的论著,发表了不少有价值的论文。借此如株苗之嫁接,已生成糅合东西学术精义的果实。我们有充分的理由企盼着,既有着自身深厚的民族传统为根基、呈现出鲜明的本土问题意识,又吸纳了国际学术界多方面成果的学术研究,将会日益滋长繁荣起来。

　　值得注意的是,20世纪80年代以降,西方学术界自身的转型也越来越改变了其传统的学术形态和研究方法,学术史、科学史、考古史、宗教史、性别史、哲学史、艺术史、人类学、语言学、社会学、民俗学等学科的研究日益繁荣。研究方法、手段、内容日新月异,这些领域的变化在很大程度上改变了整个人文社会科学的面貌,也极大地影响了近年来中国学术界的学术取向。不同学科的学者出于深化各自专业研究的需要,对其他学科知识的渴求也越来越迫切,以求能开阔视野,迸发出学术灵感、思想火花。近年来,我们与国外学术界的交往日渐增强,合格的学术翻译队伍也日益扩大,同时我们也深信，学术垃圾的泛滥只是当今学术生产面相之一隅，高质量、原创作的学术著作也在当今的学术中坚和默坐书斋的读书种子中不断产生。然囿于种种原因，人文社会科学各学科的发展并不平衡，学术出版方面也有畸轻畸重的情形（比如国内还鲜有把国人在海外获得博士学位的优秀论文系统地引介到学术界）。

有鉴于此，我们计划组织出版"上海三联人文经典书库"，将从译介西学成果、推出原创精品、整理已有典籍三方面展开。译介西学成果拟从西方近现代经典（自文艺复兴以来，但以二战前后的西学著作为主）、西方古代经典（文艺复兴前的西方原典）两方面着手；原创精品取"汉语思想系列"为范畴，不断向学术界推出汉语世界精品力作；整理已有典籍则以民国时期的翻译著作为主。现阶段我们拟从历史、考古、宗教、哲学、艺术等领域着手，在上述三个方面对学术宝库进行挖掘，从而为人文社会科学的发展作出一些贡献，以求为21世纪中国的学术大厦添一砖一瓦。

献给珍妮丝与朱莉

目录

中文版序

有关社会经济发展的三大传统理论对于中世纪乃至其他时段的历史写作产生了长期的深远影响,因此有必要对其进行批判性的解释与考察。2001年出版的《中世纪的模型》一书在许多层面上就是对这一需求的回应。这些模型最初由十八、十九世纪的思想家构建,特别是卡尔·马克思、托马斯·马尔萨斯和亚当·斯密,此后又由数代的历史学家、经济学家、人口学家和政治学家不断调整、延伸和拓展。三种最重要且相互竞争的历史变化大模型由此产生。这些模型将证据与理论强有力地结合起来,因此当今学界对于长时段历史变迁的分析、叙述和描绘大多仍然受到其影响。

有关人类各时段、世界各地区的历史写作往往都会参考宏大的理论模型。经济社会变迁的主要进程规模巨大且十分复杂,这意味着历史学家不能指望只是通过收集、叙述事实便可对其进行描绘、分析和解释。现有史料的覆盖范围时常是不完整的,而且我们难以全然理解其内容。此外,我们难以区分各部分之间相互关系的强度差异,如果要对其进行测量,难度则更大。理论则为我们应对证据和方法方面的这些挑战提供了一个不可或缺的框架,有助于历史学家理解大量的零散证据以及各种记载不充分的事件和进程。

这三个主要的传统超级模型主要用于描述解释中世纪欧洲的经济社会发展及其从封建主义向资本主义的转型过程,而本书的主旨就是探究这些模型的思想优势、连贯性与历史准确性。中国的史学传统同欧洲史,特别是英国史研究采用的史学方法有很多共通之处。二十世纪初以来,马克思主义逐渐成为中国史学研究的主要解释理论,该理论强调生产资料所有者与受其支配的劳动者之间的一系列斗争导致社会转型。与此类似，在解释英国前工业化时期的历史方面，马克思主义理论的地位一直很突出。

英格兰中世纪经济社会史学者不仅强调阶级斗争和财产关系的力量，还接受另外两种有关历史发展原动力（prime movers）的模型，这两种模型极有影响力而且存在着相互竞争关系。其中一种主张说，因为土地与人口乃是前工业经济生产的两大核心要素，二者之间平衡关系的重大变化会产生巨大影响力。另一种则最为强调商业化的兴起，包括货币、贸易、城镇、工业和技术，以及市场如何影响到生产核心要素的使用与交换。

本书第一章是概述，涉及历史写作与历史解释所使用的方法模型的作用。随后三章就三个主要模型逐一进行讨论，首先是"人口与资源"，其次是"阶级权力与财产关系"，最后是"商业化、市场与技术"。其中每一章都先解读相应模型结构中的理论元素以及模型如何运作，随后讨论历史学家、经济学家和其他学者如何不断对模型进行发展改进。然后我们对该模型主要支持者的著作进行详细的批判性考察，涉及其理论性观点与推断。接着我们的重点从理论转向证据，分析那些用于支撑理论论点的历史证据。最后，我们从多个角度对模型的总体优势和劣势进行评价，包括将其同现有证据所展示的整体情况以及其他替代模型进行比较。

倒数第二章进一步探讨这些模型的缺点，同时也讨论了更多内容，包括最近出现且已应用于中世纪经济社会发展研究的一些模型，例如排斥理论、制度变革和产权理论。所有这些模型在其自身的表达分析系统中是有说服力的，而且还提出了好问题并做出了有力的论证，对于我们理解长时段历史发展进程的不少重要方面是有启发意义的。总之，每种模型都提供了一个相对简单且易于理解的解释框架，有助于我们理解数个世纪里经济社会变革的复杂性与不确定性。然而每种模型为了让自身具备清晰简单的特征，又选择集中关注小范围的力量和进程，并将这些力量提升到主要发展动力的地位，同时将所有其他因素降至次要地位。所有这些模型都集中强调一种因果关系的首要性（primacy），但如果我们对比这些模型，或者将模型放在特定空间、时间和特定主题的范围内进行检验（恰如第五章对英格兰农奴制和维兰制进行的个案研究），这种做法很快就会丧失合理性，其缺陷也一目了然。

不过这三种经典的超级模型虽然都存在缺陷，但仍然为中世纪英格兰经济社会史研究提供了极好的介绍，也为前工业化时期经济社会如何以及为何会发展这一重大问题提供了解答路径。尤其是在历史理论和实践、历史方法论的宽泛层面，它们可为学者们提供强有力的思想训练。本书的最后一章专门讨论历史研究如何超越这些经典的、有影响力的但实质上又内容粗略的超级模型。随着我们理解力的持续进步，用于模拟中世纪经济社会行为的模型也必然要变得更少说教、更为复杂且更加包容。这些模型必须要在更大范围内整合各种模型的要素，并且强调这些要素的相互依存关系而非独立性。

自本书 2001 年出版以来，学界出现了大量的跨学科研究，关注十四至十八世纪西北欧的兴起问题，换言之就是从封建主义向资本主义过渡、现代经济的崛起。这些研究越来越多地使用数学模型来探讨一系列不同变量之间复杂的互动关系如何影响到经济变化的具体因素，例如城镇的有无如何改变农奴制的成本效率。比较研究相比来说更为传统，但目前一些前沿的比较研究揭示了"农奴制"在欧洲不同地区之间所体现的差异程度，以及市场的规模和效率如何随着当地制度结构的不同而变化。英格兰对于该争论具有双重意义。首先，作为首个工业化国家，英格兰的历史经验能为我们探讨重大的历史变革进程提供决定性的洞见。其次，中世纪英格兰拥有无可比拟的资料条件，目前学界正使用这些文献为扎实的定量分析提供数据，通过准确计算农奴制的负担程度和绘制农奴制衰落的年代表来解决长期存在的抽象争论。

英国中世纪史研究将继续吸引全球各地的学者，该领域里跨学科研究方法的发展也将继续受到欢迎。现在学者们也更加意识到，不能过分强调气候变化和流行疾病等自发性事件对经济发展的影响。然而，正如本书所说，我们使用更加复杂的方法和模型来探究过去发生了什么，并解释其如何以及为何会发生，但其结果是否有效也取决于我们使用的历史证据的质量如何。中世纪英国史的研究者们将继续在生产新证据方面发挥重要作用，进而决定历史学科之外的学者如何使用该证据来解释英国成为世界上首个工业化国家的原因。本书为这类历史研究提供了一项指南，至今已为业内读者广泛使用，从学习历史的本科学生到专门从事长时段发展研究的经济学家。在这个层面上说，本书已经起到了作用，并将继续发挥作用。

我们非常感谢许明杰博士和黄嘉欣女士，他们极其认真地完成了本书的翻译工作。我们希望中国读者能喜欢本书，并就其中涉及的一系列基本问题提出意见、建议乃至批评。

约翰·哈彻与马克·贝利
2019 年 6 月于剑桥与伦敦

前言

　　我们写作本书是出于一系列动机。首先,我们意识到研究中世纪经济的本科生愈加需要一部有关该学科的导论著作,用来介绍经济发展"大模型"的理论与实践。但是长期以来我们对于这些模型也有不满,这些不满牵涉到模型自身的部分思想和实证内容,也涉及其对中世纪及以后时段历史(研究)的影响,以及那些对中世纪文献与特征知之甚少的业外人士运用这些模型的方式。过去两千年的历史如何以及为何如此发展? 相关探讨几乎总是归结到如下某个因素的主导性作用,要么是阶级矛盾的普遍存在,要么是贸易的推动,要么是繁衍的欲望。人们有争斗的冲动、交易的冲动、抑或……交配的冲动,但历史进程又何止这些。在我们学科的某些部分普遍存在着一种分类文化,总是尝试将历史学家分成这个或那个思想流派,这也会让我们感到困窘不安。例如我们常被视作波斯坦或马尔萨斯史学流派的成员,尽管我们二人都曾写作过一系列与该学派思想相抵触的作品。毕竟,哈彻出版于1977 年的著作《瘟疫、人口与英格兰经济,1350—1530 年》的一个主要 论点便是:在这一时期人口明显未按照马尔萨斯模式发展;而哈彻的《英格兰的农奴制与维兰制》一文的核心观点便是人口和经济力量无法充分解释自由与不自由的历史。另外,贝利最早发表的成果《边缘经济》和《边缘的概念》也反复驳斥了波斯坦的观点,后者在其设计的关于黑死病前后经济发展的李嘉图式基本模型中赋予边缘地区关键性地位。

　　因为该书的写作出于多重动机,事实证明写作的难度也远远超出我们最初的预想,这其实并不奇怪。一方面,该书希望对一些概念提供基本性的介绍，这些概念在十八、十九世纪由亚当·斯密、托马斯·马尔萨斯、大卫·李嘉图、卡尔·马克思和约翰·冯·杜能阐述过，通过二十世纪的历史学家和社会科学家之手被塑造成三大对立的解释模型，分别鼓吹"商业化"、"人口与资源"抑或"阶级权力与财产关系"是历史的原动力。在本书的三个主要章节中这些模型会逐一得到解析，从基本理论到用于论证其合理性的证据。不过拆解这些复杂理论模型并考察其构成部分的过程绝非只是简化，无论是探究其内部的优缺点，或是基于历史知识验证这些理论，或是考察其对关键性因素强调的合理性。我们不可避免地要复原中世纪经济的历史，涉及对历史哲学与方法、因果关系性质的探讨，期待此举对中世纪研究专家以及业外人士都能有所裨益。

我们非常清楚，尝试达到的目标这么多，触及的大问题如此浩繁，而篇幅却如此有限，因此很多重要的领域自然无法充分覆盖，其他领域则可能被完全遗漏或误读。所以作为自我辩护，我们要在此说明这是一本怎样的书。我们无意写作一部对历史哲学和实践有贡献的杰作，尤其不愿鼓吹某个传统模型的优点而贬黜其他，亦不愿提出一个全新的或修正的模型。这些模型都致力于准确呈现或解释其所涉及的历史主题或时段，该书对这些主张进行了批判。对于新马尔萨斯模型、斯密模型和马克思模型的考察构成了本书的核心内容，但我们有意避开了以这些模型的名义衍生出来的一系列理论，与这些模型内部阐释存在的微妙差异以及由此产生的各种争议。为了对三大超级模型的核心元素进行复原并对其各方面优缺点进行评估，我们尽可能忠实准确地引述这些模型主要倡导者已发表的作品，同时也准确地引述了相关评论家已发表的作品，力求相关的正反面观点能够兼顾平衡。但为了思路清晰和行文简练，我们没有逐一考察这些历史学家研究视角和观点的演进过程，对他们最新看法的微妙变化也未做出全部说明。在历史学家的学术生涯中，因为思考更为深入、参与争论或知识面扩大，他们经常更换立场或改变观点。假若我们因此就增添相关学者的思想传记，这本书则会全然不同，不仅篇幅更长，而且思路肯定会变得含混不清。

在本书写作过程中,我们亏欠颇多。在写作初期,理查德·布里特内尔和邓肯·拜瑟尔提供了有价值的建议,并对初稿提出了很多中肯意见。书中有关马克思主义模型的一章因为史蒂夫·里格比颇具洞察力的批评而改进许多。吉姆·戈尔比不仅分享西拉葡萄的愉悦,还激发我们探讨混沌理论对于社会科学的意义。无需赘言,该书随后篇章表达的观点之责任全由作者承担。

x

约翰·哈彻与马克·贝利

第一章　方法与模型

　　中世纪经济史为模型的建构提供了绝佳的土壤。进入该学科的新人很快便能发现历史学家的作品充满了对理论和抽象概念的认知，而对这一时期历史的阐释会弥漫着诸多相互对立的宏大模型的影响，这些模型涉及长时段历史变化发展的过程。

　　有关十二、十三世纪人口与定居点扩张的研究会大量引述托马斯·马尔萨斯和大卫·李嘉图的经济理论，这些理论在十八、十九世纪之交兴起；与他们同时代的亚当·斯密则阐述了自由贸易的原理，该理论渗透到有关城镇、贸易和商业发展的研究之中；而卡尔·马克思的思想对地主和租户关系的研究同样是意义巨大。而历史学家在着力描绘十四世纪早期的伦敦如何得到食物和燃料供应方面，就应用了十九世纪普鲁士农场主——约翰·冯·杜能的抽象思想[1]；而对中世纪英格兰农民家庭和份地性质的考察则经常会引述十九世纪俄国社会科学家恰亚诺夫的概念，有时也会引用布尔什维克思想家和革命者列宁的观点。[2]

---

[1] B. M. S. 坎贝尔、J. A. 加洛韦、D. 基恩与 M. 墨菲：《中世纪的首都及其谷物供应：1300 年前后伦敦地区的农业生产与消费》，历史地理研究系列，30（1993 年）；J. A. 加洛韦、D. 基恩与 M. 墨菲：《为城市供应能源：伦敦地区柴火与燃料的生产与分配，1290—1400 年》，《经济史评论》，第 2 系列，49（1996 年）。

[2] R. H. 希尔顿：《农民阶级》，收入 R. H. 希尔顿编：《中世纪后期的英格兰农民》（牛津，1975 年）；R. M. 史密斯：《有关英格兰乡村家庭及其财产的几个问题，1250—1800 年》，收入 R. M. 史密斯编：《土地、亲属关系与生命周期》（剑桥，1984 年），第 6—8、11—12 页；P. 加特里尔：《俄罗斯背景下的历史学家与中世纪英格兰社会的农民研究》，《过去与现在》，96（1982 年）。

　　学术界对理论的热衷近来并无减弱的迹象。最近几年出版的研究中就有一部书热衷使用"排斥理论"来阐释中世纪后期英格兰社会，①又有一本书则运用一般均衡理论与帕累托图来揭示英格兰庄园系统的运行状况，②另一部书则使用了包含一系列复杂数学公式的"严谨"模型来分析欧洲（尤其是英格兰）中世纪经济的增长与停滞，③还有一部书则旨在使用经济"增长理论"达到类似目的。④　而且，发生于二十世纪七十年代末的"布伦纳争论"集中关注中世纪与近代早期欧洲经济变革的过程与原因，涉及相互迥异甚至对立的各种分析方法，该争论的余波仍在很多研究中引起回响。⑤

　　中世纪对于历史模型的建造者极有吸引力，理论化对于中世纪史学家也极有吸引力，其中有许多原因。中世纪持续了五百年甚至更久，在这个漫长而独特的时代，经济社会生活的诸多核心领域发生了变革。英格兰的居民人数在 1086 年《末日审判书》制定后的两百年间增加了两倍，然后急剧下降。在十四世纪初之前，定居点增长的规模巨大，土地垦殖更加精细；庄园、领主自营地农业、农奴制都繁荣起来；城镇、贸易和市场成倍增长，工业活动也有扩张发展。与之相反，在十四、十五世纪，人口减少了一半以上，农村和城市定居点大规模萎缩，贸易和经

---

① S. H. 里格比：《中世纪后期的英格兰社会：阶级、地位与性别》（1995 年）。

② R. M. 唐森德：《中世纪乡村经济：对一般均衡理论中帕累托图的一项研究》（普林斯顿，1993 年）。

③ K. G. 佩尔松：《前工业化时期的经济增长：欧洲的社会组织与技术进步》（牛津，1988 年）。下文第 156—159、161—162 页继续讨论（原文页码，译者注，后文都如此处理）。

④ G. D. 斯诺克斯：《无时间的经济学：忽视历史变革力量的科学》（1993 年），第二部分；同作者：《盎格鲁—诺曼与之后时期经济中市场的动态作用，1086—1300 年》，收入 R. H. 布里特内尔与 B. M. S. 坎贝尔编：《商业化经济：1086—1300 年的英格兰》（曼彻斯特，1995 年）。下文第 159—161 页会继续讨论。

⑤ 该争论的最初原始成果最先出现在《过去与现在》杂志上（1975 至 1982 年），后来以论文集的形式再次出版，即 T. H. 阿斯顿与 C. H. E. 菲尔品编：《布伦纳争论：前工业化时期欧洲的农业阶级结构与经济发展》（剑桥，1985 年）。后来的一些研究对布伦纳在争论中提及的问题做出了明确回应，例如约翰·哈彻：《对英格兰的农奴制与维兰制的一项再探讨》，《过去与现在》，90（1981 年）；R. W. 霍伊尔：《近代早期英格兰的土地保有权与土地市场：或为对布伦纳争论的一个迟到的贡献》，《经济史评论》，第 2 系列，43（1990 年）；M. 梅特：《中世纪晚期东苏塞克斯郡的土地市场与乡村阶级结构》，《过去与现在》，139（1993 年）。

济活动的水平明显下滑，领主普遍放弃农业生产转而热衷出租土地，而农奴制则走向彻底衰落，民众生活水平飙升。

即便只是细致描述这些巨大变化便已是一项艰巨的挑战，而为此提供充分的解释则是历史学家们仍在努力实现的目标。为什么通常所说的"封建时代"的诸多典型特征会演变消失？领主与农民之间的关系本质上是对立的吗？中世纪经济是欠发达的吗，如若是，那是为什么？经济增长何时以及为何会发生，是什么刺激了增长，又是什么抑制了增长？货币和市场是如何对实物交易、实物支付、个人劳役产生更大影响，对于生产消费模式又产生了什么影响？即使解决了这些中世纪历史的难题，我们还需要让这段历史符合更长时段历史变化的巨大模型。任何这样的尝试都必然会引发更大、更复杂的问题，例如从封建经济向资本主义经济的转变何时以及为何会发生，为何英格兰是率先开始工业化的国家？要想追寻这些问题的答案，我们必然要进行更广泛的研究并做出更多思考。

经济社会变迁的主要进程规模巨大且十分复杂，这意味着历史学家不能指望只是通过收集叙述事实性信息便可对其进行描绘、分析和解释。事实需要考量和解释。现有史料的覆盖范围时常是不完整的，而且我们无法全然知晓或理解其内容。理论和推测是任何宏大研究不可或缺的成分，历史学家为了保证其作品的连贯清晰，时常会借用抽象概念和模型，主要是为了获得可用的结构框架。

当然，应用于历史研究的模型与理论的规模和性质会在内容和结构上呈现巨大差异，有些只是集中于特定时间里某个地方或部门的经济，也有宏大的学说将中世纪仅仅视作西方或整个世界文明发展的一步而已。有些是传统理论，其他则是新的。一些是由经济学家或理论家而非历史学家创造或改进的，而其他则由缺乏中世纪专业知识的历史学家提出。一些充斥着诗意的而非分析的方法，[1]其他的可能缺乏

① 约翰·希克斯爵士《经济史理论》，牛津，1969年，第2页）称阿诺德·汤因比的历史理论《历史研究》，共三卷，1934年出版）是"巨型设计"，称奥斯瓦尔德·斯宾格勒的历史理论《西方世界的衰落》，1918年德语版首次出版）是"更具美学而非科学趣味的历史模型"。

美学趣味，但有着深厚的社会科学方法基础。[1]

历史学家并不总是明确表示会使用理论，即便他们是自觉地这么做，部分原因应该是许多理论推导出的结论正好符合系统性的历史学者的直观预料。但其他历史学家会骄傲地指出自己观点背后的理论基础。理论和模型并非只是用来阐述和解释过去。事实上，有时候会反过来，过去的历史会成为理论和模型的试验场。有历史学家以及社会科学家会从一项理论或判断出发研究一段历史，看事实是相符还是矛盾。因此，他们的做法与大多数历史学家相反，后者会从事实出发看是否有一种理论可以有助于他们的历史阐释。

历史方法

历史学是个大学科，历史专业恰如一个大教会，里面有很多教派相互争论。世界上并无唯一正确的历史写作方法。历史学家有各式各样的目标，会通过不同方式来实现，他们也会以不同方式来完成相同的任务。[2] 在该专业的每个分支中都有一些人否认理论的用处，甚至认为它极其有害，而其他人则乐于拥抱所有新的科学或伪科学潮流。抵制使用理论的那些人通常认为历史事件是独特的，促发历史事件的力量是多样的，而且过去的经验极其复杂，不可能全然嵌入任何模型或由任何抽象理论充分解释。而沉迷于使用理论的人则会争辩说，否认理论价值并且过分强调事件独特性的历史学家对历史上重复发生的事件之间的相似性视而不见，因此注定只能是编年史家，可以写出有趣但相互之间无甚联系的逸事，对回答历史的重大问题几乎没有贡献。

事实上，历史学家如果想要有所成就，就不能只是追求史实或客观。单纯的史实不可能走得太远。一般认为历史学家的首要任务是叙述，复原过去发生的事情。但即便是这项基本工作也需要在叙述时对

---

[1] 例如，D. C. 诺斯的模型基于制度和制度安排（下文第 192—197 页会讨论），罗伯特·布伦纳的模型则基于马克思主义模型的变体。

[2] 对历史学家技艺的生动描绘，可参考 R. J. 埃文斯：《捍卫历史》（1997 年）。

事件做出选择,并且决定对每起事件倾注多少精力。选择了进行研究的事件与主题领域之后,再想对所有相关事件进行研究往往不太可能,也不适宜,即便是在严格限定的时段范围内。此外,研究使用的大量信息通常是迥异的,甚至相互矛盾。证据必须得到考量,并非所有证据都具有同等说服力或重要性,一些是不可靠或者琐碎的,而且很可能并非所有证据都会指向同一方向。即便是特定的主题有绝佳的文献做支撑,特别是如中世纪这样的遥远时期,也可能在文献的覆盖面上存在空缺,因此需要通过这种或那种猜测来弥补。

因此即便历史学家可能自称仅以事实为指导并谴责任何形式的主观性或推测,事实上几乎所有历史研究都必须要选择那些被认为最准确和最重要的事实,并且要对其重要性进行些许估量。既然如此,即便是那些自称能够抵抗量化魅力的人也时常会基于对信息的考量和某种形式的计算来做出判断。因此最具政治性的传记也会根据重要性对事实进行选择和排序,在研究部长、顾问、国王、女王等人的能力时会评判他们在不同阶段表现的相对优劣,这些做法本质上或者应该就类似于计算。

当然,很少有历史学家乐于只是对个别事件进行描述。除了对广阔时段的一系列事件进行描述,他们还经常寻求解释事件发生的方式、原因及其相关意义。研究的主题越广,历史学家便越寻求进行解释而不只是描述,就越会突破事实的单纯描述带来的有限安全感。因为历史本身具有复杂性,而且现存证据给研究者提供了巨量的复杂甚至矛盾的信息,历史学家必然要使用系统的研究方法来处理材料,进行分类分级,提出恰当的问题,而且还要适当地将其纳入概念框架之内。一些历史学家在做这件事时会公然将理论运用到其掌握的确凿证据中,而其他历史学家则更进一步,直接采用某个模型的解释框架。

经济理论与经济史

历史研究需要历史学家根据他们所选研究主题的情况,去熟悉了

解从科学到人文等一系列学科的资源方法。概念模型和理论的使用尤
其适用于经济史研究，因为该研究与经济学有着共同的主题。① 经济
史的首要目的并非发现或呈现原有的事实。它本质上是一个以问题为
中心的学科，旨在提供一般性答案，并对特殊情况进行描述，不仅弄清
楚发生了什么，而且解释如何发生以及为何发生。为了实现这个目标，
它还必须对事实进行诠释，并且根据重要性对其进行排序，并考察事实
之间的潜在关系。在完成这些任务的过程中，它经常需要借助适当的
经济理论。基于一般行为模式的理论可能有助于历史学家将典型证据
与非典型证据分离，将一般证据与特殊证据分离，进而发现证据中的模
式，从而验证假设的合理性。经济学告诉我们，虽然无法完全预测个人
的行为，但可以观察更大的群体在特定情况下可能如何行动，进而得出
结论。因此，虽然某个特定的消费者的行为可能出于个人奇特的动机，
但需求理论与消费者理论有助于研究整个消费者群体与某个商品的整
体市场，也有助于分析他们如何就价格、质量以及替代商品的变化做出
反应等等。

　　经济学是个庞大的学科，从业者远远超过写作经济史的历史学家，
而且它的麾下还有一个庞大而且在迅速增长的理论体系。因此如若某
位经济史专家忽略了考察与其研究课题相关的理论分支，这便是明显
疏漏。但这并不意味着将理论应用于历史问题必定会简单或有益。经
济史学家的困境通常来说并非是否应该使用理论，而是使用哪种理论
以及如何使用。理论是否应该常规性地放入已有事实中，而且但凡与
特定历史事件或问题相关的一系列不同概念是否均应予以采用？ 或是
应该将事实纳入单一的理论或一组概念之中，构成一个连贯普遍的解
释模型？ 如果选择前者，结果可能是缺乏一致性与连贯性，如果选择后
者，则存在让事实适应模型的危险，而我们应该要让模型适应事实。

---

① 关于经济史的性质及其与经济学的关系，参看 J. 希克斯：《经济史理论》（牛津，1969 年）；
　　M. M. 波斯坦：《事实与相关性：历史学方法论文集》（剑桥，1971 年）；D. C. 科尔曼：《历
　　史与经济的过往：经济史的兴衰》（牛津，1987 年）；W. N. 帕克编：《经济史与现代经济学
　　家》（牛津，1986 年）；C. M. 奇波拉：《两种文化之间：经济史导论》（牛津，1991 年）。

　　理论的使用有时候可能会对理解造成障碍,而并非有助于消除障碍。大多数中世纪经济史学家有一种潜意识的看法,即市场数量在十二、十三世纪呈现了快速扩张的趋势,运行效率也提升,可供交易的商品范围也扩大,吸引农民而且便于农民参与买卖,而且鼓励那些有闲置资源的人更多地为市场生产,而这些发展反过来又有助于生产率的提升以及城镇、商业与工业的进一步发展。另一个看法也同样无可挑剔,即在特定时间、地点或情形下的实际后果取决于一系列附加因素的作用:消极的与积极的,偶然的与必然的,政治的、社会的、法律的与经济的。新的经济学研究可能为这些常识性观点提供了理论支持,但是又分化成许多不同的分支(包括路径依赖理论、内生增长理论、一般均衡探索理论、"新"贸易理论和协调失灵理论),而且很多还体现了高度的数理化特征,因此专业历史学家难以接触理解。[①] 在理想情况下,学者应该对理论和历史有同等掌握,但事实上这种情况极为罕见。

　　没有理论的历史往往缺乏价值维度,而如果将理论应用于历史却对其局限性缺乏认识,也会产生明显误导。这经常是历史学家的问题,而与理论本身无关。确实存在一些坏理论,但大部分理论是好的;不过并非所有好的理论都适合应用。有句俗语说道,过去的历史好比是异国他乡,行事方式颇为不同。因此适用于当代经济的经济理论并不能直接放回到过去,不能未经修正便直接应用于古代。经济理论若想尽量起到科学式的作用,便必须依托一系列的假设,主要涉及人类在特定情况下的行为方式,而且该行为根据公认的经济规律必须能保持一致性与合理性。不过涉及大多数人行为方式的这一系列假设虽然适用于当下或距今较近的历史时期,但可能不适用于更远的时期。例如,新古典经济学的一项基本主张是个人和企业组织寻求收入利润的最大化,但在中世纪,劳动者们在处于工资较高、基本生活需求得到满足之时,会对安逸表现出强烈欲望,而且对大领主而言,收入最大化往往是次要

---

① 要了解目前学界正在使用的这些方法,可参阅 P. 克鲁格曼:《地理与贸易》(鲁汶与伦敦,1991 年)。

目标，因为他们不仅是财产所有者，还是武士、宗教人士、政治人士或是他人的款待者与庇护人。此外，许多经济理论都基于自由市场运行这一前提，但在中世纪，因为习俗、维兰制与宗教说教等一系列复杂的非经济力量的干扰，土地、劳动力与资本市场的运作受到严重扭曲。

11   **中世纪的模型**

这本小书的内容并非历史研究的一般性方法，而是中世纪经济史研究已采用的各种不同方法。实际上本书做的比这一点更少，它并未涵盖中世纪历史研究的所有理论、概念与模型，而是集中于长期占主导地位的三种主流的思想流派，为了方便起见，这三个流派通常被简称为"商业化"、"马克思主义"和"人口论"。接下来的三章会依次专门讨论这三种流派，指出这些流派均将证据与理论强有力地结合起来，而且在近几十年来不断发展完善。我们应该充分认识到，这些流派对于中世纪西方历史的研究仍然产生着巨大影响，因为有关世界各个时期、地区的历史写作经常援引这些思想流派衍生出的某个模型。不过，虽然有学者不时努力融合这三种研究方法的元素从而产生新的解释，但是其他学者仍然沿用这些不同的研究方法，对相同的事件进程做出截然不同的解释，因为这些超级模型中的核心要么是人口，要么是商业，要么就是阶级关系。

驱动这些模型的前提预设可能对历史写作产生同时有益又有害的影响，这一点通过一种简单的方法便可说明，即关注那些本身并不起眼的小证据如何被赋予更重要的意义。例如，在十三世纪的文献记录中可以找到一些记载，说一两英亩荒地得到开垦进而用于种植谷物，或说庄园官员从非自由农民处收取现金，而不是要求其免费出工做一天的传统劳役，或因为佃农未能充分完成劳役而对其罚款。如果要评估这些碎片式证据的价值，第一步便是确定其发生的频率，并确定其是否代表了普遍现象。如果并非典型，这些证据对于任何解释都没有什么作用；但如果它们确实代表了普遍现象，那么历史学家的下个任务便是解

12

释这些事件为何会发生,并探究其可能产生的长期影响。如果很多小块荒地得到开垦,便可总结说贫瘠土地得到开垦乃是一个普遍趋势;频繁支付现金而不是服劳役可以看作货币得到更多使用的证据;不称职的维兰劳工的大量存在可以看作维兰对于履行奴役性义务(servile duties)的痛恨情绪在不断增长。

有人可能更进一步,通过积累起来的类似例证来突出经济社会变化的主要潮流,甚至可能解释历史为何走向这一进程而非其他进程。因此一小片荒地变为耕地,在基于马尔萨斯与李嘉图理论的人口模式看来,可能是社会陷入生存危机边缘的悲惨历程的一小步,此时人口的增长快于维系社会的资源的增长;而现金支付取代服劳役,这在强调商业化的斯密模型看来则意味着货币经济的强势兴起以及封建经济的衰落;在马克思主义模型看来,维兰劳工的抵抗可能象征着佃农与领主因为利益不可调和而展开了无情的斗争,最终会导致封建制度的崩溃。

通过这种方式,我们可以从无数混乱的信息中找到规律,并解答一些最为关键的问题。但是这也有明显的代价。历史学家从具体走向普遍,总是会脱离事实基础,必然也更具思辨推理色彩。区分典型与非典型包含的远不止是简单的计算,区分重要与非重要总是特别依赖个人对分类的判断力。要想得出确定性的答案,简单的计量通常是不够的,因为证据的留存是偶然的,而证据揭示的模式经常会随地点、事件的变化而呈现不同。在黑死病发生之前的数年时间里,在博德明高沼(Bodmin Moor)与达特姆尔高原,裸露的山坡上的凤尾草被清除,贫瘠土地变为耕地,而与此同时,在德比郡与斯塔福德郡的高地上,大量已开垦的土地重新荒芜。① 那么总体的趋势该如何确定呢?

此外,我们如果要区分证据并从大量具体细节中识别出总体趋势的过程,就需要涉及简化、量化与猜测推理等工作。建模者如果要从混乱中寻找到规律,只能将历史中看似独特而不可复制的大量事件抽象

13

---

① H. M. 哈勒姆编:《英格兰与威尔士农业史(第二卷),1042—1350 年》(剑桥,1988 年),第233—234、243—244 页。

化,进而强化其中的普遍性特征。但是历史学家只是人,既然有大量的证据可用,而且几乎总是有各种各样的例证可用来论证几乎任何假说,所以他们经常受到诱惑,为了特定的假说去寻找合适的证据,而不是相反。甚至客观事实由此也变得不再客观。有时历史学家赋予证据的意义超越了证据本身的含义,因为他们基于后见之明,强调证据预示着以后发生的普遍变化趋势。其他时候,历史学家认为某些事件比其他事件更有影响力,因为他们认为这些事件揭示了核心要素而非次要事务的运行机制,但是到底什么是核心要素、什么是次要事务通常却并无定论。

历史学家不仅在判断力方面会体现差异,而且还会在立场方面截然相反,这反映了他们研究取向甚至思想哲学的差异。在中世纪史领域,就如何解释证据展开的争论大多并无最终结果,即难以证明一种立场错误而另一种正确。一个好的例子便是有关十二世纪中叶领主自营地农场是否缩减的争论,此争论延续至今已有数十年。争论的主角——M. M. 波斯坦与 R. V. 伦纳德之间的观点差异不仅涉及当时历史的一些基本问题,也涉及从现有文献究竟能读到什么这种具体问题。[1] 简单来说,伦纳德坚持认为,所有文献都应根据其实际所说的内容来解读,例如格拉斯顿伯里修道院一个个庄园的地产调查记录了犁队的数量、自营地的面积、租金水平,而波斯坦则认为,任何合理的解读都应该考虑历史背景,要参考其他地方发生的情况。波斯坦将这一问题描述为"总趋势与地方临时性偶然事件"之间的关系,并且说"地方因素通常不过是一般因素在地方的表现"。换言之,波斯坦认为,如果根据一份特定文献可以得出两种可能的结论,那么其中符合该国或地区

---

[1] M. M. 波斯坦:《十二世纪的格拉斯顿伯里地产》,《经济史评论》,5(1953 年);R. 伦纳德:《十一、十二世纪格拉斯顿伯里修道院的自营地》,《经济史评论》,8(1956 年);M. M. 波斯坦:《十二世纪的格拉斯顿伯里地产:一项回应》,《经济史评论》,9(1956 年);R. 伦纳德:《格拉斯顿伯里地产:一项答复》,《经济史评论》,28(1975 年);M. M. 波斯坦:《格拉斯顿伯里地产:一次再回应》,《经济史评论》,38(1975 年)。A. R. 布里德伯里与 M. M. 波斯坦三年之后还就这些主题及其相关问题进行了交流,发表成果为《庄园外租现象》,《经济史评论》,31(1978 年),第 503—520、521—525 页。

证据显示的普遍情况的那个结论更有可能符合真实情况。但问题是：　　*15*
如何能准确识别并解释这一总体趋势呢？

　　一些模型涉及的主题广、时段长，因而经常显得非常复杂，但是随
着我们不断发掘出更大范围的历史经验，这些模型也尝试纳入该类信
息，因而变得更加精细。但复杂精细的特征主要通过如下两种方式实
现：将相关内容不断抽象化以及用晦涩的语言来表达，因此该特征只
是表面看来如此而已。同理论基础截然不同的是，大多数模型的事实
基础源自极致的概括简化工作，用模式化的概念与宽泛类型代表原本
可能是极其复杂广泛的无穷证据。因此，有些模型旨在证明，十三世纪
的人口上涨对于稀缺的资源造成了巨大压力，对这些模型而言，如下例
证必然不如其他相反的例证有价值：领主与维兰之间的残酷斗争、货
币经济的强势兴起、已开垦的沼泽又变为牧场以及佃农情愿向领主支
付劳役地租。而贫瘠土地获得开垦、货币地租受到欢迎以及有维兰违
抗上命等实例则被视作反映了经济的动态因素，并预示着经济的演进
方向。

　　当然，大多数的模型构建者也会意识到其研究方法有扭曲个别历
史事实的可能性。他们追求更伟大的真理，并且坚信这只能通过"见森
林"而非"见树木"的方法来实现。然而任何模型都要接受有效性方面
的考验，这首先体现为其所依赖的历史经验的范围，而这种历史经验会
随着证据的不断积累而持续变化。而推动这些模型前进的历史学家和　　*16*
社会科学家还会追求更大更高的目标，但是他们一旦这么做，维持模型
的前后内容连贯一致就成为一项更具挑战性的智力任务，他们会进一
步使用抽象概括的方法来操控愈加复杂混乱的事实证据。

　　而且，选择特定时间里最具代表性或重要性的证据，无论多么困
难，不过是证实模型有效性的第一阶段而已。对于大多数的巨型历史
模型而言，特别是作为本书核心的三个模型，试图解释宏大历史进程背
后的原因，包括农奴制与封建主义的兴衰、货币经济与资本主义的兴
起、经济活动的繁荣和衰退、城市化与工业化的增长。鉴于这些变迁跨
越了多个世纪，并且涉及经济、社会与政治生活的几乎各个部门，对于

这些变迁的描述、时段的确定以及内容的分配因此会涉及一系列事件，这些事件根本无法尽数罗列，而促进或阻碍这些进程的因素同样也可以罗列出一大长条。几乎没有经济进程只由经济因素决定。战争、法律、气候、疾病、土地劳动力的相对稀缺或货币供给量的规模都有可能对经济活动产生深刻影响，而罗列出重大历史进程背后的潜在影响因素与原因不过是完成解释工作的第一步。要想确定因果关系，就必须衡量所有的相关因素，区分哪些重要、哪些不重要，确定什么是最重要、最困难的，还要根据影响力的大小对这些因素的积极与消极作用进行排序。

17 　　因此我们对于如下取向应该不会感到奇怪：一些模型最富野心，致力于描述解释广泛复杂的历史事件和进程，因此其核心就只有一系列相对简单的假设、有限数量的变量以及受到严格限定的证据库。实际上，将复杂历史事实简单化的做法经常走得更远。模型的设计者或重新设计者一旦尝试在极其有限的事件因素之外加入其他，很快便会发现其模型变得更加复杂并且丧失连贯性。此外，模型纳入的新内容也只是所有相关因素中的一小部分，而且这些有幸被选的少数因素还受到严格限制。模型赋予所涉及因素的可变性与独立性越强，模型设计者在分析其相对重要性及其彼此影响时面临的困难就越大。因此，对于模型包含的所选因素，有必要让其中的大多数保持不变，这样便能集中探讨最重要的变量。有些研究为了测算人口上升对于农民生活水平产生的影响，便让很多关键因素，例如领主的行为、天气、技术水平与税收等保持不变，即便这些因素事实上是不断变化的。

　　事实上，许多模型走得更远，在探讨经济社会变迁时将单个因素或一系列紧密相关的因素提升到"原动力"（prime mover）的地位，与此同时也就将其他潜在力量降低到次要或辅助地位。历史"原动力"的倡导者们经常以如下方式实现其目标：让其他变量的影响力维持在固定而非动态的水平，或让这些变量的运行受制于所选的"首要原因"（prime cause）。因此，如果某个模型旨在强调人口力量的决定性作用，领主与农民的行为就会被看作相对不变，或者即便有变化，也被看作是人口升降产生的结果。同样,如果某模型旨在强调阶级关系的决定性作用,人口升降就被视作并未产生强大影响力,会下降到次要地位,甚至是作为领主与佃农行为变化的应变量(function)。

我们通常认为,模型内部应该要体现变化,这可以通过模型所选因素的相互作用来实现。这些所选因素有时被称为"内生性的"(endogenous)。在基于人口统计学的模型中,这类内生因素可能包括人口、土地、领主与佃农,而它们的关系与相互作用可能包括如下情况:领主因佃农占有土地而向其征收租金,土地是领主与佃农获取主要收入的手段,大多数佃农以劳作为生,等等。相比之下,"外生性的"(exogenous)因素一般不会出现在模型中,即便出现也不会被认为对模型的运行产生重大影响。这是因为外生性因素根据定义就是独立于其他因素之外,按照自身方式运行,故而可能破坏模型的连贯性和内部一致性,因为模型以逻辑原理为基础,要能预测结果。

人们普遍认为气候与疾病这两种现象是外生性的,因此三种主要的中世纪超级模型都淡化其意义。典型的马尔萨斯人口与资源模型认为人口会不断上升,最终导致经济的转变,生活水平下降,农业发生危机,死亡率急剧上升。但气候恶化也会导致生活水平下降、农业产出下降以及死亡率上升,因为恶劣天气会降低谷物、动物产量,使得农民可食用的东西变少,食物价格因此上涨。从十三、十四世纪之交,欧洲似乎确实开始经历长期的气候恶化,(1310 年代后期)异常漫长的强降雨天气对农业确实产生了灾难性影响。

马尔萨斯模型很显然不易纳入灾难性的天气因素,因为气候波动背后的力量之运行独立于人口水平或土地生产率之外。既然人口是马尔萨斯模型的关键内生性因素,又要论证生活水平长期处于低下状态主要源于人口过度增长,那么该模型的倡导者就必须要限制气候波动的影响力。人口在此前数百年内持续增长本身就会导致危机,气候恶化对于危机产生的影响可能只是加剧或加速了这一已有趋势而已。他们可能承认气候变化是经济变迁的重要甚至独立的影响因素,但是其影响力被限定在有限的地区,例如容易发生洪水的低洼的海岸地区,或在特定的时间内,例如 1315—1322 年。不过总的来说,最重要的病因是人口水平与支撑人口的可用资源之间处于长期失衡状态。正是因为这种不平衡局面持续恶化,一场深刻而漫长的生存危机也就不可避免。换言之,这一模型可能做出的最大让步便是说外生性力量的影响力受到已有内生性力量的制约,而且这一影响是次要的。

模型制造者们追求模型内部的协调一致,但流行病则带来了类似甚至更大的问题。在马尔萨斯模型中,死亡率主要取决于生活水平的变化:当生活水平下降时会上升,而当生活水平上升时则下降。因此十三世纪末、十四世纪初长期的高死亡率可看作是许多人持续受贫困问题困扰的结果,而这一内在的脆弱性也使得死亡率在农业歉收时频繁地飙升到危机水平。但是从 1347—1350 年黑死病开始,大规模流行病的爆发却导致死亡率高得惊人,如下三种模型都不容易解释这种现象:其中一种是对人口资源之间平衡关系的变化进行合理推演,另一种则涉及阶级关系状态,最后一种则涉及商业化程度。

例如腺鼠疫这样的疾病,其消长变化很明显(当然对一些历史学家来说并不明显)主要是源于其病原——一种叫做芽孢杆菌的细菌的毒性发生变化,以及该细菌的昆虫携带者与该昆虫的哺乳动物携带者之行为发生变化,而并非源于人类的社会经济变化。如果这一点得到承认,模型设计者的唯一选择便是淡化疾病及其引发的死亡对于经济社会产生的影响,让瘟疫对这些变化的发生时间与速度产生些许影响,但对其规模与方向则只产生很小的影响甚至不产生任何影响。

本章试图简要概述历史学家和社会科学家在寻求描绘解释经济社会发展时,如何以及为何构建、采用超级模型。虽然较少有历史学家将自己的写作完全局限在严格理论模型的壁垒之中,但更多的历史学家有意或无意地使用模型背后的概念来帮助自己整理、解释证据,并解释具体的、短期的事件进程以及普遍的、长期的事件进程。

正是在这些以及其他许多方面,理论概念分别源自马尔萨斯、马克思与斯密的三个主要模型体现了原则上的矛盾对立,但它们却继续在史学研究领域引起反响，并塑造着我们看待中世纪历史的方式。在接下来的三章中，我们将对这些模型的理论与证据基础逐一进行细致回顾，并评估其整体优势和弱点。

第二章　人口与资源

理论

　　中世纪英格兰的经济以农业为主,国家资源的绝大多数都用于满足居民的基本生存需求。当然也存在许多城镇,其中一些还达到相当规模;贸易十分常见,不管是国内还是对外贸易;小规模的工业生产也很普遍。但至少有 80% 的人口生活在乡村,直接从事土地耕种。此外,农业生产依赖人们的肌肉力量来耕作土壤、照看牲畜,只有役畜和基本工具作为辅助。耕作技术进展缓慢,大多数农场规模小,使用的资本也少。因此人口数量和可用土地数量之间的关系对于经济的意义可谓至关重要,而二者的平衡关系会随着时间变化发生剧烈变动。

　　"人口与资源"这一模型,或称"人口"模型、"新马尔萨斯"模型,正是基于这些原理。① 它为相关问题提供了强有力的解释,涉及中世纪经济社会的运行、经济增长的长期趋势、收入分配,这些问题的核心便是土地与劳动力之间的一系列简单的经济关系。而该模型最重要的前提与生产的这两个基本要素的相对稀缺性有关。因为两相对比,总有一个因素会比另一个显得稀缺,故而也会变得相对更贵,也就是说,当

---

① 介绍性通论可参看 D. B. 格里格:《人口增长与农业变迁:历史的视角》(1980 年);论述更深入的阅读资料,可参看 M. S. 泰特尔鲍姆与 J. M. 温特编:《西方思想传统中的人口与资源》(剑桥,1989 年)中收录的论文。

土地相对劳动力而言更稀缺时也就更贵,所以土地产品也会变贵,包括食物以及皮革、羊毛和木材等原产品。而土地的稀缺自然也对应劳动力充裕,此时劳动力相对便宜。在农业经济中,农民占据重要地位,土地稀缺的直接结果是土地和就业无法满足他们的需求,因此人们会支付更高的租金来租种土地,而如果受雇做工,他们所获工资的购买力也会变低。当土地与劳动力的关系逆转,土地充裕而劳动力稀缺,这时土地及其产品的价格相比劳动力就会下降。

　　对这一供求关系的基础性分析不仅可用于解释欧洲中世纪的情形,也适用于前工业化时期世界的各个地区。[①] 大量证据表明,在大规模城市化、工业化发生之前的数个世纪里,人口增长作为一方面,土地价值、农产品价格增长以及实际工资下降作为另一方面,长期来说二者存在强相关。人口下降,与价格和土地价值下降、实际工资上涨之间也存在类似关系。根据这一分析,中世纪可以分为两个截然不同的时期:十四世纪初之前的很长时间符合前一组情形,而十四世纪晚期、十五世纪的很长时间则一直表现出后一组特征。

　　更有力的经济原理和概念可用于进一步解释这几个世纪的实际状况。首先最重要的是边际效益递减规律(the law of diminishing returns),即某项生产要素(劳动力、土地或资本)增加而其他要素恒定不变时,单个增加单位的产出最终会下降。如果选定某一土地区域,劳动力变化,而资本不变,这一规律便适用于农业经济的运行。如果某块土地有更多的劳动者耕作,在最初阶段这些劳动者的平均生产率与这块土地的产出总量都会上升。例如,在一块 100 英亩的土地上,两个人的生产效率可能超过一个人的两倍,而三个人则超过两个人的 50%。但最后,随着这 100 英亩有了更多劳动者,土地的总产出会不断上升,且每个劳动者的人均产量会达到峰值,随后会逐渐下降。所以对于单个土地区域,在只有固定资本数量的情况下,存在一个最优的劳动者数

---

① 马尔萨斯理论也被用于中国史的写作,参看赵冈(Kang Chao):《中国历史上的人与土地:一项经济学分析》(加利福尼亚州斯坦福,1986 年);邓钢(Kent Deng):《中国经济史近来研究综述》,《经济史评论》,第 2 系列,52(1999 年),第 13—14 页。

量。如果少于这个数量，当劳动力单位增加时，人均产出会增加，但如果高于这个数量则会下降，因为每个增加的劳动者的产出会比此前那些劳动者的平均产出要少。

大卫·李嘉图（1772—1823）和托马斯·马尔萨斯（1766—1834）为农业经济运行以及其中人地关系的分析贡献了主要成果，他们的作品对后辈的历史学家和经济学家产生了深远影响。[1] 李嘉图对于构建理论模型有特别的兴趣，希望以此预测在人口增长的环境下农产品需求提升可能导致的后果，而他在这么做的过程中改善并拓展了边际效益递减的概念。人们一般会先在最肥沃的土地上定居，从这个前提出发，李嘉图认为人口和食物需求的增加会导致更多的劳动力投入到已耕种的土地上，此前荒芜的土地也会得到开垦。当人口持续增长，较早开垦定居的土地必然需要容纳更多人，因此边际效益递减的现象自然日渐明显，同时耕作的边界不断拓展，最终导致人们去耕种第二等、第三等，甚至第四等的土地。人口压力可能导致掠夺性耕作方式的出现，土地的单位英亩产出下降，特别是那些较为贫瘠的土地。因此该经济最终会面临单位英亩产出和人均产出均下降的双重问题。

边际收益递减规律衍生出经济租金的经典理论。经济租金是个抽象概念，与支付给地主的实际租金数额不同，它用来说明一种直观想法，即租金会在土地需求增加时上升。每块土地上的经济租金等于该土地上实现特定产量所需成本减去值得耕作的边界土地上实现相同产量所需成本。李嘉图假设说，因为土地总在那里，其供应量实际上是不变的，当土地十分充裕时，即便是最高质量的土地在理论上也是无需支付地租的。但土地需求增长会导致两件事情发生。其一，人们被迫开垦此前他们认为不值得耕作的土地。这就使得最优土地的租金上升，

---

① 李嘉图对该领域的主要贡献体现在其著作《政治经济学原理》，最早出版于 1817 年，而马尔萨斯的贡献则体现在其著作《关于人口原理的一篇论文》，最早出版于 1798 年。对于他们作品特征和意义的讨论，可参看 D. P. 奥布莱恩：《古典经济学家》（牛津，1975 年）；M. 布劳格：《李嘉图经济学：一项历史研究》（纽黑文，1958 年）；J. 度帕奎、A. 福夫–夏莫与 E. 格里布尼克编：《马尔萨斯的过去与现在》（1983 年）；W. 彼得森：《马尔萨斯》（1979 年）。

因为肥沃土地的产出成本会低于新开垦的劣等土地的成本(经济租金乃最优土地享受的成本优势)。同样,恰恰是最优土地不断上升的租金使得劣等土地更值得开垦。其二,人们对最优土地的使用更倾向于精耕细作,这会增加土地产出,进而拉高潜在租金,因为地主能够利用生产率提升的机会抽取更高的分成。与此类似,土地需求的进一步提升导致耕作逐渐扩展到劣等土地,而土地耕作也会愈加精细,导致租金更高。

　　马尔萨斯从另一个角度研究了人口和资源的关系。他坚称人类有着不断繁衍的先天驱动力,因此人口总是呈现增长趋势。在理想状况下,人口会以几何级数增长,但食物供应从长期来看却只能以算术级数增加。故而马尔萨斯提出了一个明显悲观的模型,预测危机总会周期性出现,因为人口增长最终会远快于生活资料的增长。最初马尔萨斯强调,一旦人口相比国家的生产资料陷入过多的境地,以饥荒和疾病等形式出现的"积极抑制"(positive checks)便会导致死亡率上升,人口因此下降。但后来他提出了一个相对弱化的替代性说法,说社会并不总是随着生活水平的下降而陷入危机,而是可以采取一系列"预防"或"谨慎"(preventive or prudential)的措施,例如采取晚婚、限制家庭规模、独身等措施起到降低出生率、遏制人口增长的作用,从而避免最坏结果。马尔萨斯模型的这两个版本在图表1中可得到简单呈现。 26

　　从这些基础性的假说出发,人口学家与历史学家就反复的两阶段式的"马尔萨斯循环"进行了写作。如果依据该模型的前一种高压式版本,第一阶段意味着人口持续增加,直至对土地、食物和就业的竞争导致家庭收入下降,最终出现生存危机。正是到此时,死亡率上升以及生育率下降等人口限制因素才开始出现,而生育率下降则源于营养不良会对于人的观念和婴儿死亡率产生影响,同时土地和工作的缺乏也会限制人们结婚和组建家庭的能力。第一阶段的结束总会导致第二阶段的开始,即人口下降。随着人口下降,土地变得愈加便宜和丰富,生活水平和工作机会最终会改善,直到限制不再发生作用。一旦这一情况发生,人口下降也就停止,转而开始增加,因此人口循环中的下降趋势演变为上升趋势。 27

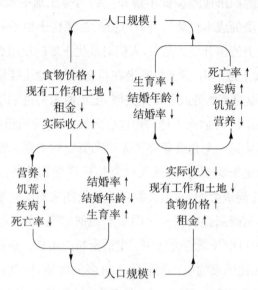

图表 1　马尔萨斯基本模型的两个版本

　　这里我们讲述的是一个基于独立生态系统的模型，该系统具有自我修复的内在机制。这一"两阶段运动"由人口动力驱动，这种动力不受限制便会增长。这一循环的两个阶段交替出现，可以用工程学的语言来表达，就像机器活塞的升降一般，"人口增长和收入下降的阶段之后必然继之以人口下降和收入上涨的阶段，进而形成平衡"。[①]

　　因此，马尔萨斯主义者或新马尔萨斯主义者的立场有两大基本要素：一是人口的升降是决定前工业化时代经济基础和经济变化的显著力量，二是人口的升降可以预测。伊曼努尔·勒华拉杜里公然宣称自己是新马尔萨斯主义者，他说到：十七世纪末之前的英格兰和十八世纪之前的法国一直处于"农业马尔萨斯厄运的恶性循环"。[②] 勒华拉杜里称自己的研究是新马尔萨斯式的，因为不同于马尔萨斯将重点放在

28

---

① M. M. 波斯坦与约翰·哈彻：《封建社会的人口与阶级关系》，收入 T. H. 阿斯顿与 C. H. E. 菲尔品编：《布伦纳争论：前工业化时期欧洲的农业阶级结构与经济发展》（剑桥，1985 年），第 69 页。

② E. 勒华拉杜里：《对罗伯特·布伦纳的回应》，收入阿斯顿与菲尔品编：《布伦纳争论》，第 104—105 页。

食物供给以及食物短缺引发的疾病,他也关注半自发的生物或流行病
等因素,认为这些因素在调节人口方面起到了作用。但是,即便一波波
的流行病可能源于独立的生物因素,但在拉杜里看来这些疾病最终产
生的影响仍然在很大程度上取决于普遍盛行的经济社会条件,而这些
条件又主要取决于人口因素。[①]

坚定的马尔萨斯主义者会将 1315—1322 年的农业危机和 1348—
1350 年的黑死病看作是一种积极限制,是西欧人口过剩的直接必然结
果。他会继续论证,黑死病的传播受益于密集的人口,以及此前数世纪
建立起来的商业网络,而黑死病的影响也因为人口过度拥挤、贫困和营
养不良而进一步加剧。另外,有论据说明人口在黑死病到来之前已经
开始下降,因此可以论证流行病对经济社会变化进程起到的作用十分
有限,而且黑死病只是充当了既有发展趋势的加速器而已。

有学者可能更进一步,至少在理论上强化人口力量及其后续影响的
重要性,认为这不仅总是经济社会生活各个主要方面的决定性因素,而
且是可预测的。因此人口的升降成为决定生活水平、财富分配、经济结
构及其发展模式、社会结构、制度、观念,甚至法律政治体系的首要原因。

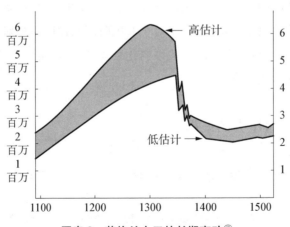

图表 2 英格兰人口的长期变动[②]

29

① E. 勒华拉杜里:《对罗伯特·布伦纳的回应》,第 102—103 页。
② 资料来源:J. 哈彻:《瘟疫、人口与英格兰经济,1350—1530 年》(1977 年),第 71 页。

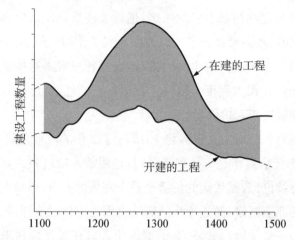

图表3 中世纪英格兰大教堂与修道院主要建筑活动年表①

30　　人口过多导致土地和食物变贵，领主权力更大，而农民更弱；加强了农奴制和自营地农业；促进了城市和商业的扩张，导致教会机构的农业利润飙升，因此引发了十二、十三世纪大教堂和修道院建筑运动的潮流。另外，当中世纪后期人口锐减时，不仅领主收入下降，农民和劳工的生活水平上升，而且农奴制衰落，自营地被出租，市镇和贸易衰退，大教堂和修道院的建筑工程停摆。② 贵族和骑士的收入下降，只能借助战争劫掠的手段来增加收入，而对于农民阶层来说则是相对缺乏人手，容易获得土地，导致家族网络关系弱化衰落，因为获得土地的渠道不再只是依靠继承或家庭关系。③

关于人口压力的证据

我们借助于更为复杂的李嘉图理论，可以进一步丰富和拓展纯粹

① 资料来源：R. 莫里斯：《英格兰与威尔士的大教堂与修道院》（1979 年），第 180 页。
② 1100—1500 间英格兰的人口发展与大教堂、修道院建设运动兴衰的关系密切，这于图表 2、3 中有展现。
③ 例如 M. M. 波斯坦：《百年战争的社会影响》，收入波斯坦：《中世纪农业与中世纪经济的基本问题论文集》（剑桥，1973 年），第 60—61 页；Z. 拉兹：《不变的英格兰家庭之神话》，《过去与现在》，40（1993 年），第 22—44 页。

的马尔萨斯模型,但它是否符合中世纪的现实呢? 事实上,这一时期人口水平的变化是十分显著的。如今大多数历史学家都承认,英格兰人口从十一世纪末到十四世纪初至少增长了一到两倍,峰值可能达到 6 百万。[①] 在此之后,先是在 1315—1317 年发生了饥荒,之后又不断发生瘟疫,造成了人口的巨大损失,接着便是一个漫长的衰退时代。到十五世纪下半叶,人口下降到最低点,全国可能只有约 2 百万人,人口规模或许和 4 百年前相差不多,而且人口在十六世纪初期之前也并无多少恢复的迹象。[②]

　　M. M. 波斯坦是将经济人口理论运用于英格兰中世纪研究的先驱。波斯坦的历史写作开始于二十世纪三十年代,当时该学科对地产、地区、贸易和城镇等相关文献进行了大量的具体研究,提供的历史事实好比一波波浪潮不断涌现,但缺乏系统、连贯的理论框架来囊括。而波斯坦简要地勾勒出了一个框架,将中世纪前后两个时期相互对立的特征描绘了出来。波斯坦在其有关英格兰乡村的作品中描绘了农业繁荣的起伏涨落,并尝试证实人口、定居点与土地使用之间会相互影响。他试图确立经济波动与人口变化之间的关系,因而考察如下主题:经济落后的体现、前工业化时期经济增长的特征,以及人口与定居点变化对领主、农民和雇工收入的影响。波斯坦大量使用了马尔萨斯,尤其是李嘉图的作品,进而对已有实证性证据进行阐释,并在此基础上总结出基本原理。由此他说,理论与实践总体而言可以巧妙结合。[③]

---

① R. M. 史密斯:《英格兰乡村的人口发展,1300—1348 年:一项调查》,收入 B. M. S. 坎贝尔编:《黑死病之前:关于十四世纪早期"危机"的研究》(曼彻斯特,1991 年),第 49 页;E. 米勒与 J. 哈彻:《中世纪英格兰:城镇、商业与手工业,1086—1348 年》(伦敦,1995 年),第 393 页。

② L. R. 普斯:《中世纪后期埃塞克斯郡乡村地区的人口》,《经济史评论》,第 2 系列,38(1985 年),第 530 页;J. 哈彻:《十五世纪的人口死亡率:诸多新证据》,《经济史评论》,第 2 系列,39(1986 年),第 530 页;R. H. 布里特内尔:《英格兰社会的商业化,1000—1500 年》,第二版(曼彻斯特,1996 年),第 155—156 页;M. 贝利:《中世纪晚期英格兰的人口下降:对近来研究的一些思考》,《经济史评论》,第 2 系列,49(1996 年)。

③ 波斯坦有关中世纪研究的重要论文大多数得以重新出版,包括《中世纪农业与中世纪经济的基本问题论文集》(剑桥,1973 年)与《中世纪贸易与财政论文集》(剑桥,1973 年)以及《中世纪全盛时期的农业社会》,出自 M. M. 波斯坦编:《剑桥欧洲经济史(第一卷)·中世纪的乡村生活》(第二版,剑桥,1966 年),第 548—659 页,这些著述乃是其研究的最佳导论。

　　对于波斯坦及其追随者来说，确定土地和劳动力之间的动态关系是理解经济波动背后的动态力量的关键。这并非依靠对总人口的准确数字进行计算，虽然某些庄园的人口数字是可以计算的：最好的例子莫过于萨默塞特郡陶顿庄园（Taunton）的长期人口系列数据，这类数据十分少见，记载了男性居民的人数，显示 1212 至 1312 年间人口增长多达 228％。[1] 但是，即便英格兰广大地区都存在有关人口发展趋势的可靠证据，波斯坦却认为"人口总数无论多么准确，也并无多大意义……人口的发展动态比全球人口总数更有意义，例如人口变动的速度与方向，及其与其他经济因素之间的动态关系"。[2] 如果将这一准则应用于"长的十三世纪（long thirteenth century）"，那么研究的关键问题就不是英格兰人口的峰值水平，而是人口增长在多大程度上与土地开垦的范围、土地使用的强度相适应，以及更重要的内容——人口与劳动力之间关系失衡的征兆究竟明显到何种程度。

　　因此相比经济变化和生活水准的指标，例如土地价值、租地面积和实际工资，人口统计数据的重要性更弱一些。如果这些指标强烈指向十三、十四世纪之交存在极度的人口过剩，这就说明十四世纪的人口下降最好应该解释为内生性的人口抑制因素（endogenous demographic checks）已被触发。用波斯坦的话来说，"将随后几个世纪的人口下降看作是对此前人口过分扩张的自然惩罚，这种看法并非臆想"。[3] 他沿着马尔萨斯的路线反复论证 1300 年左右存在人口下行的趋势，这种看法甚至成了一种学术正统。与上文概括的理论基础相适应的证据其实大致可分为四大类：在耕作区域的边缘地带实行粗放型与集约型农业；农民的生活水平；市镇、贸易和市场。

33

---

[1] J. Z. 蒂托：《十三世纪人口增长的一些证据》，《经济史评论》，第 2 系列，14（1961 年）。

[2] M. M. 波斯坦：《中世纪的经济与社会：不列颠经济史，1100—1500 年》（1972 年），第 31 页。

[3] M. M. 波斯坦：《中世纪农业与中世纪经济的基本问题论文集》，第 14 页（此处引文的来源论文最早在 1950 年的学术会议上宣读）。

边缘地带的粗放型耕作

《末日审判书》对定居点、人口和犁队分布情况的记载显示,到十一世纪末英格兰已有人长期定居,特别是在南部和东部。盎格鲁—撒克逊人在这些地区的农业垦殖活动集中于最肥沃的土地,特别是肥力强的壤土和黏土。而在人口密集定居的地区,人们一般会在那些土壤较为贫瘠或此前难以到达的地区开展进一步的大规模垦殖活动,特别是沼泽、林地、洼地和荒野等未开发的区域。英格兰的北部和西部是最有机会扩展大规模农业的地区。

十二、十三世纪见证了整个国家的新定居点和土地垦殖像浪潮般上涨,其速度和范围取决于各地荒地数量的多少。在定居已久的地区,开垦者在乡村边缘的牧场、林地、灌木丛中又开垦出小块土地。一些农民虽然无法继承土地,但是足够机敏,从过分拥挤的地区迁往不易开垦的重黏土地区或土壤呈酸性的贫瘠荒地。东英吉利亚(East Anglia)北部的淤泥沼泽、肯特郡和霍尔德内斯地区(Holderness)的沼泽地逐渐得到开垦。维耳德地区(Weald)的林地和阿登地区(Arden)的森林也得到开发。波斯坦还说,切尔吞山地区(Chilterns)和布雷克兰地区(Breckland)狭小的坡地和荒地也得到使用。在英格兰北部和西部更为偏远、环境更为恶劣、更难接近的地区,这一过程就更为壮观:在达特姆尔高原、奔宁山脉和湖区(the Dartmoor, the Pennines, and the Lake District)出现了大量的新定居点,其地名显示它们源于当时。这番情境仿佛是英格兰绕着其对角轴以逆时针方向偏转,结果是移民涌入北部和西部人口稀疏的荒地。[①]

英格兰新开垦运动的过程和范围在文献中有详尽的记录,因此它的存在几乎没有争议。但这一运动对于"人口—资源"模式的意义却集

① 波斯坦:《中世纪全盛时期的农业社会》,第 548—552 页;波斯坦:《中世纪的经济与社会》,第 15—26 页。

中于新开垦土地的贫瘠特征。虽然新开垦的土地有一些是高质量的，但大多数"用个简单的词来形容就是低劣"，因此人口增长迫使农民"过度涌入比次等土地更差的地区"。因为农业技术缺乏明显提升，这些"土地可以垦种一小段时间，随后土壤的肥力被耗尽，土地随之枯竭"。[①] 一些零散证据显示十三世纪新开垦耕地很快便肥力耗尽、陷入贫瘠，波斯坦和蒂托的作品据此发展出一个潜在的观点，说这一时期该类新开垦土地的产量很快便明显下降。[②]

35　　根据李嘉图的理论，最好的土地最先得到开垦，因此新开垦土地注定是不太肥沃的，而且处于边缘地带，土地越晚得到开垦就会愈加边缘。但波斯坦也提及一种令人费解的趋向，即新开垦的荒地可能比此前已经耕种过的土地收取更高的租金，这种明显的错位现象可以解释为旧有土地无法维持肥力，所以其价值可能会低于本来较为贫瘠但肥力尚未耗尽的土地。[③] 土地耕作的边界如果拓展到不适宜耕作的贫瘠土地上，便说明人口过剩现象的存在，而这类土地此后因为耕作失败而遭到废弃便会使这一趋势进一步恶化。

　　有关这类坏兆头的证据应该最先出现在英格兰的贫瘠土地或边缘地区，而不是核心地带的优质土地与地段优越的定居点。正如波斯坦坚持说，前一类地区是判断经济时运变化的试金石，它因为本身的边缘地位特征，故而对衰退的到来尤为敏感。人口下降，或者更严格地说人口下降导致的谷物价格下降，很快促使耕作者舍弃那些贫瘠和收益低的土地。1315—1322 年间发生了灾难性的农业歉收和家畜流行病，此后谷物生产明显出现了大规模缩减，而这一下行趋势在边缘地区和边缘土地上最为突出。[④]

---

① 波斯坦：《中世纪的经济与社会》，第 18、19、24 页。
② 波斯坦：《中世纪全盛时期的农业社会》，第 556—558 页；波斯坦：《中世纪的经济与社会》，第 23—26 页；J. Z. 蒂托：《英格兰乡村社会，1200—1350 年》（伦敦，1969 年），第 93—95 页。
③ 《中世纪全盛时期的农业社会》，第 557—558 页。
④ E. 米勒与 J. 哈彻：《中世纪英格兰：乡村社会与经济变迁，1086—1348 年》（伦敦，1978年）。

边缘地带粗放型耕作的退却是人口—资源模型的一项中心议题，因为当谷物价格相对于劳动力成本下降时，粮食的耕种面积会持续缩减。中世纪迁徙和垦殖的浪潮在十三世纪末达到顶峰，到十五世纪中叶则降到最低点。在中世纪后期，大片耕地转为牧场，或遭废弃成为荒地，在一个接一个的村庄里，房屋破败，佃户难寻。在最贫瘠的土地上，在最不受欢迎的地区，这种缩减现象最为突出。"在耕作能扩展到的最远的边境地带，村庄……缩减，一些甚至濒临消失。"十五世纪的农业衰退被视作是英格兰有文献记载的历史上持续时间最久的一次，约翰·索尔特马奇从诺福克郡布雷克兰地区教堂的断壁残垣看到了一幅触目惊心的图景，认为这些教堂是由"中世纪盛期最后一批移民先驱所建，从未得到扩建，很早便被废弃"。[①]

在波斯坦构建其学说的时代，其他很多学者也为他的学说贡献了支撑性证据，而他的解释框架的事实基础在最近数十年里继续得到加强。英格兰定居点的不断扩张必然促使人们去开垦更为贫瘠的土地，直到这一持续数世纪的进程最终戛然停止，在黑死病到来前的数十年里彻底逆转。《英格兰与威尔士农业史》一书第二卷（出版于 1988 年）有关地方发展的章节对这一发展过程进行了简单概括。[②] 在这部通过大规模合作完成的作品中，我们发现从十三世纪中叶开始的"土地扩张热"最终导致萨塞克斯郡与肯特郡的高威尔德（High Weald）地区的一片片土地得到开垦，这里原来是"人烟稀少、地处偏远的断裂丘陵地区，土壤湿冷，不宜耕种"；几乎在同一时间，德文郡和康沃尔郡土壤最恶劣的地区涌现出了无数的农庄；在地势较高的博德明高沼与达特姆尔高原以及贡希利（Goonhilly）和卡恩梅内里斯（Carnmenellis）荒地，很多家庭种植谷物，养殖牲畜；而"在十四世纪初（约克郡），科尔德河谷以下的市镇不再开垦新的耕地，而河谷以上的地区，例如霍姆弗斯，索尔比与西普福尔摩，据 1307 至 1316 年的法庭卷档记载至少有 777½ 英亩

① J. 索尔特马奇：《中世纪后期英格兰的瘟疫与经济衰落》，《剑桥历史杂志》，7（1941 年），第24 页。
② H. E. 哈勒姆编：《英格兰与威尔士农业史（第二卷），1040—1350 年》（剑桥，1988 年）。

的土地得到开垦"。在西米德兰地区，"不少土地在农业用途方面存在
'严重缺陷'，因此如今仍被划定为第四级别，'只适合低产出的经营方
式'，但在十三世纪甚至更早之前就得到开垦耕种"，到十三世纪晚期
"贫瘠土地开垦殆尽"，导致这一地区垦荒运动的速度明显减慢，即便是
德比郡的峰林地区(the Derbyshire Peak Forest)与切尔吞山地区(the
Chilterns)；而东米德兰地区"对耕地的需求素来很强，所以耕作者们在
十三世纪末之后的某段时间里甚至进入了不太适合耕作的第四等区
域"。在英格兰中部、南部和东部的很多地区，耕地的大规模扩张在更
早的时候就减慢了，而这些较晚得到开垦的新区域，既然得到了开垦，
必然是更为贫瘠的土地，且在不佳的地段上。在人口密集的东英格兰
地区，"垦荒运动到十四世纪初早已深入到非常边缘的土地"，例如剑桥
郡厄尔姆村(Elm)有 2400 英亩的"荒野与沼泽地带"，这片土地每年只
有十分之一得到垦殖，而林肯郡、诺福克郡和剑桥郡的临海地区有不少
土地得到开垦，但代价很大，而且这些土地之后很有可能又丢失了。[①]

　　波斯坦认为，中世纪人口的增长浪潮迫使大量的人口涌入那些偏
远贫瘠之地，这些"土地只有在真正的土地扩张热潮到来之时才可能被
社会开垦吸收"。[②] 到 1300 年前后，连最贫瘠的土地最终都被耗尽，持
续数世纪之久的垦荒运动才逐渐消停，随后便发生了农业危机，乡村也
因此萎缩。从波斯坦开始写作至今，出现了很多支持其悲观学说的补
充性证据。垦荒运动在很多地区存在规模和速度的差异，在西南地区、
肯特郡与苏塞克斯郡的威尔德地区(Weald)等人口不太密集的区域一
直持续到 1349 年，[③]而在英格兰的大部分地区则是在 1300 年左右达到
顶峰，1320 年之后不断呈现出衰退迹象。[④] 因此人口—资源模型笃定：

38

① 《英格兰与威尔士农业史(第二卷)》，P. F. 布兰登，第 184 页，J. 哈彻，第 42—44 页，E. 米
　勒，第 253—254 页，C. 戴尔，第 231—232 页，J. A. 拉夫蒂斯，第 200—201 页，H. E. 哈勒
　姆，第 173、174 页。
② 波斯坦：《中世纪全盛时期的农业社会》，第 551—552 页。
③ 《英格兰与威尔士农业史(第二卷)》，第 184—185、242—245 页。
④ 《英格兰与威尔士农业史(第二卷)》并未包括十四世纪早期的危机以及随后垦殖衰退(在
　黑死病之前)的历史，但第三卷的几位贡献者在有关地区研究的篇章中却谈及这些(转下页)

新耕地的供应达到极限,随之粗放型的边缘耕作地带出现产量下降,进而引发生存危机,并推动一系列关键性的经济变化,其结果会在十四、十五世纪产生持久影响。

边缘地带的集约型耕作

人口上升的压力导致新土地得到开垦,同样也促使农民在已有农田上加强农业生产。但李嘉图在其模型中暗示说,这种行为因为技术落后只能少量地增加产出,不过他坚信边际产出递减的规律会导致产出的增加无法赶上人口增加的速度。中世纪的证据也表明:虽然农民试图提升单位英亩的产量,但农业边际产出的下降速度很快,而且最终不可扭转。波斯坦说,"与现代技术相比,中世纪(农业)技术最突出的特点便是停滞不前"。[①] 十二、十三世纪贫瘠土地的持续开垦确实说明农业产出的增长速度无法赶上人口增长的速度,也明显揭示已开垦的土地确实存在边际产出递减的现象。

波斯坦留意到中世纪的农民也尝试增加每英亩土地的单位产量,但他判断说这些活动大多数集中于改善土地管理与增加劳动投入,而不是探索资本密集型的新发明,这在负担沉重的农民中尤为突出,他们除了自己的劳动力之外鲜有其他资源。清除土壤里的泥灰岩、石灰、沙子和海草可让土壤更易耕种,也可提升肥力,但只有少数的耕地因此受益,因为这些做法,正如波斯坦指出,一般并不合算。对于自营地经营

(接上页)问题,见 E. 米勒编:《英格兰与威尔士农业史(第三卷),1348—1500 年》(剑桥,1991 年),第 34—35、106—108 页。也可参见 A. H. R. 贝克:《"九分之一税调查"(the *Nonarum Inquisitiones* of 1342)中有关十四世纪初英格兰耕地缩减的证据》,《经济史评论》,第 2 系列,19(1966 年);米勒与哈彻:《乡村社会与经济变迁》,第 53—63 页;J. A. 拉夫蒂斯:《土地开垦数据与土地价值:有关于东米德兰地区的两项研究,1200—1350 年》(多伦多,1974 年),第 19—22 页;坎贝尔编:《黑死病之前》,特别是第 184—208 页。

① 波斯坦:《中世纪的经济与社会》,第 41 页。波斯坦关于投资和技术进步的性质和意义的更多讨论,参看该书第 41—52 页;M. M. 波斯坦:《中世纪农业中的投资》,《经济史杂志》,27(1967 年);波斯坦:《中世纪的科学为何如此落后》,收录在波斯坦:《中世纪农业与基本问题》。也可参看蒂托:《英格兰乡村社会》,第 37—42 页。

者来说，即便劳动力价格低廉，成本还是会非常高：贝里圣埃德蒙兹修道院院长在 1250 年将迪维特谢尔庄园（Tivetshall，诺福克郡）自营地中 10％的土地撒上了泥灰土，成本至少为每英亩 40 便士。[①] 这样的价格几乎等于购买了同等面积的土地。当然也有人投资，用于改善房舍以及板车和农具等当时使用的小范围物品，此举可能会获利，但这类投资的数额受到严格限制，因而地主的投资更倾向于"广度"而非"深度"，换言之倾向于购买更多土地而非尝试改良已有土地。种植豆类作物可以补充（土壤）的硝酸盐，进而提升谷物产量。用来耕种豆荚、野豌豆与豌豆的土地无疑在扩张，而且在国内的一些地区，包括诺福克郡与霍尔德内斯（Holderness），这类土地达到了相当高的比例，但整体来说这类作物处于边缘地位，主要用作动物饲料，因而并非谷物耕种的理想辅助作物。最近的一项统计表明：在 1250—1299 年间，这类作物在全国范围内只占自营地耕作面积的 6％。[②] 因为当时普遍存在这种态度观念，农业仍然采用传统的方法，而集体农业经营体系却不利于技术革新。因为当时的农民经济整体而言停滞不前，只能勉强糊口，即便有新的想法出现，其传播也非常受限，而庄园系统的内在特征也意味着领主不会在佃农的农场上进行投资。

中世纪的农业经营者也通过改变敞田制系统的布局及其庄稼作物的轮作时间来提高产出，这些行为也得到学界的较多关注。从人口—资源模型出现以来，人们对地方土地系统的性质和多样性的认识不断扩展。但波斯坦坚持认为：不同地区之间的地形差异导致各地采用不同强度的土地系统，例如较为贫瘠的土地使用著名的内场—外场系统（infield-outfield system）。他也发现，谷物需求的不断上涨导致很多村庄改变田地结构，逐年减少休耕的耕地面积，因此每年休耕一半土地的两圃制逐渐让位于三圃制。但是他也说，这个直接而且貌似合理的过程也会导致相反的后果，有些土地之前每两年休耕一次，但变为三年

---

① 《英格兰与威尔士农业史（第二卷）》，第 285 页。

② B. M. S. 坎贝尔与 M. 奥弗顿：《中世纪与近代早期农业研究的新视角：诺福克郡农业经营的六百年历史，约 1250—约 1850 年》，《过去与现在》，141（1993 年），第 59 页注释 49。

里只休耕一年后,产量却开始下降。此外,村庄中零星的荒地和草地也得到开垦,土地利用的平衡关系被打破,牺牲牧草地,且愈加向耕地倾斜。中世纪村庄的草地因为农业经营变得愈加稀缺,这种趋势可通过草地的高价格现象来证实,在主要专注于生产谷物的地区,草地价格上涨的速度比耕地价格上涨的速度还要快。[①]

十三世纪的农业因此被描绘成逐渐沦为"谷类的单种栽培模式"(grain monoculture),这种转变被看作是中世纪盛期最重要的经济事件之一。无论土地管理、劳动力投入甚至资本投资出现何种变化,土地生产率最终取决于肥料供给,即动物的粪便。因此一年里农作物耕种面积的增加也需要肥料数量相应增加。然而用作牧场的土地数量减少,牲畜数量因此不可能持续增加。所以随着十三世纪慢慢过去,牲畜的数量更加不足,肥料的供给萎缩,农耕区域土壤的肥力愈加羸弱。

波斯坦为了支撑他的"科学工作假说"(working hypothesis),提供了农民拥有动物数量的证据,包括威尔特郡南部、萨福克郡和亨廷顿郡一些村庄的税单,这些文献虽然内容简短,但信息丰富,此外还有贝德福德郡和约克郡西赖丁等部分地区的证据予以补充。[②] 考虑到这些拥有牲畜的农民只有足够富裕才会被征税、进而被档案记录,这些档案展现的图景显示农业过分朝向耕作发展,这种发展最终是有害的。一个非常奇怪的现象是这些农民很少养猪。即便在威尔特郡南部和布莱克本(Blackbourne)等理想的"养羊地区",农民拥有的羊群的平均数也比较小,但下列数据可能更为重要:萨福克郡接近 1/3 的纳税人,亨廷顿郡和威尔特郡 2/5 的纳税人,里彭(Ripon)超过一半的纳税人,贝德福德郡超过 2/3 的纳税人根本就没有养羊。最后,役畜在所有地区都是短缺的,即便是亨廷顿郡和贝德福德郡这些耕作条件优越的地区。很多村民长期缺乏犁地的牲畜,不得不用奶牛代替,但此举会损害这些牲

42

[①] 波斯坦:《中世纪全盛时期的农业社会》,第 554 页。

[②] 波斯坦:《十三世纪的乡村牲畜》,《经济史评论》,第 2 系列,15(1962 年);波斯坦:《中世纪全盛时期的农业社会》,第 554—556 页。更多的证据和讨论,见米勒与哈彻:《中世纪英格兰:乡村社会与经济变迁》,第 152—155 页。

畜的牛奶产量，他们也可能花钱从更为富裕的邻居那里雇佣役畜。

　　一般认为，虽然努力强化农业生产有时可以增加单位英亩的产量，但这远远赶不上人口上升带来的需求增加的速度；而且单位英亩产量的增加一般以劳动的边际收益下降为代价，在现有土地上投入越来越多的时间，但效益越来越少，或者以资本的边际收益下降为代价，使用泥灰土或昂贵的排水系统并不合算；而其他措施，例如将两圃制换为三圃制系统，有时会导致单位英亩产量的下降。另外，一种说法将此时期描述成"最坏的案例"，获得了不少文献与研究的有力支持，例如十三世纪和十四世纪早期的庄园账目出现了大量有关贫瘠土地的记载，蒂托基于温彻斯特主教地产上极佳的庄园档案对谷物产量进行了极为精细的计算，波斯坦称这一研究证实谷物产量在十三、十四世纪之交出现了明显下降。[①]

　　所有这些证据如若集合在一起，可以证明英格兰资源基础的增长不仅无法跟上人口增长的速度，而且其能力在民众需求变得最繁重之时还减弱了。按波斯坦的话说，"一段时间过后，边缘土地的边缘特征便会愈加明显，而高产的甜蜜时代过后便是长年的精打细算"。[②] 他相信土地系统是有机的，存在新陈代谢，出现衰败之后需要重建，但英格兰土壤耗尽后要想恢复却不太容易，也不会太快。在十三世纪，耕地面临压力，朝着不可持续的方向发展，进而恶化，这需要一个世纪甚至更长时间方能恢复，该问题可由十四世纪下半叶、十五世纪土地的低产量现象证实。人口长期持续增长促使压力过大，导致人口随后持续下降。[③]

[①] J. Z. 蒂托：《温彻斯特的谷物产量：关于中世纪农业生产率的一项研究》（剑桥，1972 年）；波斯坦：《中世纪的经济与社会》，第 62—63 页。然而 M. 德赛对温彻斯特谷物产量所做的数据统计却表明这一下降趋势并不存在，见《中世纪英格兰的农业危机：马尔萨斯式悲剧或错误的归因》，《经济研究公报》，43（1991 年）。

[②]《中世纪社会的经济基础》，收入波斯坦：《中世纪农业与基本问题》，第 14 页。

[③] 波斯坦：《中世纪的经济与社会》，第 66—72 页。

农民的生活水平

英格兰的农业基础朝着极为消极的方向发展,必然会对大众的生活产生负面影响。在十三世纪的英格兰,租种份地是绝大多数人生存和收入的主要来源,所以农民生活水平首先取决于份地的产出。波斯坦极为关注那些说明份地面积小的证据,以及更重要的,说明份地在十三世纪不断缩小的证据。正是因为人口增长,土地难以在更高比例的人口中分配,因此农民承受更大的压力,要分割份地,可分割继承制度(partible inheritance,土地在所有男性继承人中分割)和农民内部本身存在的活跃的土地市场更是加快了这一进程。土地面积缩小意味着大众的收入更低,生活愈加没有保障,更加陷入贫困。

一般认为,一个农民至少要拥有 10 英亩质量较好的土地,才能供养家庭,满足基本需求,支付地主的各项地租劳役,当然有些学者认为至少需要 20 英亩。[①] 但波斯坦对十三世纪中叶和末期的一系列地产进行了统计分析,发现所有的租户几乎有一半只持有不到 1/4 维格特(约 8 英亩)土地,科斯敏斯基以 1279 年的百户区档案为基础,对英格兰中部六郡数千个自由农和维兰的份地进行了统计分析,结果也相近。[②]

关于全国各地庄园调查资料的后续研究极大地增强了我们对于份地类型认知的广度与深度,也证实了波斯坦的说法,即贫农群体在当时不断扩大并渴求土地。表格 1 提供了多个郡的数据,另外很多郡的地

---

① 见如下讨论:R. H. 希尔顿:《中世纪社会:十三世纪末的西米德兰地区》(1966 年),第114—115 页;蒂托:《英格兰乡村社会》,第 79—93 页;C. 戴尔:《中世纪后期的生活水平:英格兰的社会变化,约 1200—1520 年》(剑桥,1989 年),第 110—140 页。最近的研究较为悲观:H. Kitsikopolous 复原了中等佃农(middling tenants,即有 18 英亩耕地和 2 英亩公共牧场)的预算,总结说英格兰农民有接近一半必然会"在两次收获季之间为生计挣扎",见《黑死病前英格兰的生活水平与资本的形成:农民的预算模型》,《经济史评论》,新系列,53(2000 年),第 237—261 页。

② 《中世纪全盛时期的农业社会》,第 617—622 页;E. A. 科斯敏斯基:《十三世纪英格兰农业史研究》,尤其是第 216、223 页的图表。

44

45 产记录更是做了极好的补充。十四世纪早期威斯敏斯特修道院位于赫特福德郡、米德塞克斯郡和萨里郡的多个庄园有 52％的租户份地只有 10 英亩或更少，而沃斯特主教位于沃斯特郡、沃里克郡和格洛斯特郡的庄园在 1299 年有 44％的租户份地小于 14 英亩。① 虽然在英格兰的北部和西部地区，租户份地的平均面积更大，但这些地区的土壤质量较低、气候更为恶劣，而在条件优越的东南地区，最好的土地往往被分割到极为细小的程度：斯伯丁修道院位于沼泽地带的五个庄园在 1259—

46 1260 年有 72％的租户份地不到 10 英亩，而在诺福克郡的不少庄园里，中等面积的份地往往不到 1 英亩。②

表格 1　英格兰租户份地的面积，约 1260—1340 年（百分比）

郡	0—5 英亩	1—10 英亩
萨福克郡	41％	72％
苏塞克斯郡	50％	63％
诺森伯兰郡	30％	35％
约克郡	42％	52％
兰开夏郡	32％	59％

文献来源：《英格兰与威尔士农业史（第一卷）》，第 606、624、631、687 页。贝里圣埃德蒙兹主教在 1285 年的庄园（7337 个租户）；奇切斯特主教在 1250 年左右与坎特伯雷大主教在 1285 年的庄园（2168 个租户）；死后财产调查（Inquisitions Post Mortem）与庄园调查（manorial surveys）：诺森伯兰郡，1244—1352 年（910 个租户）；约克郡，1259—1320 年（746 个租户）；兰开夏郡，1311—1346 年（503 个租户）。

　　这些沉重的数据实际上无法完全揭示贫困的真实程度，因为它们来自庄园调查，这些文献几乎总是只记录那些直接从领主手中租种土地的佃户。而事实上还存在境遇更差的农民，相关证据表明，这类农民从其他佃户手中租种土地，这意味着其土地的平均面积更小。而且很

① B. 哈维：《中世纪的威斯敏斯特修道院及其地产》（牛津，1977 年），第 436—437 页；C. 戴尔：《变动社会中的领主与农民：沃斯特主教的地产，680—1540 年》（剑桥，1980 年），第 88 页。
② 《英格兰与威尔士农业史（第二卷）》，第 966—967 页。

多其他迹象表明乡村还有大量的无地居民，而且其人数不断增加，他们要么居住在寮屋区（squatters），要么给他人做佣工。

十三世纪是土地价值不断增长的时代，大多数农民要支付更多租金，当然很多自由农和习惯佃农（customary tenants）支付的租金或是因为法律规定而固定不变，或是因为传统习惯限制而变化不大。如果市场环境中的供求关系之运行并未受到阻碍，土地价值便会明显增长。合约租赁（leasehold）和按意愿租赁（tenancies-at-will）关系下的租金往往很高，每英亩租金经常是以先令而非便士为计算单位。该现象并非只出现在人口密集的英格兰南部和东部，面积较大的习惯佃农份地也有可能出现，班伯（诺森伯兰郡）有土地以每英亩 2 先令 6 便士和 3 先令的价格出租，而唐谢夫（Tanshef，约克郡）则是每英亩 2 先令 9 便士，价格非常昂贵。考文垂与利奇菲尔德主教在朗顿（斯塔福德郡）的荒地的年租金为每英亩 6 便士，虽然显得很低，但主教除此之外还收取过户费（entry fine），该费用飙升到每英亩 10 先令。①

习惯佃农支付的货币或实物地租一般会远低于自由市场的租金，但其额度随着土地的分割和土地的代际传承仍然会上涨。当佃农继承或者进入一块土地时往往要支付过户费，该费用比习惯地租更具有弹性，而且在很多地产上"以更快的速度攀升，到十三、十四世纪之交涨至极高额度"。②温彻斯特主教的方特希尔庄园（Fonthill，威尔特郡）拥有最系统的相关文献记录，这里每维格特土地的平均过户费在 1214 年是 1 先令到 1 先令 8 便士，到十三世纪末、十四世纪初则上涨至 8 先令到 46 先令 8 便士，但在萨默塞特郡陶顿的肥沃谷地以及塞奇高沼（Sedgemoor）地区，一维格特可能有 40 英亩，征收的过户费则高达 40、60 英镑，甚至 80 英镑。③ 虽然英格兰其他地区的过户费要远低于此数，例如彼得伯勒修道院地产上的最高额度接近每维格特 5 英镑，但过

47

---

① 米勒与哈彻：《中世纪英格兰：乡村社会与经济变迁》，第 45—46 页；《英格兰与威尔士农业史（第二卷）》，第 228—229 页。
② 波斯坦：《中世纪全盛时期的农业社会》，第 553 页。
③ 蒂托：《英格兰乡村社会》，第 75—78 页。

户费与地租在十三世纪确实整体呈现出绝对的上升趋势。[1] 很多习惯佃农除了通过现金支付地租和过户费之外，还可能要服劳役，并支付一系列封建费用（seigneurial charges）。在波斯坦看来，一个佃户可能因为地主、教会（通过什一税和遗产税）和国家（通过税收）征收的费用，损失至少一半的土地总产出。[2] 而在负担沉重与份地面积狭小的双重作用之下，农民必然陷入贫困。

谷物和雇佣劳动的价格也会影响农民的生活水平，因为农民以及无地的劳工为了生存，需要购买食物、寻找工作，而十三世纪的形势却向不利的方向发展。在十三世纪，最基本的商品，特别是谷物的价格的整体增长速度快于货币工资水平，实际工资因此下降，直到1315年之后经历了连续的荒年，这类商品的价格才跌入低谷。根据大卫·法默最近整理的数据，农业劳工的实际工资在1208/1220年至1290/1300年之间下降了三分之一。[3] 有人认为这些变化趋势直接说明人口与资源之间的平衡关系在不断恶化，因为谷物价格的变动趋势反映出经济中谷物供应愈加不足，而工资变动趋势则反映出劳动力更加过剩。

因此这些证据充分说明，农民的生活水平经历了严重的长期下降，实际工资、土地租金、份地面积的数据到十三和十四世纪之交到达了临界点。根据人口与资源模型的预测，这种恶劣状况是人口持续过剩导致的直接结果，随后会迎来另一个时期，此时马尔萨斯式积极抑制发挥作用，迫使人口下降。

如下理论，即认为人口增长必然降低生活水准而且大众生活水平的持续改善只能出现在人口下降的情况下，也得到了中世纪后期历史经验的支持，此时人口和农产品价格下降，工资上升。到十五世纪中叶，单位日劳动收入的购买力相比此前增加了一倍有余。困扰十三世

---

[1] E.金：《彼得伯勒修道院，1086—1310年：关于土地市场的一项研究》（剑桥，1973年），第166页。

[2] 波斯坦：《中世纪全盛时期的农业社会》，第603—604页。该数据经常被学者们参考引述，但里格比对其进行了评述，认为估算过高，见S. H.里格比：《中世纪后期的英格兰社会：阶级、地位与性别》（1995年），第31—33页。

[3] 《英格兰与威尔士农业史（第二卷）》，第778页。

纪的劳动力过剩问题如今变成了劳动力短缺,工作机会对于男女又是同样充足,工资收入因此能够不断累积下来。地租随着农产品价格下降也呈现了下跌趋势。到十四世纪三十、四十年代,农耕地区已经呈现缩减趋势,到十四世纪末,英格兰各个地区的地租大幅下跌,而且大多数地区的地租在此之后还进一步下跌。甚至到十六世纪初,地租也只是呈现出些许持续复苏的迹象。① 所有这些给十五世纪的农民带来了极大好处,他们中大多数人轻轻松松便可租到比先人更多的土地,而且相关条款要明显有利得多。

49

市镇、贸易与市场

既然乡村无法充分吸收十三世纪增加的人口,而且新土地垦殖的速度不断减慢直到停止,手工业、市镇和贸易提供的工作机会便成为乡村剩余劳动力仅有的出路。中世纪英格兰的商业活动可分为三个层次。第一,所有的小佃户(smallholders)为了生存都需要参加基本商品和服务的交换活动,所有的佃户为了获得用于支付地租的现金,都会出售部分产出。第二,英格兰的很多地方专门生产原产品或制成品,并且形成区域间的贸易。第三,一些商品,特别是羊毛、粗纺毛织物、矿产会出口国外。因此波斯坦承认说"贸易在任何地方,甚至任何时候都能发现一些机会"。②

十三世纪的发展趋势对于小佃户来说是严酷的,但乡村地区很显然存在各种其他职业和务工的机会,能够提供一定程度的补偿。为领主或其他村民做农活可能催生出了大量的就业机会,农民在耕作土地的收入之外,还能通过各种手艺、工业和零售活动获得额外增加收入的

① 波斯坦对中世纪后期的看法,可特别参考《十五世纪》,《经济史评论》,9(1939 年),以及《中世纪后期人口下降的一些经济证据》,《经济史评论》,第 2 系列,2(1950 年)。两篇论文在《中世纪农业与基本问题》论文集中有收录重印;《中世纪的经济与社会》,第 35—39、105—109、139—142 页。最近对相关证据的细致罗列分析,可参考《英格兰与威尔士农业史(第三卷)》多处。
② 《中世纪的经济与社会》,第 183 页。

机会。打渔、网鸟或捉野味可为家人增添美味。农民往往是有双重职
业的，当存在外部需求时，他们可以做木匠、茅屋匠等等。如果有手艺，
他们可以为地方市场生产出流行的商品，小佃户中最为普遍的方式就
是酿造售卖啤酒，以此多赚几便士。乡村纺织业非常普遍，这为当地创
造了大量的业余工作机会和一定的全职工作机会。但是大规模工业，
例如采矿、冶炼和金属加工等，因为需靠近原材料，提供的工作机会体
现了更强的地方化色彩。

这类零工的种类可能很多，但真正的问题在于小佃户和无地家庭
是否能够以此获得足够的收入来弥补份地的不足，以及应对十三世纪
与十四世纪早期食物价格的飞涨。不幸的是，我们没有关于中世纪农
民家庭预算的任何直接证据，所以无法知道打零工在多大程度上增加
了他们的家庭收入。虽然缺乏确定性证据，但人口—资源模型的支持
者倾向于贬低商业和城市化在中世纪经济发展中的重要性，认为这些
因素对农民生活水平的积极影响也不大。

这一说法缺乏充分确凿的证据，因此需要较多的推理和一系列旁
证。例如，如果说中世纪农业在很大程度上只是为了维持生存，这就意
味着全职从事贸易和工业的人口比例必然比较低。我们对于城市的认
识可为这种看法提供支持。虽然我们无法确定城市居民的人口数量，
但很多历史学家认可如下统计数字，即 1300 年左右城市居民不超过人
口总数的 15%，因此城市的容量无法弥补乡村的不足，而后者的容量
已经极度受限。城市街道并非铺满黄金，很多迁入城市的人不过是换
了一种贫困的生活方式。A. R. 布里德伯里就说："十三世纪的城市人
口并不多，绝非拥挤如潮，很少有人期待说城市可以提供乡村无法提供
的生活，即便有少许人这么想，也不过是虚妄而已。"[1]与此类似，有人
强调说，乡村里虽然存在打零工的机会，这也不过是让小佃户能在好的
年份里勉强维持生计而已。"做工获得的额外收入无法完全弥补土地

---

[1] A. R. 布里德伯里：《经济增长：中世纪后期的英格兰》(1962 年)，第 55 页。十四世纪早期
大量的移民涌入诺维奇市，"只是增加了城市的穷人数量"(E. 拉特利奇：《十四世纪早期
诺维奇市的移民迁入与人口增长》，《城市史年刊》(1988 年)，第 28 页)。

的缺乏"：这种工作太过"零散且容易间断"，实际酬劳也很低，如果碰到歉收的年份甚至会完全消失，因此无法缓解十三世纪晚期乡村的贫困。①

　　城市和商业部门的运行同农业部门并不冲突，它们紧密相连，同属经济的一部分，因此同样受到人口涨落的巨大影响。在中世纪后期，人口锐减与农业衰退导致可用于交易的商品规模急剧缩小，多数城市规模缩减，时运明显恶化。在十五世纪，大多数的乡村市场停止运营，一个接一个的城市向国王抱怨人口下降、遭遇贫困，以此来减轻税收与年金负担。劳动力价值增加，收入的再分配有利于民众，这些因素刺激了该经济部门的些许扩张。这种扩张有赖于这一时期基本消费商品需求的增长，而这些商品此前是民众消费不起的。对羊毛纺织品，特别是低品质布料的需求，无论是国内还是海外，都在上升。很多乡村地区的生产繁荣起来，这源于乡村地区相比城市拥有更多优势，例如管制更为宽松、劳动力供给更为便宜灵活。但是农产品价格的下降使得工业制成品相对更加昂贵，很多工业部门在十四世纪末之后就停止扩张，一些部门在此之后甚至明显衰落。即便是市场中的领先性产业——毛纺织业，国内需求也无法弥补十五世纪中叶海外市场的损失。② 整体而言，在十四世纪晚期和十五世纪，虽然贸易和非农业生产衰减的幅度不如人口那么大，但对于一个以农业，特别是耕作农业为绝对主体的经济来说，主要经济部门无法避免衰退的命运。"国民总收入和总财富持续下降，这在历史学家可用的所有统计数据中几乎都有体现。"③

52

---

① 波斯坦：《中世纪全盛时期的农业社会》，第 624 页；波斯坦：《中世纪的经济与社会》，第 132—134 页。

② 波斯坦：《中世纪全盛时期的农业社会》，第 568 页。

③ 波斯坦：《十五世纪》，第 42 页。关于十五世纪经济的最新研究，可参考 R. H. 布里特内尔：《经济背景》，收入 A. J. 波拉德编：《红白玫瑰战争》（1995 年）；J. 哈彻：《十五世纪中叶的大萧条》，收入 R. H. 布里特内尔与 J. 哈彻编：《中世纪英格兰的进步与问题：爱德华·米勒纪念论文集》（剑桥，1996 年），第 237—272 页；P. 南丁格尔：《英格兰与十五世纪中叶欧洲的萧条》，《欧洲经济史杂志》，26（1997 年）。

模型的优缺点

人口—资源模型说明了中世纪经济社会的发展情况，并对其原因做出了解释。波斯坦阐释了自己的立场，并将这些理论的思想源头追溯到两位最伟大的古典经济学家，也提供了丰富的实证基础，就此构建了一个极具解释力与影响力的模型。而与波斯坦同时代的威廉·阿贝尔[①]和以埃马纽埃尔·勒华拉杜里和约翰·哈巴库克为首的一批历史学家，通过研究进一步强化了人口因素的作用，有助于这一模型在解释现代和中世纪经济发展中发挥持续、显著的作用。[②]哈巴库克说过一段很有影响力的话：

> 人口增长、物价上涨和农业利润上升，广大民众实际收入偏低，产业贸易处于不利情况——连同这些因素随社会制度变化而出现的差异，这些可以用来描绘十三世纪、十六世纪与十七世纪早期以及1750—1815 年这三个时段的情况。人口下降或停滞、农业利润下降，但民众收入提升，这些可能是上述三时段之间的时期体现的特征。[③]

该理论得到了如此有力、广泛的支持，无怪乎那些信奉其他历史发展理论的人都要抱怨说，基于人口决定论的马尔萨斯模型享有正统地位，"有不少著名的历史学家为之辩护，借助其影响力来打压我们的史

---

① W. 阿贝尔：《中世纪晚期废弃的村庄》，第 2 版（斯图加特，1955 年）；W. 阿贝尔：《十三至二十世纪欧洲的农业波动》（1980 年版，最早出版于 1935 年）。

② 埃马纽埃尔·勒华拉杜里：《朗格多克的农民》，共两卷（巴黎，1966 年）；勒华拉杜里：《在上诺曼底地区：马尔萨斯还是马克思?》，《经济·社会·文化年鉴》，31（1978 年）；以及诸多论文，见勒华拉杜里：《历史学家的领域》，共两卷（巴黎，1973—1978 年）；H. J. 哈巴库克：《1975 年以来的人口增长与经济发展》（莱斯特，1972 年）；哈巴库克：《现代英国经济史》，收入 D. V. 格拉斯与 D. E. C. 埃弗斯利编：《历史上的人口》（1965 年）。

③ 《现代英国经济史》，第 148 页。

学研究"。①

　　人口—资源模型对历史学产生了巨大影响,它被反复用来解释浩
瀚的历史,因此不可避免要受到持续的批评,就像一直获得支持一样。
专业的历史学家,甚至大学本科生经常会说,这种模型是马尔萨斯决定
论的一种简略阐释。但是这一模型的主要设计师——波斯坦却说自己
的"科学工作假说"所起的作用有限,同时也驳斥了"贬低马尔萨斯信条
的做法"。② 波斯坦在 1950 年发表了一篇具有开创性意义的学术论文,
称其研究的主要课题是"中世纪社会的经济基础……人口与土地开垦、   *54*
生产技术和经济活动的总体趋势:简言之就是所有无需关注法律社会制
度以及阶级关系便可进行探讨的经济因素"。③ 他在去世前发表的最后
一篇论文再次重申,他与持相似立场的其他历史学家并不是想"说人口
因素对所有经济社会活动或经济社会组织特征的影响力是无处不在、
无所不能的",或"只是通过人口因素来描绘中世纪经济社会及其结构、
制度与观念"。相反他的既定目标"非常有限,换言之就是将过去的周
期性运动或经济的反复波动同相应的人口反复变化联系起来"。④

　　诚如人口模型的这位最出色的倡导者所言,该模型的这些重大缺
陷制约了其适用范围。当该模型被用于阐释那些由人口升降引发的经
济力量时,其背后的理论可展现最强的解释力。如果论及中世纪历史,
这个模型最适用于解释"长的十三世纪"的历史以及黑死病前夕欧洲经
济是如何出现极端不利状况的。波斯坦和蒂托对十三世纪和十四世纪
早期温彻斯特主教的地产状况进行了一项前沿性研究,分析了死亡率
与谷物产量、价格的关系。他们发现当价格上涨时死亡率会上升,该发
现并不让人感到意外,因为这在任何欠发达的农业社会里都是可预测
的。但他们更重要的发现是:在十三世纪,价格持续上涨导致死亡率   *55*

---

① G. 布瓦:《反对新马尔萨斯主义正统》,收入阿斯顿与菲尔品编:《布伦纳争论》,第 107 页。
② 波斯坦与哈彻:《封建社会的人口与阶级关系》,第 70 页。
③ 该论文最早以会议报告的形式在 1950 年巴黎召开的第九次国际历史科学大会上宣读,后
　来以《中世纪社会的经济基础》为题重印,收入波斯坦:《中世纪农业与基本问题》,第 3—
　27 页(引文在第 3 页)。
④ 波斯坦与哈彻:《封建社会的人口与阶级关系》,第 64—65 页。

不断上升，因为更多的贫苦农民饿死或死于营养不良导致的疾病。[①] 1315—1322 年骇人的大饥荒导致几乎所有地方都经历了痛苦，人口死亡 10％以上，该事件从一些方面来看乃是马尔萨斯危机的典型案例。而且在这场灾难及其之后的时间里人口下降的程度与力度极大，用波斯坦的说法就是"人口数字暴跌"，[②]这说明之后降临的瘟疫只是导致了已有内在生存危机的进一步升级。

但新马尔萨斯模型对这个时期的解释却并不那么有说服力。[③] 人们公认说英格兰在十四世纪早期确实遭受相当程度的人口过剩问题——人口的长期增长确实导致了很多经济部门"走向边缘化"，经济更加不稳，新增人口的生活充满不确定性。即便如此，这种情形并不意味着欧洲大多数地区实际上就正在经历着严重、持久的危机。首先，1315—1322 年之间农业歉收与动物流行病恰巧同时发生，不论当时农民的生活处于何种水平，都会造成人口的大量死亡，这两类灾害可能是恶劣的自然条件而非系统性生存危机导致的结果。其次，波斯坦的作品强调人口过剩和"惩罚性的死亡率"，这很容易让人联想到马尔萨斯更为悲观的推测，即"高压式"的人口秩序——在这种危机状况下死亡率甚至最终会超过高出生率。但马尔萨斯本人在后来也逐渐接受如下说法：人口对资源的压力可能导致另一种不那么具有灾难性的结果。如果社会采取措施降低生育率，而不是执迷不悟地走向悬崖，那么死亡率危机是可以避免的。他称这些举措为人为的谨慎性约束（prudential

---

① M. M. 波斯坦与 J. Z. 蒂托：《温彻斯特庄园上的租地继承税与价格》，收入波斯坦：《中世纪农业与基本问题》，第 150—185 页。但这项研究后来受到很多批评，因此也得到了修正。有人指出：波斯坦说租地继承税一旦征收就意味着有租户死亡，但该税很多时候是在租地出售时征收（也就是说没有人死亡，译者注）。当然价格上升与痛苦增加仍然存在马尔萨斯式的正相关（the Malthusian correlation），会导致农民被迫出售土地以及死亡。

② 波斯坦与哈彻：《封建社会的人口与阶级关系》，第 14 页。

③ 对波斯坦观点的批评以及马尔萨斯危机的案例，见 H. E. 哈勒姆：《"波斯坦理论"与"马尔萨斯问题"》，《英格兰乡村，1066—1348 年》（1981 年），第 10—16 页；B. 哈维：《导论：十四世纪早期的危机》，收入 B. M. S. 坎贝尔编：《黑死病之前：关于十四世纪早期危机的研究》（曼彻斯特，1991 年），第 1—24 页；里格比：《中世纪后期的英格兰社会》，第 87—95 页；德赛：《中世纪英格兰的农业危机》；当然还有《布伦纳争论》中的多篇论文。

restraints)或预防性抑制(preventative check),与"缩短人类生命自然
持续时间"的积极抑制(positive check)相反。预防性抑制包括两方面:
其一是晚婚或者不婚,这是由于低工资和就业机会不足以及人们有意
识的决定;其二是成婚的夫妇限制生育,但马尔萨斯本人是反对节
育的。[①]

　　换言之,如果没有 1315—1322 年灾难性天气与牲畜流行病以及
1348—1349 年瘟疫的干预,生活水平的下降可能导致人们采取谨慎性抑
制措施来控制生育数量,使得人口停止增长甚至下降,直到生活水平有
相当程度的改善。然后按照马尔萨斯的推断,人口水平将会经历一系列
的振荡,先是下降,而后是增长,[②]但应该不会出现灾难式的下跌,而且
人口下跌持续一个多世纪。另外,在探讨十四世纪初或任何其他时代
人口变化的原因时,我们为什么只能在谨慎性抑制或积极抑制之间二
选一呢? 事实上人口行为更可能受到二者的共同影响。如果我们更进
一步,完全跳出传统的新马尔萨斯主义解释框架,那么构建合理假说则
会面临巨大困难,因为需要充分考虑异常天气条件和淋巴腺鼠疫等外生
性因素的影响。

　　波斯坦坚信,人口的长期扩张为十四世纪初危机的必然发生埋下
了种子,这同马尔萨斯和李嘉图阐发的概念十分契合。但波斯坦在解
释中世纪后期的历史时,却并未依托马尔萨斯和李嘉图的理论。人口
在这一时期减少了超过一半,有可能达到三分之二,并且在十六世纪最
初数十年之前一直未能恢复,这种情况同马尔萨斯模型的第二阶段不
太相似,同结构更为松散的"人口和资源"理论的动态机制也相差甚
远。[③] 在这一时期,工资高昂和土地充裕且廉价的现象长期存在,但人

57

----

① 马尔萨斯在其著作《关于人口原理的论文》的晚期版本中愈加强调道德约束可以同罪恶苦
　　难一道限制人口增长,见 T. R. 马尔萨斯:《关于人口原理的一篇论文》,D. 温齐编(剑桥,
　　1992 年),第 xiii—xiv、21—29 页。

② 同上,第 25—27 页。

③ 对这一说法的论述,可参见 J. 哈彻:《瘟疫、人口与英格兰经济,1348—1530 年》(1977
　　年);与 M. 贝利:《中世纪晚期英格兰的人口下降:对近来研究的一些思考》,《经济史评
　　论》,第 2 系列,49(1996 年),第 1—19 页。

口并未增长，这给认为生活水平是人口水平和发展趋势首要决定因素的所有理论提出了一个大问题。马尔萨斯罗列了诸多针对人口增长的积极抑制因素，"一系列疾病与传染病、战争、瘟疫、鼠疫和饥荒"，[①]但是鼠疫的降临和不断发生似乎在更大程度上是微生物、跳蚤及其啮齿动物携带者等独立作用的结果，而同前一时期的人口扩张、过剩的关系不大。

58　　　波斯坦曾简单推测说，在十三世纪人们对于耕地存在过度的需求，这可能对土壤产生了长期破坏，进而极大地降低了生产率以及资源基础的生产能力，以至于人口在十五世纪的大部分时间里都难以恢复。但更合理的说法应该是，中世纪后期农业产量的下降是人口水平过低的结果而非原因。中世纪后期农业衰退，劳动力成本高，农业强度下降，因此农业产量低下。如果产量低下是限制人口的原因，那么高物价而非低物价应该是十四世纪最后数十年和几乎整个十五世纪的主要特征。资源不足并非中世纪晚期人口难以恢复的原因。

　　　人口—资源模型的另一个缺点是其对事件的整体描述同近来发现的大量地方资料的差异越来越大。在这个模型建立之初，地方研究还很少，文献使用的典型性及其代表的普遍性并未受到严重怀疑。但是近二十年来，有关中世纪经济的研究呈爆炸性增长，这些研究揭示说该模型的悲观预测对于某些特定地区并不适用。例如，土地生产率在十三世纪晚期并未出现普遍长期的衰落，一些农场虽然放弃了休耕，但亩产量仍然也较高。[②] 同样，波斯坦将土壤贫瘠的地区看作是耕作边缘

59　地区衰落恶化的典型案例，但事实上在这类土地之中有些发展出了多元的经济，其中耕作农业成为了其他生产活动的必要辅助，这种经济可以容纳更多的人口。[③]

　　　该模型赋予农业和人口水平绝对性的地位，而最近数十年里我们

---

① 马尔萨斯：《关于人口原理的一篇论文》，D. 温齐编，第 23 页。
② 看下文第 145—146 页（原书页码——译者注）。
③ M. 贝利：《中世纪英格兰经济中边缘的概念》，《经济史评论》，第 2 系列，42(1989 年)，第 1—17 页。

对中世纪经济其他部门的了解愈加深入，也让我们愈发怀疑该做法是否恰当。特别是有人提出，我们此前严重低估了城镇、贸易和工业扩展对于生产率和就业起到的刺激性作用，如果商业发展因素得到适当的考量，人口增长与可用资源之间的任何简单的线性关系就不再有效。人口—资源模型的核心前提是认为生产率在中世纪盛期只是略有提升，这一观点也受到强有力的挑战。马尔萨斯和李嘉图的理论总是尽可能地排除生产率存在持续的实质性改善的可能，而且认为生产率的任何提升最终都会被人口的增长抵消。[①] 但是十八世纪后期、十九世纪英国的历史经验证明，农业技术和非农业经济部门的发展可以导致食物产量、就业和财富的增加，足够容纳急剧增加的人口。有些人发现（英格兰经济）在 1300 年之前就朝着这个方向迈进，本书第 4 章将对这些主题进行探讨。

人口驱动模型强调市场力量的运行，从而低估了经济中货币量波动的影响，因此一直备受批评。[②] 正如我们所见，在以人口升降为基础的模型中，人口与可用资源之间的平衡变化是导致食物、土地和劳动力价格波动的原因；但货币流通量的变化也会导致价格的波动。货币确实很重要，英格兰铸币厂的货币产量在十四世纪中间的五十年里出现了波动，这毫无疑问是黑死病之前数十年里食物价格急剧下降以及此后数十年里价格快速上升的重要因素。学者也反复提到，货币供应的萎缩引发了十五世纪中叶的经济衰退，而货币铸造业的长期大规模扩张以及货币中白银含量的基本稳定自然也有助于十二、十三世纪英格兰经济的发展。

一些货币史学家进一步争辩说，很多证据表明人口模型是站不住脚的，因为中世纪主要的价格周期基本上是由货币供应量的波动而非人口升降所驱动，而货币供应量是由欧洲银矿的产量决定的。波斯坦在构建

60

[①] 李嘉图虽然承认农业、贸易和制造业的有些部门可能会出现边际效益增加的趋势，但低估了创新在延缓甚至扭转边际效益下降趋势方面的作用，因而受到其他古典经济学家的批评。

[②] 下文会进一步探讨货币在经济发展中的作用，第 138—139、186—192 页。

自己的模型时不断尝试取代这些解释，还经常同货币学说及其支持者直接争辩。[1] 当然波斯坦也适当地做出了一些让步：

61

> 在十二、十三世纪，价格不断上涨，来自匈牙利、哈茨山脉、蒂罗尔和其他地方的银矿供应着整个欧洲，白银数量增长很快；十四世纪和十五世纪上半期，价格下降，恰逢老矿区的白银产量迅速下降。概言之，新开采的贵金属供应量的变化会导致价格升降，这种看法很难反驳。

但是他接着提出了一系列理由，解释为什么该结论应该予以驳斥，这些理由中很多至今仍然有道理。[2]

如下事实是无可争辩的：在特定时期，主要商品价格变化的幅度是不同的，有时候甚至朝向不同的方向，但货币供应量的波动却会导致普遍一致而非多种多样的结果。波斯坦强调，在十三世纪"食品价格持续大幅上升，但其他商品价格并未呈现类似变化，这在很大程度上可以说明农业生产的相对成本在持续上升，人口对土地的压力不断增强"。[3] 这可以进一步证明：价格，特别是相对价格的长期变化明显说明存在着强大的"实质性"力量导致了供求关系的变化。虽然十二世纪后期和十三世纪食物价格上涨与货币供应量增加，以及十四世纪后期和十五世纪食物价格下降和货币供应减少之间都只是存在非常粗略的正相关联系，但这种关系却并不适用于所有商品的价格，而且工资——劳动力价格——的情况事实上完全相反。当十三世纪、十四世纪之交货币供应量处于最高水平时，劳工和农民家庭消费的各类商品的平均

---

[1] 关于货币在中世纪经济中的作用，波斯坦有自己的观点，见《中世纪社会的经济基础》，第 7—13 页；《中世纪欧洲的贸易：北部地区》，《剑桥欧洲经济史（第二卷）》，第 210—217 页；《中世纪的经济与社会》，第 235—245 页。也参见 W. C. 罗宾逊：《中世纪后期欧洲的货币、人口与经济变迁》，《经济史评论》，第 2 系列，12(1959 年)，第 63—76 页，以及 M. M. 波斯坦为该文写作的"注释"，在本文第 77—82 页。
[2] 《中世纪社会的经济基础》，第 8 页。
[3] 《中世纪欧洲的贸易》，第 210 页。

价格实际上比十五世纪后半期略低。此外,还有一项事实更为突出,即
非熟练、半熟练劳工所得工资在后一时期比前一时期要高出两到三
倍。[1] 中世纪经济运行趋势的变化很显然强于货币量的变化。   62

　　对中世纪经济社会发展的马尔萨斯/李嘉图理论最激烈、最持久的
批评来自那些支持与该模型对立的其他超级解释模型的学者。在模型
构建者看来,中世纪经济社会史研究恰似泰坦巨人之间的冲突,但有一
点要重点强调:虽然这些模型之间存在诸多明显差异,但这些差异在
历史研究之中却显得不那么突出。这些理论模型的提出、建构和阐释
工作只是中世纪历史写作的一个小而专的部分。虽然很多历史学家都
受到理论模型的影响,但很少有人只是在一个模型的旗帜下阐释自己
的观点,即便他们相信该模型的某些推理是正确的。

　　人口驱动假说的批评者们为了使目标攻击起来更容易,时常会给
对手贴上标签,说那些坚信人口升降是触发经济社会变化的重要力量
的人是教条世俗的马尔萨斯主义者。但在所有人口理论中,马尔萨斯/
李嘉图模型只是最正式、最具决定论色彩的一种,所以我们应该区分如
下两种取向,一种是承认土地和劳动力相对价值变化对经济的重要性,
另一种是坚信人口因素是几乎所有重要经济社会变化的主要原因,甚
至还确信人口总是按照马尔萨斯、新马尔萨斯或李嘉图的理论来变化。

　　如下批评更有道理,过度关注人口因素可能导致忽视其他重要力
量,包括诸多法律、社会、政治的结构与关系。波斯坦说他的研究内容   63
并未包括社会结构与关系,没有考虑这些问题并不等同于否定其作用,
但是他却极力弱化非经济因素对经济发展进程的影响。而新马尔萨斯
主义和李嘉图主义的信奉者们则更为直接,完全将社会与政治因素看
作恒定不变,就此明确否定其影响。

　　但人口驱动模型之中那个过度僵化的版本可能存在一个更为根本

---

[1] 价格和工资数据可见 E. H. 菲尔普斯·布朗和 S. V. 霍普金斯:《透视工资与价格》(1981
年),第 1—59 页;D. L. 法默:《工资与价格》,收入《英格兰与威尔士农业史(第二卷)》,第
716—779 页;D. L. 法默:《工资与价格,1350—1500 年》,收入《英格兰与威尔士农业史(第
三卷)》,第 431—515 页。

性的弱点，就是过分依赖如下错误假设，认为中世纪存在自由运行的市场经济。所有粗略的人口理论都将强大的、基础性的经济供需规律作为核心内容，假设说经济供求规律的运行可以畅通无碍，进而导致土地与劳动力之间相对稀缺性的交替变化，促使价格出现相应调整。马尔萨斯和李嘉图认为生产要素普遍存在相对自由的市场，但这一假设是在十八和十九世纪之交做出的，此举可能颇为合理，然而中世纪的土地、劳动力和资本市场却远非如此自由。领主对其大多数租户享有的权力可以远远超出正常商业关系的限制；大片土地是由农民以自由或习惯保有制的方式租种，一般是代代相传，并非通过土地市场机制进行交易；劳动力很多是通过强制的劳役来提供，而国家在黑死病之后还坚定不移地操纵劳动力市场；反高利贷法规定在贷款中收取利息的行为是非法的，而且此举在宗教和社会层面上也是不可接受的。所有这些以及其他不少因素都说明，供求力量是在当时社会、法律和政治结构的整体框架之内对于收入的创造与分配产生影响。人口增加会导致食品价格和地租上升，并对实际工资产生负面影响，但实际后果却不仅仅取决于市场力量本身。

64

我们要想有效地衡量人口力量的影响力，就不能局限在传统的人口与资源模型的框架之内，必须在更大范围内考察经济社会变化的影响因素和力量。但这样做又使得因果关系的考察工作变得复杂化，因为评估任一系列的相关因素的作用总是需要对所有其他因素的重要性进行客观考察。历史学家当选择应对而非逃避这一基本问题时就会面临两难困境。其中一个典型例子就是 R. H. 希尔顿，他是重要的马克思主义史学家。他这样评价阶级关系与经济人口力量在劳动地租向货币地租转变过程中起到的相对重要作用：

> 可以说，而且确实有人说这些趋势同农民群体有组织的自发行为并不相关，而只是源于如下非人为的因素：土地供应、人口趋势以及对农产品的需求等等。当然，这些因素是最重要的，而且农民行为的作用长远来看可能最多只是顺应了，或者推动了历史变

迁的已有潮流。①

　　我们想成功地将任意一项总体性力量或一系列力量认定为恒久的
原动力，会面临很多困难。本书的一个主题就是揭示这种困难。如果
我们以一种开放的心态来探讨各种相互对立的学说之优点，这种困难
会成倍增加。学者们会就影响经济社会变化的各种力量进行相对排
序，但是遗憾的是，很少有人会在此过程中做到完全客观。有人对历史
上的人口因素以及市场贸易增长学说进行了激烈批评，他们这么做是
想用其他因素替代之。在这一系列批评者中呼声最高的便是强调阶级
因素的学者们。罗伯特·布伦纳就前工业化时期欧洲的经济发展写作
了一篇有影响力的论文，该文的第二页说：

　　　　本文的目的是指出：这些经济模型建构的努力从开始就注定
　　失败，因为最直白地说，是阶级关系或阶级权力的结构决定了特定
　　的人口和商业变化如何以及多大程度上影响了收入分配和经济增
　　长的长期趋势——而不是相反。②

　　因此，布伦纳断言不仅人口和商业化的历史理论存在无可挽回的
谬误，而且历史发展真正的动力是阶级关系。此举很明显是希望证明
历史上存在唯一恒久不变的原动力，而赋予阶级关系这一地位的学说
有明显的优势，我们将在下一章进行探讨。

---

① R. H. 希尔顿：《农奴获得自由：中世纪农民运动与英格兰 1381 年起义》(1973 年)，第
　234—235 页。
②《前工业化时期欧洲的农业阶级结构与经济发展》，收入阿斯顿与菲尔品编：《布伦纳争
　论》，第 11 页。

第三章　阶级力量与财产关系

　　我们在上一章概述了一系列看似比较合理的说法,这些说法旨在说明经济发展的关键是人口与资源、劳动力与土地、人与环境及其产生的经济力量之间的关系。本章集中于另一种同样看似颇有道理的解释,即经济发展的关键在于社会关系以及社会的政治法律制度。人口与资源模型关注人口密度、土壤质量、农业产量、地租、价格、工资、生活水平和人口变化趋势等问题,而本章所讨论的模型则强调领主和农民对立的生活方式和关注重点,地主与佃户之间的矛盾关系,以及封建制度、封臣制和维兰制在决定经济变化速度与方向上所起的主要作用。

　　人口资源模型以土地—劳动力比率(land: labour ratio)为基础,以经济和人口的基本法则为动力,但我们通过关注中世纪的社会、法律和政治结构,及其运行背后人们的观念,可以构建出一个与之相对立的复杂模型。从这种新的视角出发,有人会说土地和劳动力相对稀缺性的交替变化引发的经济力量并非按照理论上的经济法则运行,既非确定也非必然,相反是在已有的社会结构,包括风俗、文化、法律,以及财富和权力等级制度的引导下发展,这些因素可以抵消或增加经济力量的强度甚至扭转其方向。因此社会变化发展模式的首要决定因素及其动力的主要来源在于主要阶级之间的关系和所谓"生产方式"的发展,而不在于经济力量的运行。

理论（1）：卡尔·马克思及其继承者

卡尔·马克思及其思想上的继承者基于社会、政治和制度因素在塑造长时段历史进程方面的突出作用，构建了最连贯和最有影响的模型。[①] 在马克思主义者看来，历史是个辩证的过程，现在塑造着未来，正如过去塑造了当下。人类发展的每个特殊阶段——古代社会、东方社会、封建社会和资本主义社会——都由其自身内部条件生成，又会被这些条件改造。与马尔萨斯主义类似，马克思主义也是以社会经济基础为中心的唯物史观。经济活动在任何社会中均占支配地位，而马克思主义者认为"生产过程"（the production process）是推动浩瀚历史进程前进的核心动力，但这并不意味着他们认为经济力量在推动社会经济变革方面起到了突出作用。恰恰相反，在这一思想流派看来，我们可以根据阶级结构划分社会，正是这些阶级结构决定了经济与生产资料的所有权及其运行方式。主要的社会、政治结构的性质决定了经济发展的水平和程度，反之则不然。因此这种解释同那些强调人口和经济决定论的理论截然不同。正如约瑟夫·斯大林在他署名的著作《联共（布）党史》中所言："人口增长确实会影响社会发展，对社会发展起到促进或阻碍作用，但它并非社会发展的主要力量。"[②]

基于经济力量运行的模型容易忽视非经济因素的影响，而马克思主义将这些因素置于中心位置。但是非经济因素——所有社会里的社会、政治、法律和文化因素——构成了一系列复杂多样且本质上难以处理的变量，因此马克思主义者将关注点集中在有限的范围内，特别是社会阶级之间的关系与矛盾，将其作为社会经济变革与发展的主要动因。

68

---

① 关于马克思主义理论和马克思主义历史的介绍，可参看 G. A. 科恩：《卡尔·马克思的历史理论：一种辩护》（牛津，1978 年）；S. H. 里格比：《马克思主义和历史学：一种批判性的介绍》（曼彻斯特，1987 年）；W. H. 肖：《马克思的历史理论》（1978 年）。

② 引自 E. A. 科斯敏斯基：《十一至十五世纪英格兰封建地租的演变》，《过去与现在》，7（1955 年），第 36 页。应该指出的是，在该著作中斯大林相比布伦纳更为注重人口因素的作用（见本书下文第 108、223—224 页）。

69　　既然阶级结构和阶级矛盾成了原动力，经济力量能够发挥的作用就必须相应地弱化。罗伯特·布伦纳在 1976 年发表的一篇极具影响力的论文再度引发了一场重大的持久性争论，宣称"阶级结构对于经济力量的影响显得很有韧性；一般而言，它们并不取决于人口和商业趋势的变化，也不会因此而相应地变化"。鉴于马克思主义是个辩证过程，阶级斗争导致生产方式以一种可预测的方式相互接替出现，因此"只能将经济发展理解为一种新的阶级关系出现的结果，这种关系有利于新的生产组织、技术创新以及生产投资水平的提升"，而且"这些新的阶级关系本身是此前的阶级矛盾相对自主发展的结果"。①

　　在研究经济活动于历史发展中的作用时，马克思主义者通常使用三种概念工具，每种都被置于更大的社会和政治语境之下。② 首先是"生产方式"（the mode of production），包括社会的整体结构（法律、习俗、文化、政权形式、宗教等等），这些因素共同决定了经济组织的形式（古代、封建主义和资本主义等等）。第二是"生产力"（the forces of production），有时又被称作"生产资料"（means of production），指制造实用物品所需的所有东西，比如自然资源、原材料、生产工具（劳动工具、燃料和技术等等），当然还有劳动力。第三是"生产关系或生产的社会关系"（the relations or social relations of production），是指生产资料拥有者与劳动力提供者之间的关系。

　　"生产关系"的一项关键因素是将劳动运用于生产资料创造出的产
70　品在所有者与劳动者之间分配的方式，特别是"剩余劳动"（surplus labour）的榨取方式，而此举使剥削阶级而非劳动者富裕。用马克思的话说，"在特定经济形态下，无报酬的剩余劳动从直接生产者身上剥离，这决定了统治者与被统治者的关系"。③ 在资本主义社会，这种剩余通

---

① 布伦纳：《农业阶级结构与经济发展》，第 31、37 页。
② 有关这些概念的初步讨论，参见 R. H. 希尔顿：《导论》，收入阿斯顿与菲尔品编：《布伦纳争论》，第 5—9 页。
③ 卡尔·马克思：《资本论：政治经济学批判》，F. 恩格斯编，共 3 卷（伦敦：劳伦斯和威舍特出版社，1979 年），第 3 卷，第 791 页。

过工资劳动榨取,"无报酬的剩余"来自工人所获工资与其劳动对雇主价值之间的差额。在中世纪,"特定经济形态"便是地租,以劳动、实物或货币的形式支付,马克思认为主要通过农奴制体系从农民身上榨取。

马克思与马尔萨斯、李嘉图类似,并不太重视科技和生产率的进步对于推动变革发展的重要性。尽管他相信生产力存在一种发展进步的内在倾向,但他又认为科技变革会造成现有生产关系的紧张,且最终受到其限制。这一基本原则解释了为什么马克思主义历史学家在书写十三世纪的历史时倾向于赞同新马尔萨斯主义者的观点,认为生产率不仅低并且在下降。但他们又不同于后者,因为他们从非经济因素中探究该现象的原因,认为只有通过研究生产的社会关系、地主与农民的行为,特别是农奴制的社会关系,才能找到生产率低下与大规模技术进步欠缺的原因。

因此根据马克思的思想,重大的经济变革和发展只可能通过生产关系的转变才能实现。这种转变的动力主要在于封建社会的两大对立阶级,即领主与农民之间的关系。这一关系本质上是冲突的。由于封建生产方式内在结构矛盾所产生的潜在爆炸性张力,冲突被视作不可避免,最终必将导致危机与转变。

71

这一转变过程通常被称作"封建主义危机"(crisis of feudalism),其发端往往被确定在十三世纪末、十四世纪初。当然这与上一章讨论的经济和人口危机处于同一时段。然而"封建主义危机"是一个更为广泛的现象,且通过不同标准来衡量。经济和人口危机从根本上说是指人均产出下降、大众收入降低以及人口下降,然而封建危机本质上是封建社会两大主要阶级之间的关系面临了一场危机。因此,对马克思主义学者而言,定居点、地租、物价和收入的变化并非危机的核心指标,因为封建经济可能经历经济周期的潮起潮落但未必进入一个不可逆转的社会变革进程之中。在封建危机之下,社会冲突加剧,进而导致生产关系和生产方式发生变化。这些变化过程变得不可逆转,便为资本主义的兴起铺平了道路。

阶级斗争模型的案例

然而，我们如果认为有关封建体系危机及其随后的衰落只存在一种无可争辩的马克思主义阐释，便是犯了错误。马克思主义学者之间实际上存在差异，这不仅源于历史经验本身具有复杂性，历史遗留的证据有限，而且也与一项事实有关，即马克思对早期历史的兴趣是有限的，在很大程度上只是出于需要对资本主义的先决条件进行了解释。马克思并未给他的继承者留下有关中世纪运行的模型：他很少论述封建主义的性质，对其内在矛盾并未进行充分探究，也很少讨论农奴制的社会关系。[①] 而且他就此写作的这些少许内容也有些含糊不清。[②] 马克思对封建时期的粗略处理作为学术遗产，成为马克思主义学者反复争论的对象，有时候还涉及中世纪发展最基础的方面。

本章稍后会讨论该争论的一些部分，但眼下更适宜于探讨他们取得的共识而非呈现分歧。大部分马克思主义历史学家或理论家倾向于首先强调封建生产方式中固有的内在结构性矛盾，以及地主与农民阶级之间的地租斗争。最重要的结构性矛盾便是封建生产体制的效率低下与领主阶层不断快速增长的地租需求之间不可调和的矛盾。一方面，劳动生产率与收入产出处于低水平；另一方面，战争、建筑和家庭消费支出快速增长。马克思主义学者认为这些矛盾引发的紧张导致了地租斗争的激化，并将其置于舞台的中心，因为地主统治阶级的大部分收入来自地租（以货币、劳役，有时是食物的形式支付），后者源自对农民大众的榨取。大量农民生活在奴役状态下，这意味着他们所支付地租的水平并非主要决定于市场、土地—劳动力比率或农业技术水平，而是地主的权力与农民抵抗该权力的能力。用马克思的话说，"财产关系必然同时体现了领主权和奴役的直接关系，因此直接生产者并不自

---

① E. J. 霍布斯鲍姆编：《卡尔·马克思：前资本主义经济形态》（1964 年），第 41—44 页。
② 科恩：《卡尔·马克思的历史理论》，第 83—84 页。

由",①这决定了农民的劳动产品中农民能够保留与领主可以剥夺的相应份额。地租榨取的程度和方法取决于"政治"而非"经济"力量,而且该力量最终必然依托于"非经济强制"(non-economic compulsion)。② 既然地主与佃户之间的关系是剥削性的,而且依赖"非经济强制",该关系就是内在矛盾的,最终有助于摧毁封建生产方式,为资本主义的演进铺平道路。

按照马克思主义的基本信条,学者们为十一至十四世纪中叶这一时期构建了广阔的概述式模型(broad schematic model),该模型会以如下信念为核心,即生产关系最终会扼杀生产力发展的能力。③ 农奴制和地租斗争主导着十二、十三世纪英格兰的生产关系。普通法和庄园制度赋予地主在剥削农民方面几乎享有无限的权利,因此农民为土地支付的地租取决于领主意志而非供需关系。用罗伯特·布伦纳的话说,农奴制涉及"领主施加于农民身上的直接且强有力的超经济控制。因为农奴制的本质是领主有能力将超市场的压力施加在农民身上,从而决定地租的水平"。④

马克思主义学者相信,英国领主对佃农行使的强大权力可以充分解释黑死病前农民的劳动生产率为何如此低下而且不断下降,这一解释很明显并未在人口—资源模型中体现出来。如下趋势必不可免:"领主为榨取剩余产出——地租往往会没收农民生存所需以外的收入(甚至可能更多),而且农民为防止生产率衰减而用于翻新租地所需的资金也同时因此受到威胁";此外,"农奴制的剩余剥削关系(the surplus-

① 马克思:《资本论》,第3卷,第790页。
② 恰如马克思主义学术研究的诸多领域,学者们对这些篇章的准确含义展开了激烈争论。参见J. E. 马丁:《从封建主义到资本主义:英格兰农业发展中的农民与地主》(1983年),第1—26页。
③ 正如上一章借用波斯坦的作品来构建人口—资源基本模型,接下来几页对英国经验基础模型的概述取自罗伯特·布伦纳的两篇长文:《前工业化时期欧洲的农业阶级结构与经济发展》,《过去与现在》,70(1976年),第30—75页;《欧洲资本主义的农业根基》,《过去与现在》,97(1982年),第16—113页。这两篇文章收入阿斯顿和菲尔品编:《布伦纳争论》,第10—63页和第213—327页。本书之后使用的仍是这个版本。
④ 《农业阶级结构与经济发展》,第26页。

extraction relations of serfdom)会导致农民生产本身陷入枯竭"。[1] 此外，领主制度不仅会导致英格兰农民陷入贫困，农民有效耕种并有意维持土地的能力因此遭到削弱，而且它对土地和人口流动的限制也遏制了劳动者迁入具有扩张潜力的地区，从而导致土地分配极其不均。

不仅如此，由剩余剥削模式导致的这些有害趋势因为封建领主处置收入的方式而进一步恶化。他们的花销取向导致了明显的炫耀式浪费性消费，用于包括庞大的家庭、奢华的建筑和奢侈品（其中很多来自进口）以及战争。也有人说，领主消费的水平会随着时间的推移持续上升，因为维持私人军队的负担不断增加，战争随着昂贵的进攻、防御装备的不断改进也会渐趋复杂，还要建设更为庞大的城堡和更为雄伟的教堂，而且贸易规模范围的拓展也会激发消费欲望渐趋扩大。最后，对额外收入的这种日益增长的需求自然会引发领主对农民更严重的剥削，从而导致发展不足并陷入恶性循环，以及农奴制关系反复出现恶劣的影响。因为"领主增加产出最直接的方法并非资本投入或引进新技术，而是通过增加货币地租或劳役来压榨农民"。因此英格兰的领主"普遍不必通过改良的方法——提升劳动生产率、效率和产量来增加收入"。这是因为他们有一种"剥削"模式可供选择：可利用自己对于农民的权力地位增加其在产品分配中的份额。[2]

---

[1] 《农业阶级结构与经济发展》，第 31、33 页。值得注意的是，布伦纳在他的第二篇文章中称，他在第一篇文章的如下结论（第 33 页）被人误解，即 14 世纪早期英格兰领主"有一种'剥削'模式可供选择：可利用自己对于农民的权力地位来增加其在产品分配中的份额"。他说自己实际的看法是"在相似的'客观'经济条件（人口或商业）下，领主或农民都可能从对方的损失中受益"（参见《欧洲资本主义的农业根基》，第 222 页，注释 11），借此试图转移他人对其有关英国历史论述准确性的批评（见约翰·哈彻：《对英格兰的农奴制与维兰制的一项再探讨》，《过去与现在》，90（1981 年），第 4 页）。但是该回应并不到位。毫无疑问布伦纳论文的一项中心论点是，在整个欧洲，领主或农民都有可能占据上风，但问题在于他反复而且坚定地将 13 世纪、14 世纪早期的英格兰归入如下这类国家，即封建领主获胜而且实际上能够决定收入的分配（关于这一问题的更多引文可参见本书上文第 73 页及下文第 75 页）。实际上这项前提不仅是布伦纳对这一时期英格兰历史经验整体解读的基础，而且英格兰为他就欧洲各地区之间不同发展道路的比较分析提供了一个典型案例。如果英格兰的经验有误，这一案例自然无效。下文会进一步讨论宏大历史模型在面临特定时间、特定地点的现实时显现出的内在缺陷，见下文第 200—207 页。

[2] 布伦纳：《农业阶级结构与经济发展》，第 31、33 页。

　　这些具有破坏性的进程显然不可持续，必然导致危机；危机首先会对大众造成强烈冲击，最终导致整个封建体系（feudal system）的崩溃。因此马克思主义式分析同马尔萨斯主义式分析一样，认为经济发展存在一个陷入危机的长期内在趋势。但这种危机趋势并非源于自然的现实，我们通过参考现有人力与自然资源同特定技术水平之间的关系便可得出如下解释：它是由"领主的地租剥削以及土地和资本分配极端不均"导致的一种生产率危机（crisis of productivity）。[①] 因此它并非源于人口压力过大，而是源于封建体系本身的性质、内在矛盾及其引发的阶级矛盾。

　　罗伯特·布伦纳的作品在很大程度上延续了已有传统，但他仍为马克思主义者和非马克思主义者之间的争论注入了不少新活力。将封建主义（feudalism）等同于农奴制，并将封建体系的不稳定性和最终崩溃几乎完全归结为地租斗争以及领主对非自由农民（the unfree peasantry）的破坏性剥削，这些做法一直是马克思主义学说的主要元素，正如二十世纪四十、五十年代诸多出色的马克思主义学者的著作所展示的那样。多布于 1946 年首次出版的极具影响力的著作《资本主义发展研究》专门讨论了中世纪英格兰的历史，他坚信"作为生产体系的封建主义（Feudalism）效率低下，再加上统治阶级对于收入的渴求持续增长，此乃封建主义衰落的最主要原因"。[②] 在多布看来，领主对于收入的需求不断增长源于贵族及其扈从人数增多、战争和劫掠的不良影响，以及奢侈与炫耀性消费的增加。鉴于非自由农民乃是封建统治阶级获取收入的主要来源以及增加收入的唯一来源，而且"此时劳动生产率较低且停滞不前，增加剩余产品的空间已然很少"。因此多布认为，必然结果便是领主要么对生产者征税"超出了人类所能承受的限度"，要么减少其"生活资料以至低于动物生存的水平"。[③] 一方面农奴受到生产效率低下的庄园经济的压榨，另一方面因为领主可能随时以产出

---

① 布伦纳：《农业阶级结构与经济发展》，第 33 页。
② M. 多布：《资本主义发展研究》（1963 年），第 42 页。
③ 同上，第 43 页。

提升为借口再度榨取剩余产品，农奴便缺乏劳动积极性，因此被迫放弃土地或迁徙到正在扩张的城镇。[1] 多布的书出版后引发了争论，吸引了诸多学者参加。但多布与他们中的大多数一样，并非中世纪学者，而且他将封建主义等同于农奴制的倾向有简单化的问题。他还类似地做出如下断言：在人口远未开始衰减之前的十三世纪，正是农奴的逃亡削弱了领主的权力并迫使他们做出让步，但 R. H. 希尔顿在评述该书时指出这一观点是错误的。[2]

西方历史学家甚至马克思主义学者愈加赋予人口因素更为突出的地位，这是 E. A. 科斯敏斯基这位斯大林时期苏联的英国中世纪农业史专家要面临的重要现实。[3] 他直接针对马尔萨斯危机的假设，质疑十三世纪的英格兰是否确实人口过密，以及该国的生活资料是否确实不足以养活不断增加的人口。一些证据指出农民处于悲惨的经济状态，不适合农业耕作的土地也得到开垦，工资处于低水平，地租与土地、食物价格整体呈现上升趋势。科斯敏斯基并未挑战这些证据的有效性。但他称人口过剩乃是"相对"而非"绝对"，并将其视作"更多是主要生产方式的独特性而非人口的整体增长导致的结果"。因此它是人为导致的危机，科斯敏斯基推测说："即便在当时普遍的生产力水平之下，如果封建领主、封建教会和封建国家没有榨干劳动阶级，如果一大部分耕地并未被领主的自营地占据，如果领主的牲畜没有塞满公共牧场，如果领主没有霸占公地为自己使用，如果维兰迁徙的自由未被限制进而可以迁至人口密度较为稀疏的地区，英格兰或许可以轻易养活更多人口。"[4]

科斯敏斯基与多布相似，主要依据地租卷档而非自营地利润来研究领主收入，因此将领主阶层开销的增长几乎全然归结为地租斗争的

<hr/>

① 多布：《资本主义发展研究》，第46—47页。
② 《当代季刊》，2（1947年），第268页。
③ 可特别参考他的两篇文章《封建地租的演变》和《14和15世纪可否看作是欧洲经济衰退的时期》，收入《阿曼多·萨波里纪念研究论文集》（米兰，1957年）。科斯敏斯基批评希尔顿"夸大了14和15世纪人口衰减的重要性"（见《封建地租的演变》，第23—24页）。
④ 科斯敏斯基：《封建地租的演变》，第21—22页。

强化。但多布忽略了一个重要方面,而科斯敏斯基对此进行了分析,即详细考察了领主强化剥削农民阶级的方式。科斯敏斯基认为十二世纪末、十三世纪时普通法的发展削弱了非自由农的法律地位,而且作为阶级统治工具的国家的地位进一步得到强化,庄园制度得以"加强",进而提供了一种"受管制且有序的剥削方式"。因此借助法律及其地方执行手段的支持,十三世纪的领主对农奴施加更大压力来增加封建地租(feudal rent)。[①] 十三世纪下半叶和十四世纪初似乎是英格兰农民遭受封建剥削最为严苛的时期,此时的封建地租,无论是以劳役还是货币地租的形式,都达到了历史最高水平。[②] 生产关系的这一变化激化了阶级矛盾,但是十三世纪维兰的集体公开抵抗大体上是无效的,所以领主能够"巩固封建经济"并赢得地租斗争。然而领主胜利的结果是社会经济基础的动摇和大众的贫困化。科斯敏斯基总结道:通过这些方式,"封建生产方式成为生产力发展的制约因素,耗尽了农民经济,并对农民自身造成物理灭绝式的威胁"。[③] 在大约三十年后,布伦纳再度重复了这一观点。

　　大量的后续研究聚焦领主与其非自由佃农之间的所谓内在矛盾关系,这些研究的发现强化了农奴制社会关系在社会经济发展中的核心地位。这类证据可被解读为领主阶级在十一至十四世纪对农民阶级实施了三重攻击:原来的自由人大量沦为维兰,非自由人承受的负担大幅增加,而且领主成功地镇压了所有抵抗。大批历史学家通过对档案材料的系统研究,为我们认识中世纪英格兰乡村的矛盾关系做出了重大贡献,其中罗德尼·希尔顿及其学生 C. C. 戴尔、齐维·拉兹(Zvi Razi)、罗斯玛丽·费思(Rosemary Faith)表现突出。

　　希尔顿认为矛盾是"中世纪社会主要阶级之间关系的关键性内在特征",而且"中世纪乡村社会关系的主要特征是领主与农民之间的利

---

① E. A. 科斯敏斯基:《十三世纪英格兰农业史研究》(牛津,1956 年),第 328—354 页。

② 科斯敏斯基:《封建地租的演变》,第 32 页。

③ 同上,第 22 页。

益矛盾，而非和谐共处"。① 因此，双方就农民所欠地租与劳役进行的斗争，以及农民行动自由受到的限制乃是乡村生活最重要的特征之一，不仅集中在以充满矛盾著称的中世纪后期，而且在十二、十三世纪。希尔顿的一系列著作论文描绘并阐释了这些矛盾，涉及对农民生活和领主收入具有关键意义的各类事务，包括农民享受自由身份和自由土地保有权（free status and tenure）的权利，劳役（labour services）的征收和履行，塔利税（tallage）、租地继承税（heriot）、嫁女钱（merchet）的征收，买卖土地的权利，公共权利（common rights）的获取，以及领主征收租金的水平。②

80

有人认为英格兰农民在诺曼征服后遭受新领主的压迫，大多数人的地位在十二世纪末与十三世纪初进一步下滑，其幅度前所未有。③ 这一时期普通法发生了变化，特别是将非自由人排除在王室法庭的保护之外，导致许多原本自由或相对自由的人完全落入领主之手。简单来说，统治阶级出于自身利益需要，操纵修改了普通法中有关自由与农奴制的内容。此外，在农民丧失法律自由的同时，地产管理也发生了重大变革。特别是领主日益转向对庄园进行直接管理并耕种自营地（demesnes），逐渐放弃间接管理和出租土地，这就需要征收或重新征收劳役以及建立系统的文本记录和管理机构，从而对农民生活实施更有效的管理。这些措施一同实施的结果是：不仅非自由人在总人口中的比率大幅上升，而且其负担也明显加重。

这些革命性的变化及其给大多数农民带来的严重不良后果引发了农民的反抗，后者既诉诸法律也采取直接行动。在 1180—1220 年间，

---

① R. H. 希尔顿：《农奴获得自由：中世纪农民运动和英格兰 1381 年起义》（1973 年），第 233—234 页。

② 重点参考《1381 年之前英格兰的农民运动》，《经济史评论》，2（1949 年），收入 E. M. 卡勒斯—威尔逊编：《经济史论文集》第一卷（1962 年），第 73—90 页；《中世纪英格兰农奴制的衰落》（1969 年）；《中世纪后期英格兰的农民阶级：福特讲座及相关研究》（牛津，1975 年）；《阶级矛盾和封建主义危机》（1985 年）。

③ R. H. 希尔顿：《英格兰的自由与维兰制》，《过去与现在》，31（1965 年）。最近关于该问题的补充讨论，参见 R. 费思：《英格兰农民阶级与领主权的增长》（莱斯特，1997 年），第 245—265 页。

许多农民向法庭发起诉求,旨在争取自由地位,尽管少有成功。在十三   *81*
世纪,领主加强了对维兰的人身限制与经济剥削,英格兰各地的庄园都
发生了不少纠纷矛盾。其中一些纠纷甚至延续数十年,农民与领主为
维护各自利益均显得"态度坚决甚至好斗"。[1]

在十三世纪和十四世纪早期,持续最久的斗争集中于如下纠纷,有
关佃农群体或共同体的负担与地位以及领主的盘剥,通常涉及法律诉
讼与偶尔的直接行动,较为著名的斗争案例包括哈莫兹沃斯修道院
(the prior of Harmondsworth)与其维兰之间,贝克修道院(the prior
of Bec)与其奥格伯恩、威登、绪尔庄园(the manors of Ogbourne,
Weedon,Hooe)的佃农之间,奥特里·圣玛丽的教士(the Canons of
Ottery St Mary)与其维兰之间,莱斯特修道院(the abbot of Leicester)
与其维兰之间,达恩霍尔庄园(Darnhall)的维兰与王室峡谷修道院
(the abbey of Vale Royal)之间。黑尔斯欧文修道院(the abbey of
Halesowen)与其佃农间的斗争颇为著名,而且持续很久,最早可追溯
到 1243 年,当时修道院院长与黑尔斯(Hales)的居民达成协议,商定了
前者的权利与后者的义务,并由位于威斯敏斯特的王座法庭(the court
of King's Bench)登记在册。但和平并未维持太久,修道院院长在 1252
年获得一份皇家令状,由斯塔福德郡郡长协助他根据 1243 年协议向佃
农征收塔利税。根据王室调查报告,仅三年后黑尔斯居民就对修道院
院长发起诉讼,1275 年这些佃农再度发起控诉。有关双方行为以及佃
农与庄园地位的控诉更是遍布十三世纪八十年代,包括诉讼、直接行动
甚至暴力等方式,直到 1286 年王室法庭宣布"佃农永为维兰",修道院   *82*
院长最终获胜。[2]

类似这些案例的许多冲突涉及重大问题,但除此之外,在许多庄

---

[1] 希尔顿:《农奴获得自由》,第 145 页。

[2] 最近的研究成果有 Z. 拉兹:《十三、十四世纪黑尔斯欧文修道院与其佃农之间的斗争》,收
入 T. H. 阿斯顿与 P. R. 科斯、C. 戴尔与 J. 瑟斯克编:《社会关系与观念:R. H. 希尔顿纪
念论文集》(剑桥,1983 年),第 151—167 页。也可参见 G. C. 霍曼斯:《十三世纪英格兰的
村民》(马萨诸塞州剑桥,1941 年),第 276—284 页;R. H. 希尔顿:《中世纪社会:十三世
纪末的西米德兰地区》(1966 年),第 159—161 页。

园,双方也为更为琐碎的事务频繁出现矛盾。一些著名的冲突是由领主的执行官与其他官员的不当行为引发,但双方之间矛盾最常见的原因往往是佃农拒绝履行劳役或劳役完成的质量不高。希尔顿依据拉姆塞修道院的诸多庄园(Ramsey Abbey manors)在 1279 至 1311 年间的 21 次法庭会议记录,统计了有关劳动纪律的案例,其中有 146 人受到处罚,或是故意不履行劳役,或有意或无意导致劳动质量不佳。有些案例还涉及集体抵制,例如 1294 年克兰菲尔德(Cranfield)的 26 名佃农未给领主犁地,1307 年霍顿(Houghton)的 18 名佃农虽然受到征召但仍未给领主晒草,一年后又有 15 名佃农在饭后给自己而非领主犁地。①

希尔顿认为这些片段就意味着十三世纪"佃农们的乡村生活是持续不断的游击战",他还总结道"在很多案例中阶级矛盾的元素十分明显"。② 在他看来,这些小规模的集体行动具有"重大意义",因为它们有助于训练农民抵制权威的压迫,并催生"斗争精神"。③ 因此这些对抗可以看作资源短缺的英格兰乡村阶级斗争激化的象征,但对多布、科斯敏斯基和布伦纳来说,它们在中世纪的这一阶段并未在经济社会发展中起到主要的动态作用。简单来说,农民叛乱和抵抗在当时几乎只起到次要作用,因为领主的力量十分强大,而且非自由人比较弱小,领主能够将其抵抗活动清除。因此,这场封建主义危机与此后的封建主义衰落不同,其进程加快并非由阶级之间的直接的破坏性对抗造成,而是因为非自由农面对领主需求的持续增长却无力捍卫其自身利益。其结果是英格兰大部分乡村人口被迫忍受不断强化的领主剥削,进而日益贫困化。

布伦纳的作品延续了马克思主义历史学家议程上的关键问题,其

---

① 希尔顿:《农民运动》,第 82 页。J. A. 拉夫蒂斯收集了更多有关拉姆塞修道院庄园上纠纷的案例(并提供了另一种解释,可参考《土地保有权与流动性:中世纪英格兰乡村的社会史研究》(多伦多,1964 年),第 104—109 页)。
② 《中世纪社会》,第 154、155 页。
③ 《农民运动》,第 82—83 页。

主旨之一便是通过比较方法研究中世纪与近代早期欧洲的经济社会发展，以此揭示英格兰成为首个工业化国家的前提条件。他借此揭示了"新马尔萨斯主义正统"学说的一个致命缺点，即同样的人口变化造成了不同的经济结果。在中世纪欧洲的不同地区，"同样的人口增长压力能够也确实导致了收入分配的变化，可能有利于领主，也可能有利于农民"。① 十三世纪英格兰的农奴（servile peasants）遭受了领主盘剥，但在法国的许多地区，由于人口不仅较多而且不断增长，传统佃农（customary peasants）占据上风，而领主的利益受损，结果是农民的租金保持不变，而且土地保有权也可由后代继承。英格兰有些地区拥有较多自由，例如东英吉利亚，可以养活更多的人口，因为这里的居民承担的领主负担更轻，但英格兰农民的整体命运却悲惨得多，因为这里领主的权力要强于法国领主，"英格兰贵族阶级拥有超凡的内部凝聚力……同时体现为军事力量的强大，具备调节领主阶层内部矛盾的能力，并且能够支配农民"。相反，法国北部的封建领主由于缺乏政治统一，因而"作为剩余—剥削者（surplus-extractors）在中世纪经济的上升阶段"处于相对弱势地位，结果佃农便"获得了对传统租地的完全财产权"。②

　　因此，对发展模式起到决定作用的关键因素并非人口升降及其产生的经济力量，而是"社会财产关系与阶级力量对比"。③ 导致英格兰十四世纪早期危机的主要原因是领主制度陷入结构性失常，而并非人口数量与能够用于供养人口的资源之间的彻底失衡。如果领主的盘剥是其背后的驱动力，而且租金由领主意志而非市场决定，那么人口上升只会在危机爆发时才有影响。因此人口因素的作用次于阶级结构，正是后者决定着人口增长发挥影响的方式与程度。

---

① 《农业阶级结构与经济发展》，第 23 页。
② 布伦纳：《欧洲资本主义的农业根基》，第 252—264 页。引文见 258、259、252 页。
③ 布伦纳：《农业阶级结构与经济发展》，第 23 页。有关欧洲不同地区类似的比较分析与类似的结论，可参考多布：《资本主义发展研究》，第 33—82 页。这些问题在下文会进一步讨论，见第 108—109 页。

新马克思主义的变体（Neo-Marxist Variants）及其证据支撑

以阶级为中心的该模型为十二、十三世纪的发展与十四世纪危机的根源提供了强有力的持续性解释。但其解释力很大程度上源于简单化，不仅否定了经济和人口力量的意义，而且有选择性地集中关注封建体系的社会、政治、法律和意识形态的特定部分，并以特有的方式解释其重要性。即使在马克思主义框架内，对于同样或类似的证据也存在许多不同的解读方式。一些马克思主义者非常重视整个生产方式的变化，因此对中世纪社会里起作用的力量提出了更为宏大精细的诠释。由此他们给出的解释更能关注到该时期留存的证据，而且对于经济、人口和商业力量的重要性能够给予更多重视。但是当他们愈加接近复杂的真实历史经验时，这些较为灵活、较具包容性的模型却不可避免地失去了原有的思想力量，而较为原始的模型版本因为简单化而具有该优点。

佩里·安德森（Perry Anderson）的作品在"布伦纳争论"中几乎没有起到作用，仅在一个脚注中被征引而已。但这些作品在他处却发挥了重要影响，以"灵活的马克思主义"而著称。[1] 安德森接受了新马尔萨斯主义的诸多观点，认为十四世纪早期的农民问题主要源于人口过剩而非剥削过度。而且与大多数马克思主义者相比，他较少关注自发的阶级斗争所产生的影响力。他还特别指出，虽然重大经济社会危机的解决"总是取决于阶级斗争的干预，但是这类危机的**产生**可能会出乎所有阶级的预料，因为在当时的历史整体性（historical totality）背景下存在其他结构性问题而非阶级之间的直接对抗"。[2] 马克思主义学者

---

[1] 可重点参考《从古代到封建主义的过渡》（1974 年）和《绝对主义国家的系谱》（1974 年）。R. J. 霍尔顿的《从封建主义向资本主义的过渡》（1983 年）讨论了安德森对马克思主义史学的贡献，第 91—102 页。

[2] 《从古代到封建主义的过渡》，第 198 页。

尝试探讨究竟哪些力量引发了封建生产方式的危机并最终导致了其毁
灭。在这些无数的尝试中,盖伊·布瓦(Guy Bois)基于法国史料进行
的研究,与罗德尼·希尔顿在其较晚的作品中基于英格兰史料进行的
研究,均以实证材料丰富而著称。[①] 这些新解释认为,导致变革的力量
是更加复杂现象的产物,并非只是领主与佃农之间的斗争以及封建体
系的内部矛盾,而且这些解释也相当重视变革所处的经济和人口背景。
最为引人注目的是,这些阐释的一些立场还与上文概述的高度政治化
的阶级斗争模型截然对立,后者认为领主阶层过度盘剥的不断加重损
害了生产率并使得农民陷入贫困,而前者则认为封建危机更多源于"封
建体系中领主租税(seigneurial levies)呈现了**下降**趋势"。[②]

如下事实绝非巧合:这些灵活包容的模型均出自精通中世纪史料
的职业历史学家之手。希尔顿从二十世纪四十年代学术事业起步之初
便专注于档案,并着手构建坚实的证据基础,来支持并适当地平衡多布
和斯威齐等马克思主义学者宏大的理论性研究方法。希尔顿的著述涉
及中世纪社会经济史的许多方面,但对"封建主义财产关系"领域,尤其
是农奴制的贡献特别突出,这些研究在许多重要方面类似于波斯坦的
人口与资源研究。与波斯坦相似,他着力构建各种假设,"作为将零散
的信息碎片整合起来的一种方法",具体来说特别关注农民运动的性
质,及其对历史变革进程产生的影响。希尔顿也关注专业术语的定义,
较多地集中于"追求专属于农民阶级的特定目标……并旨在改变农民
阶级处境的共同行动",而较少关注农民个人境遇的改善或农民对"其
他社会阶级主导的社会、政治和宗教运动"的参与。[③]

希尔顿的早期作品强调英格兰领主获得了对农民的的绝对成功,
不仅大幅增加了非自由人在总人口中的比重,并从这些人中榨取了更

---

① 特别参考 G. 布瓦:《封建主义危机:诺曼底东部的经济与社会,约 1300—1550 年》(剑桥,
　1984 年)与《反对新马尔萨斯主义正统》,收入阿斯顿和菲尔品编:《布伦纳争论》,第
　107—118 页;R. H. 希尔顿:《封建主义危机》,《过去与现在》,80(1978 年),收入《布伦纳
　争论》,第 119—137 页。
② 布瓦:《反对新马尔萨斯主义正统》,第 115 页(引文中的强调是原作者所加)。
③ 《农奴获得自由》,第 61—62 页。

多财富。但他在 1982 年发表的《封建主义危机》一文中却承认"农民共同体为了尽量多地保留份地产出以及获得公共林地、牧场与渔场的权利进行了诸多斗争……这些活动绝非全然失败"。虽然在法国和德国的一些地区，农民斗争相比英格兰获得了更大成功，但"这里的趋势也是劳役与塔利税这类随意性租税趋于稳定"。[①] 实际上，此时的希尔顿在很大程度上延续了布瓦在诺曼底研究中提出的学说，认为十三世纪领主收入增长最稳定、最主要的部分源自他们利用了经济人口繁荣所带来的机会，而并非源于他们对于非自由农的榨取。在十二、十三世纪的大部分时间里，法国和英格兰领主的收入大幅增长，其中大部分并非源自领主对农民个体征收了更重的租税，而是由于如下因素：交租的佃农数量和耕种的土地数量均有增加；低工资时代自营地农业的实践与扩张，加上物价上涨，领主通过出售农产品可收获丰厚利润，而且该利润还能持续增长；随着城镇、贸易与制造业的发展扩张，领主对城市、工业与商业财产权利可进行持续性的开发利用。

布瓦和希尔顿都从家庭农场的角度以及佃农与领主之间关系考察农民生产体系，自然就非常重视农民的继承活动、家庭关系、流动性，以及对贸易、人口形势与土地—劳动力比率的态度。与简略的阶级结构模式不同，农民家庭的特点、其生产过程及其与自然环境、整体经济的互动在他们二人的研究中成为不可缺少且至关重要的组成部分。领主与佃农之间的生产社会关系，特别是围绕地租展开的斗争，被明确认定是在封建经济长期发展的背景下发生，即经济和人口扩张、停滞或衰退等时期。布瓦与希尔顿也认可人口—资源模型涉及的大多数核心经济特征，包括 1300 年前后人口过高、生产率下降与农民收入减少，布瓦在作品中公开承认"读者可能发现一些观点竟然与马尔萨斯式结论一致"。[②] 毫无疑问，正是这类"一致的观点"使得勒华拉杜里确信布瓦关于诺曼底的主要研究作品充满波斯坦与阿贝尔及其思想导师马尔萨斯

① 《封建主义危机》，第 128—129 页。
② 同上，第 392 页。

和李嘉图的精神气质。①

　　姑且把布瓦的种种马尔萨斯式印迹置于一旁,不可否认的是,他对十四世纪封建生产方式危机起源的分析与希尔顿近来对英格兰同类问题的研究,同多布、科斯敏斯基、布伦纳提出的传统的马克思主义阐释是有明显不同的。布瓦说"有利于农民的相对经济力量的发展……侵蚀了租税的水平",该因素起到了决定作用,而且希尔顿强调英格兰"领主取自农民地租的那部分收入停止了增长"。② 希尔顿的这一观点自然也挑战了布伦纳的看法,后者指出英格兰农民饱受压迫,与法国农民的坚定独立形成了鲜明对比。

　　布瓦与希尔顿虽然在其模型中并未全面论述下述观点,但仍然认为大多数农民面临生存危机这一现实更多源于人口的持续增长,这一立场超出了马克思主义分析通常所允许的范畴。既然农民的租金负担相对固定,领主的过度剥削便不是造成农民日渐贫困化的主要原因。事实上领主的收入危机在很大程度上就是地租停止上涨所造成的。既然领主收益增长依赖土地开垦范围扩大、佃农数量增加、农产品市场日渐活跃以及城镇走向繁荣,中世纪盛期经济长期扩张的放缓与随后的逆转就必将引发诸多问题。希尔顿说,"我们有充分的理由相信,在十四世纪最初的数十年间,由于自营地收益危机或原有地租水平难以维持,或者两者兼具,许多地产所有者的现金收入陷入停滞或衰退",布瓦则认为"领主租税水平"的长期下降首次与"领主租税数量"的下降同时发生。③

　　正如上文所述,该模型看似包含较少的主流马克思主义信条,但是其作者们仍然极力强调生产方式内部矛盾的重要性。他们认为农民与领主在生活方式与关注重点的几乎所有方面均存在鲜明反差,并将这些差异置于理论模型的中心位置。农民以个体或村社共同体成员的身份使用其现金与劳力资源来经营其份地;他们的关注重点是最大程度

89

90

① 转引自布瓦:《反对新马尔萨斯主义正统》,第107页,注释3。
② 布瓦:《封建主义危机》,第397页;希尔顿:《封建主义危机》,第132页。
③ 布瓦:《封建主义危机》,第401页;希尔顿:《封建主义危机》,第129—130页。

地利用家庭劳动力维持家庭的基本生活。领主的行为则截然相反,除了自营地耕作之外,他们在生产过程中的作用在很大程度上局限于收取地租以及其他租税劳役。① 布瓦说,"小规模生产占主导地位以及领主通过政治约束来获取租税……是社会经济体系的两项主要特征,因此该体系的根基看似自我矛盾"。② 希尔顿做了进一步补充,论述说"领主阶级的存在基于另一个阶级将剩余劳动以及剩余劳动成果转让给他们,而后一阶级有独立于前一阶级的倾向,因此领主阶级需要实施政治、军事与司法权力,但并未发挥与之相关的管理经营的职能",故而导致矛盾与不稳定。③

　　布瓦认为,封建体系的这两大支柱之间存在的持续紧张关系是"该体系发展动力的深层次根源",尽管他很少直接表明立场,但该观点在其作品中得到了有力的论证,而且四处可见。④ 十四世纪上半叶的饥荒、农业危机与瘟疫或许引发了封建危机,但这并非主要原因。"十四世纪初的转折并非只是封建主义历史上资源与需求之间剧烈矛盾的许多篇章之一。它的意义必然更为深刻,可看作是生产方式危机的开端。"⑤换言之,相比经济和人口因素,社会因素和阶级矛盾在更大程度上激化了这一致命危机,并决定了中世纪晚期的经济发展进程。

封建主义的衰落与商业化的作用

　　在历史进程的下一阶段,封建体系走向最终灭亡,并被新兴的资本主义取代。从封建主义向资本主义的过渡是马克思关注的一个核心问题,历史进程的无数场景通过这一视角被纳入到模型之中,而且大多数阐述都包含相似的论证线索。中世纪晚期乃是农业陷入持续性深刻危

① 布瓦:《封建主义危机》,第215—260页。
② 同上,第391—408页。
③ 希尔顿:《封建主义危机》,第127页。
④ 布瓦:《封建主义危机》,第397页。
⑤ 同上,第405页。

机的时代，领主努力从佃农身上榨取更多，借此抵消或扭转收入下降的趋势。这便是所谓的"领主的反动"（the seigneurial reaction），该运动激起了佃农的激烈反抗，故而进一步加剧了危机的发展趋势。在布瓦对诺曼底的研究中，领主"很快便在政治、制度以及道德等领域陷入僵局"，对佃农也不再拥有充分权力，因而不得已参与战争，并通过国家税收的新形式来增加收入，这反而为"国家机器的扩张以及行将出现的绝对主义"铺平了道路。[①] 在英格兰，贵族与乡绅除了借助议会、地方政府及其自身的庄园法庭来实施反动外，还尝试通过劫掠、参加战争包括与法国的百年战争以及之后国内的玫瑰战争，来增加收入。其中最重要的是，由于农民不断反抗，阶级矛盾也进一步激化。大众与精英之间就农奴制与领主制问题的利益冲突导致了 1381 年农民起义。许多历史学家将农奴制视作封建主义的典型特征，而该制度从长远看却随着不自由土地保有关系与不自由身份（unfree tenure and status）的最终衰亡而彻底改变。双方力量平衡关系的彻底转变有利于农民阶级，随着领主力量的日益弱化，农民阶级趁机获得了一系列权益，借此获得了最终自由，成为公簿持有农（copyholders）、契约租地农（leaseholders）或者事实上的意愿型佃农（the occupiers of *de facto* tenancies at will）。[②]

　　关于长期历史变迁的这类解释强调阶级斗争、领主收入下降以及农民与劳工收入上涨、力量增强等因素，偶尔也承认城镇会对乡下人有吸引力，以及人口下降会产生一定的影响，但是它们并未太突出商业化的作用。然而马克思主义传统坚持认为，封建主义衰落与资本主义兴起背后的主要推动力是处于封建主义边缘的商业发展引发的矛盾：并

92

―――――――

① 布瓦：《封建主义危机》，第 405—408 页。
② 例如希尔顿：《农奴制的衰落》，第 28—58 页；希尔顿：《封建主义危机》，第 131—137 页；布伦纳：《农业阶级结构与经济发展》，第 35—36 页；多布：《资本主义发展研究》，第 48—67 页；马丁：《从封建主义到资本主义》，第 117—127 页。有关中世纪晚期马克思主义阐释的更多讨论，参见后文第 106—120 页和 179—182 页。关于上文的名词翻译，参考黄春高：《法律叙事还是历史叙事：14—16 世纪英国公簿租地农的兴起与发展》，《历史研究》2018 年第 4 期，第 127—128 页（译者注）。

非封建乡村内部的发展，而是乡村与城镇之间的矛盾。而很多学者延续这一传统，提出了诸多假说与模型。多布的著作《资本主义发展研究》是以阶级斗争为中心，该书发表后引起了大范围讨论。保罗·斯威齐(Paul Sweezy)强调封建主义的基础是自给自足（"以使用为目的的一种生产体系"）而非商业（"以交换为目的的一种生产体系"），正是商业扩张及其导致的城镇与市场的发展破坏了作为生产方式的封建体系。[①] 就此他追随著名的非马克思主义历史学家亨利·皮朗(Henri Pirenne)的步伐，皮朗曾更为详尽地论述说"领主体系衰退的进度与商业发展的程度成正比"。[②] 斯威齐认为，庄园体系的效率不高，而且本身不适合为销售进行生产，因此无法满足领主对消费商品日益增长的需求，这激励他们进行创新，废除庄园与农奴体系（manorial and servile system），进而发展出更适应新兴的城镇贸易世界的新型生产关系。正是城镇、贸易和工业的发展，为领主的现金收入最终依赖的农产品，以及领主渴望的更多种类的制成品、半奢侈品与奢侈品提供了市场。

　　斯威齐以及更近的埃玛纽埃尔·沃勒斯坦（Immanuel Wallerstein）的学说让人想起亚当·斯密，他们的学说有意识或无意识地承认人类存在"以物易物和交换"的强烈倾向，并认为这一天然欲望必然导致了贸易、城镇、工业和劳动分工的持续发展。[③] 所谓的"交换关系"(the exchange relations)学说这一马克思主义分支与"财产关系"(the property relations)学说恰好相反，[④]强调我们拥有一种引发社会经济变革的原始力量。这与马尔萨斯的学说相呼应，后者相信人类有竞相交配繁衍的内在欲望。当然，无论马尔萨斯或斯密的观点，都与当今主流的马克思主义理论并不兼容，希尔顿近来认为城镇与贸易并不对封建体系有害，而相反乃是后者不可或缺的一部分。[⑤] 但是布伦纳

---

① 斯威齐的两篇文章以及该辩论其他参与者的文章都收入 R. H. 希尔顿编：《从封建主义向资本主义的过渡》（1976 年）。
② H. 皮朗：《中世纪欧洲经济社会史》（1938 年），第 84 页。
③ 可特别参考 I. 沃勒斯坦：《现代世界体系》，共 2 卷（纽约，1974—1980 年）。
④ 霍尔顿：《从封建主义向资本主义的过渡》，第 74—79 页。
⑤ R. H. 希尔顿：《封建社会中的英格兰与法兰西城镇》（剑桥，1992 年）。

将这一学说变体称作"新斯密式马克思主义"（Neo-Smithian Marxism），因为该学说存在致命缺陷，认为领主收入的增长来源于"改良"，然而"鉴于剩余剥削体系——领主与农奴的关系——本身强大有力，'压榨'必然是普遍合理的，或许是唯一的可行路径"。① 94

　　然而斯威齐和沃勒斯坦在一些方面可能比马克思主义评论家更接近马克思本人的著述。马克思认为封建生产方式的许多要素带有自然经济而非交换经济的特点，因此"剩余劳动力（surplus-labour）因为一系列或大或小的短缺而受到限制，而这种生产方式从本质上说也不会产生无边的欲望"。② 马克思反复强调贸易与交换经济的兴起乃是"具有内在保守与抵制变革等特征的西欧封建主义"瓦解的主要动力："哪里的人际关系被货币关系取代，哪里的自然租税就让位于货币支付，资产阶级关系便取代了封建关系"。③

　　有关商业化学说不同版本的有效性问题最适合放到下一章进行充分讨论，但我们可以在本章就经济社会发展的马克思主义模型的优缺点总结出一些基本看法。马克思的作品应当如何阐释？马克思主义学说是对还是错？既然这些问题存在如此多的争议，我们就必须强调说这类问题并非我们的关注点，而我们对重要的马克思主义模型优缺点的评判仅限于评论它们在何种程度上反映了历史现实，以及在解释经济社会发展进程方面是否成功。我们以一些概括性的看法作为评述的开始，然后考察与黑死病前后历史阶段相关的诸个主要的马克思主义模型。

马克思主义模型的优缺点 95

　　马克思主义学说在研究经济社会长期发展方面拥有如下主要优势：与基于人口资源关系或者商业化力量的绝大多数模型不同，它明

---

① R. 布伦纳：《资本主义发展的起源：对新斯密式马克思主义的批判》，《新左派评论》，104（1997年），第25—92页，引文出自第43页。
② 霍布斯鲍姆编：《前资本主义经济形态》，第46—49页。
③ 引文出自 W. H. 肖：《马克思的历史理论》（1978年），第146页。

确地追求对整个社会的运行进行分析，而不仅只是经济。如此一来，该学说更有可能构建起一个全景，用来描绘和衡量政治、社会、经济、法律、文化和宗教制度、意识形态与实践行为等活动之间关系的多样性，也有可能为经济社会变革提供诸多容纳上述因素的解释。值得赞赏的是，马克思主义学说在很多方面充满抱负，尤其是志在回答一些对中世纪史学家造成最大挑战的问题，以及通过研究中世纪的乡村结构、土地保有权状况、地主佃农关系等方面的基础性变革来追寻资本主义与工业化的起源。

　　首先应当指出的是，尽管人口模型与马克思主义模型提供的解释是相互对立竞争的，但二者确实有不少共同点。两者均赞同"中世纪经济内部存在陷入人口危机的长期趋势"，[①]而且十三、十四世纪之交是转变的关键期，人口、地租、定居点和价格都停止增长。诚然，学界对于这场危机根本原因的解释存在很大争议，但是马克思主义学者和人口决定论者都强调这一时期经济体系极其不稳定，广大民众面临饥荒，因而变得十分脆弱。此外，这两种模型都不太重视技术进步，也不太关注工商业发展在弥补农业持续衰落方面的作用。

　　最值得肯定的是，马克思主义研究认为经济力量的运行并非处在真空中而是在社会里，这一基本论点是不言而喻的真理。正如我们在前一章所见，一些中世纪历史研究采用了人口资源模型作为前提，并且基于土地与劳动力相对稀缺关系的变化来进行经济推理，但这些研究往往忽略更大历史环境的影响，进而落入一个陷阱，即认为经济人口力量对现实经济产生的影响是直接而且成比例的。与此相反，马克思主义思想强调中世纪世界除了经济特征之外，还在许多方面具有独特性，并且主张非经济力量能在很大程度上决定经济后果。人口升降，土地或劳动力稀缺的增加减少必然受到社会、政治、法律结构与风俗的影响，这些结构和风俗会遏制、阻碍、转移或增强其力量。中世纪经济运行的方式受到如下因素影响：贵族、乡绅与教士的关注重点、生活方

---

① 布伦纳：《农业阶级结构与经济发展》，第 31 页。

式、消费模式;领主与农民之间的关系、农奴制的性质以及非自由农民
缴纳地租的额度与形式;城乡关系,以及君主与国家的作用,还有更多
其他因素。

　　马克思主义分析特别强调矛盾冲突的作用,而有关社会经济长期
发展的其他理论大多数都忽略了这一问题。地租、工资和价格水平变
化的发生并非如经济学教科书所描绘的那样是静悄悄的或机械式的。
这些因素的改变源于成千上万的个人行动,而这些人之间的关系并非
总是友好的讨价还价:实际上,经济关系中涉及利益分歧的情况并不
少见,而且这些分歧有时会转变为直接冲突。更明确地说,冲突在如下
社会更容易发生:有相当多的人口是受奴役的非自由人,很大一部分
土地通过习惯而非租赁的方式被佃农持有,而且每年使用的劳动力有
很多不是通过雇佣的方式,而是源于持有土地的佃农的义务。不自由
是一种附属身份,意味着这类佃农除支付现金地租之外,还要负担一系
列罚金,并履行诸多个人义务与租税。因此相比供求关系,习惯的权利
和义务在决定地租额度与土地保有关系状况方面通常起到更大作用,
并且固化了领主与佃农的地位。相比仅仅依据市场价值提升或降低现
金地租,领主对佃农的如下行为往往引发更大问题:佃农因违反领主
规章而被罚款,领主增加或减少佃农的劳役,领主征收或放弃征收佃农
的租地继承税,佃农需要征得领主批准方才能够转让土地、让儿子接受
教育或嫁女儿。

　　经济过程的社会背景分析在马克思主义学者对生产率与技术的研
究中也很明显。新马尔萨斯主义者认为,十三世纪和十四世纪早期技
术进步停滞,甚至生产率也难以维持,这在很大程度上是人口过剩的后
果,因为剩余人口陷入贫困而且对于生存的追求趋向绝望,导致了投资
水平不足,而且不健康的农业活动也因此普遍出现。但是领主并未采
取措施,通过更大规模的投资以提升土地生产率,该现象背后的很多原
因实际上源于其他方面。从地产规模的标准来判断,领主至少相当于
现代的商业企业家,但他们从事经营的目的却完全不同。领主并未对
经济资产进行大量投资,而是主要将收入用于维持奢靡的生活,炫耀地

位权力,追求家族或政治目标,以及收买人心与获得影响力。中世纪领
主虽然在管理自营地方面颇有效率,并且留意地租与罚金的征收,但他
们从未对农民的份地进行直接投资。假如农民份地的生产率能够更
高,这些土地就能产出更高的地租,但农民份地上的这类投资必然来源
于持有土地的佃农的剩余资源,而农民又因此必须支付沉重的地租和
罚金,导致剩余资源消耗殆尽。领主阶级的支出主要体现在消费方面,
包括维持家庭支出与招待客人,建造城堡、修道院与大教堂,豢养随从
和参与战争,而非提高产量。因此经济的表现严重受限于封建体系的
性质以及作为其重要部分的社会政治结构。

　　然而,涵盖如此广泛议题也使得评估经济内部单个部门相对贡献
的难度成倍增加,也对绘制清晰的历史模型的工作造成了阻碍。因此,
马克思主义者可能看似考察了一系列因素,但通常只会对其中相对
有限的几个因素予以特别的重视。大多数马克思主义模型的核心问
题是农奴制的社会关系,往往主要强调所谓的领主与非自由佃农之
间的"内在矛盾关系"。但是除去阶级之间的矛盾关系,中世纪社会、
文化、政治与经济还有更为丰富的内容,而且在世俗和教会贵族以及
乡绅的生活中,他们与佃农的关系必然又同如下问题紧密相关:政
府与法律规则的变迁、战争的负担与破坏、王朝兴衰、君主善恶、宗教
信仰与关注重点。而且对中世纪英格兰农民来说,与领主的关系在
他们的生活中也并不总是占主导地位,他们也要耕种土地,应对家庭
事务与邻里关系,还会思索宗教问题。有很多因素会决定社会的农
业基础是否健康及其朝何种发展方向,不仅包括资源是否容易获得,
还可列举如下一些:家庭结构、继承活动、耕作体系、乡村与庄园的
公共设施,农民对消费、交易、积蓄的普遍态度,以及可用资源的范
围。有学者批评说马克思主义学者忽略了这些以及其他这类因素,但
他们反驳说自己实际上考察了这些。然而事实上他们这么做总是为了
说明这些因素的作用次于如下主要的动力,即阶级斗争与破坏性的社
会功能失序。

黑死病前的阶级斗争

关于英格兰发展的马克思主义模型着重强调领主与其非自由佃农之间的冲突关系——农奴制的社会关系——对历史进程的决定性作用,但这种强调存在明显问题。该问题出自如下更深层次的原因。一方面,它高估了非自由人在总人口中的比率及其对领主收入的贡献,因此也就夸大了阶级斗争的重要性;另一方面,它低估了领主其他收入渠道的贡献,特别是自营地经营的收益,因而低估了农业产品和劳动力价格波动的重要性。在十三世纪晚期的英格兰,非自由佃农的人数不超过乡村佃农总数的 3/5,如果具体到《百户区卷档》(the Hundred Rolls)记录的英格兰东部和中部的大片地区,非自由佃农仅持有约30％的土地。因此,如果将乡村的转租佃农(subtenants)、无地农民,以及城镇居民、乡绅、贵族和神职人员也考虑在内,非自由人家庭占英格兰家庭总数不到一半。[1] 大多数研究将非自由人每周定期到领主自营地无偿劳动的义务看作是维兰制的常规特征,并且是大多数潜在矛盾的根源,但仅有少数非自由人承受这种负担,而且到十三世纪末期,其重要性还进一步下降。因此,几乎完全基于农奴制与维兰制构建的经济发展模型显然是有漏洞的。

如果维兰制和农奴制的规模与影响经常被高估,那么十四世纪中期以前英格兰乡村中阶级斗争的频率与严重性似乎也被过分强调。在希尔顿看来,庄园法庭记录的领主与佃农之间不合与摩擦的历史片段给我们造成了如下印象,即十三世纪的"乡村生活便是佃农的一系列连续的游击战"。[2] 此外,他认为即便是小规模的集体行动也可以产生"斗争精神",有助于训练农民抵抗压迫性的权威。[3] 然而,客观评价农

100

---

[1] 里格比:《中世纪后期的英格兰社会》,第 40—45 页;哈彻:《英格兰的农奴制与维兰制》,第 6—7 页;E. 金:《英格兰,1175—1425 年》(1979 年),第 50 页。

[2] 希尔顿:《中世纪社会》,第 154 页。

[3]《农民运动》,第 82—83 页。

民与其领主之间纠纷的性质与意义绝非易事。马克·布洛赫（Marc
Bloch）曾说过，农民叛乱与领主制密不可分，正如罢工与大型资本主义
企业之间的关系，这一说法在该背景下时常被引用，但实际上缺乏深入
分析。[1] 罢工在我们的社会中是具有破坏性的阶级斗争的强大武器，
抑或只是解决纠纷的一系列方法之一？ 诚然，维兰制和农奴制意味着
剥夺自由，非自由人又必须承担诸多有卑贱意味的罚金与义务，而且支
付地租还会侵蚀农民的生存能力，这些都会使得该制度遭受非自由人
的仇恨。非自由人可能宁愿在自己的份地上耕作，但却被迫为领主的
土地服劳役，故而心生厌烦，因此如下现象也就不足为奇：非自由人有
时由于心不在焉或缺乏经验而并未很好地完成劳役。但是，哪一类行
为以及何种程度的利益矛盾会导致纠纷变成对抗，再由对抗升级为阶
级斗争呢？

101

　　希尔顿将"冲突视作中世纪社会主要阶级之间关系的首要潜在特
征"，[2]科斯敏斯基、布伦纳和马丁以及其他很多人都持有类似观点。
J. A. 拉夫蒂斯与所谓的"多伦多学派"历史学家擅长对英格兰乡村共
同体进行细致研究，然而他们却持有截然相反的立场。他们认为乡村
农民并不只是生活在庄园里，而且与领主之间的斗争在农民的生活中
也并不占据主导性地位。相反他们发现，村民同邻居、地方共同体的日
常交往相比同领主的偶尔交往显得更为突出，而且村民与领主的关系
很少体现为矛盾对抗。[3] 在这个世界，农民之间的矛盾远比农民与领

---

[1] "乡村叛乱与领主制密不可分，恰如大型资本主义企业中的罢工"，M. 布洛赫：《法国农村
史》（巴黎，1935 年），第 175 页。

[2] 例如希尔顿：《农奴获得自由》，第 233 页。

[3] 例如，J. A. 拉夫蒂斯：《土地保有权与流动性：中世纪英格兰乡村的社会史研究》（多伦
多，1964 年）；同作者：《沃博伊斯村：一个中世纪英格兰乡村两百年的生活》（多伦多，
1974 年）；E. B. 德温特：《Hollywellcum-Needingworth 村的土地与人民》（多伦多，1972
年）；E. 布里顿：《乡村共同体：关于十四世纪英格兰家庭与乡村生活的一项历史研究》
（多伦多，1977 年）。Z. 拉兹的论文《多伦多学派对中世纪农民社会的复原：一种批判性的
观点》，《过去与现在》，85（1979 年），对上述研究中使用的方法进行了批评，并对其依据的
证据提供了不同的解读。有关传统"多伦多学派"研究路径的最新概述，参见 J. A. 拉夫蒂
斯：《英格兰庄园体系中的农民经济发展》（蒙特利尔，1997 年）。

主之间的矛盾显得更为突出。因此,虽然拉兹认为农民与领主之间的利益对立意味着"他们在紧张矛盾而非和谐的状态中长期共存",然而E. B. 德温特、布里顿和拉夫蒂斯认为"协调相比冲突更是常态"。[①]

这些观点的分歧很难解决,因为历史学家对于中世纪乡村社会的运作方式存在着根本不同的理解,所以他们即便使用同样的史料,却做出完全相反的解释,即便有时只是涉及细小的个体事件。但是我们要想对矛盾冲突的作用进行评价,需要在一定程度上依据可量化的事物。换言之,冲突发生的频率及其严重程度如何? 不过到目前为止,动荡冲突尚未获得深入的量化分析,因此学者们是出于自身的道德或主观立场来判断涉及领主与农民之间主要关系的如下问题:这些关系是否构成阶级斗争,如果是肯定的回答,阶级矛盾又是否破坏了封建制度。

有些学者致力于搜罗维兰与其领主争执纠纷的案例,事实上他们也确实收集了大量的此类案例。但是如何确定这类案例的意义? 一种办法是以现今留存的十三世纪与十四世纪早期的成千上万份档案为背景,如此一来,案例就显得有些稀少,即便考虑到许多矛盾冲突可能并未记录在档案里。另一种方法是评估矛盾的规模,这些案例涉及的事件大多数只包括个人或小群体而非大量人群。另外,对于规模更大的争端,矛盾双方往往重视法律程序,因而其行为体现克制和热衷法律诉讼等特征;在 1381 年之前双方很少发生暴力冲突,而且即便发生,其规模也较小。

上文提及希尔顿从拉姆塞修道院地产的 200 多份法庭诉讼记录中发现了 21 起涉及劳动纪律的案例,平均每 10 份法庭卷宗只有一例。[②] 此外,这类案例的大部分仅是规模很小的事件,其中一些甚至完

102

---

① 拉兹:《多伦多学派》,第 153 页。最近有关乡村社会矛盾的研究成果有 P. 富兰克林:《庄园法庭卷宗中的政治:1381 年之前的一场农民运动的策略、社会构成与目标》,收入 R. M. 史密斯与 Z. 拉兹编:《中世纪社会》(牛津,1998 年);I. 哈格里夫斯:《领主的反动与农民的反应:黑死病后的伍斯特修道院及其农民》,《米德兰历史杂志》,24(1999 年),第 53—78 页。

② 关于现存的法庭卷宗,参看拉夫蒂斯《土地保有权与流动性》一书的参考文献,第 289—299 页。该书第 104—109 页就一些案例进行了讨论。

103   全无关紧要，甚至是供消遣之用的趣事：例如休·沃尔特的儿子因为在收获季节睡在农田垄沟口、未能为领主工作而被希灵顿村(Shillington)庄园法庭要求交纳罚金，或者布劳顿村(Broughton)的罗伯特·克兰被发现"在为领主服役期间打爱尔兰曲棍球(alpeny-pricke)"因而被相应罚款。[1] 这些难以被认定为阶级矛盾的证据。1291 年布劳顿发生了一起罢工事件，当时所有的习惯佃农"藐视领主，特别是当着他的面，在大秋收季节服劳役时撤离，从早上 9 点一直到夜里……(因为他们宣称)没有获得依据习俗应该拿到的面包数量"。学者们对该事件的意义提供了截然不同的解释。[2] 在拉兹看来，这是"一场大罢工"，是习惯佃农集体抵制拉姆塞修道院院长沉重剥削的一次行动，[3]但从另一个角度来看，该事件可说明布劳顿的维兰并未受到彻底迫害，相反具有很强的独立性，会自觉地维护自身权利，而且罢工源于劳役规则受到领主侵犯，佃农并非不得已为之，具体到该事件则是起因于价值不到每块 1 便士的面包。此外，修道院院长对这些当面藐视自己的违法之徒的惩罚也只是罚款，而并非如有人所预想的，在激烈的阶级战争之后应该发生监禁或驱逐。

   佃农的独立性及其对认定的权利的顽强捍卫在大规模的斗争中有更大程度上的体现。尽管这类持久的争端在学术文献中有突出的地位，但其实际数量却相对较少，而且其中大部分都发生在宗教修会的一系列地产中。此外，这类斗争还贯穿着一些独特的线索，其中最突出的是冲突以司法诉讼而不是暴力为特征，特别是佃农们纷纷向君主申诉，要求宣布他们所属的庄园为"王室直领地"(ancient demesne)。这类诉

104   求很少真正生效，但王室直领地的地位却是值得佃农追求的奖赏目标，因为它会给予佃农法律保护，后者可以据此反抗领主提升地租、增加劳

---

① F. W. 梅特兰：《文集》，H. A. L. 费舍编，共 3 卷(剑桥，1911 年)，第 2 卷，第 369—380 页。
② 拉夫蒂斯：《土地保有权与流动性》，第 108 页；布里顿：《乡村共同体》，第 168—171 页。
③ 拉兹：《多伦多学派》，第 153—154 页。

役的要求。①

　　尽管主要的传统马克思主义模型在描述十二、十三世纪的历史时给予阶级斗争极大关注,但对于该模型来说,正是在黑死病之后阶级斗争才发挥主要作用。在该事件之前,决定经济社会变化性质的关键因素是强大的地主阶级从非自由农处榨取了过量的地租。然而,虽然大部分马克思主义学者强调维兰地租在破坏农业经济、引发危机方面的重要性,但是他们却很少关注其实际水平与灵活性。由科斯敏斯基、多布和布伦纳倡导的传统马克思主义模型时常提及"超经济强制"和"剥削"的概念,但对当时普遍的地租的实际水平并未提供系统的分析。

　　很多研究认为,从非自由人转移到领主手中的地租最终取决于权力而非经济规律,因而是封建性质的,但这些研究很少关注如下关键问题,即何种水平的地租会造成剥削,以及会对经济产生何种程度的破坏?马克思认为所有财产都是盗窃,故而无论多低的地租都被看作是剥削而且有害,因为地租意味着从相对或完全困苦的人那里拿走资源,转交给富人。但是延续这种思路意味着持有道德与政治立场,而并非客观的经济立场。②这种情绪当然绝非布伦纳与其他学者立场的主要部分,在他们的研究的背后还存在如下的潜在观念:领主对非自由农民拥有法律与强制性权力,可借此随意将地租与收费提升到极高水平,进而对农民造成极大伤害。通过这种方式,他们的研究极度贬低了人口增长与土地短缺加剧对农民低收入与收入下降的影响。

105

　　但是,正如上文所说,近来的研究认可如下结论,即非自由佃农的地租并非远高于市场地租,而且实际上并非随着土地价值的上升而同程度增加。在"长的十三世纪"通货膨胀与土地稀缺的背景下,单个佃

---

① 一个庄园如果在《末日审判书》编订时属于国王,便可认定为王室直领地。王室直领地庄园的佃农所承担的地租与劳役是不变的。

② 戴尔持有类似立场,说"鉴于许多农奴对自身处境有明显不满",因此他并不赞同如下观点,即 13 世纪的"农奴并没有被沉重的负担压得喘不过气",参见 C. 戴尔:《中世纪英格兰的日常生活》(1994 年),第 2 页。

农承担的领主租税的实际负担反而减轻了。① 地方习俗，加上非自由农民的奋起抵抗，会对领主行为产生强有力的限制，进而限制领主提升非自由农民租税的能力（当然，根据普通法，自由佃农的租税是大致固定的）。因此，愈来愈多的自由农和非自由农陷入贫困似乎更多源于其租种的土地少、粮食价格高以及工资水平低、就业不足，而并非领主"压榨"。② 我们可以从理论和实际层面相对容易地证明如下结论：十三、十四世纪之交，大部分小土地所有者无论支付多少地租，生产都会受到威胁，但是租种 30 至 40 英亩甚至更多土地的农民精英，即便在支付高额地租与过户费的情况下仍然可以成功地经营。

有一点也值得特别关注，即英格兰农民受到领主无情压榨这一看法是由以布伦纳为首的一大批马克思主义学者阐发出来的，但这实际上与马克思本人的观点有差异。马克思并没有将农奴制描绘成一个导致无限剥削与必然贫困的制度。恰恰相反，在《资本论》里被人忽略的一个章节中，马克思坦承自己确信农奴可以"获得独立财产或相对而言的财富"，尽管事实上"他的所有剩余劳动根据法律都属于领主"。③ 马克思敏锐地捕捉到了当时的文化，并继而指出"传统"、"习俗"和"惯例"对调整封建社会中领主与农奴之间关系的"主导性作用"，会将地租保持在"稳定的程度"。马克思确定了可以限制非自由农负担的"传统"力量的三个主要来源。首先，"把现状作为法律加以神圣化，并且把习惯和传统对现状造成的各种限制用法律固定下来，这总是符合社会上占统治地位的那部分人的利益"。第二，"这种规则和秩序本身，对任何要摆脱单纯的偶然性或任意性而取得社会的固定性和独立性的生产方式来说，是一个必不可少的要素"。第三，现存的方式即便只是经过一段时间的持续重复，也会作为习惯和传统固定下来，最后以法律明文规定

① 近来有关 13、14 世纪之交贫困发生的原因及其严重程度的讨论，可参见 R. H. 布里特内尔：《英格兰社会的商业化》，第 2 版（1996 年），第 126—127 页；M. 贝利：《英格兰农民的生活水平，1290—1348 年》，《经济史评论》，第 2 系列，51（1998 年）。
② 希尔顿：《封建主义危机》；布瓦：《封建主义危机》；哈彻：《英格兰的维兰制与农奴制》。
③《资本论》，第 3 卷，第 793—794 页。此处译文参考《资本论》中译本第 3 卷，人民出版社 1975 年第 1 版，第 893—894 页（译者注）。

的形式被正式确立。

黑死病之后的阶级斗争

十四、十五世纪给马尔萨斯模型提出了严重挑战,因为这一时期即便处在土地充裕与生活水平快速提升的情况下,人口的长期发展趋势却是下降的,这与马尔萨斯提出的人口与土地的正常关系截然对立。但这一时期同样也很难符合马克思主义者构建的模型。从这一视角出发构建的假说并不强调人口衰减的巨大意义,而是通过封建制度内部产生的矛盾与紧张关系以及随之产生的阶级矛盾来解释这一时代的主要变革,包括农奴制衰落、封建主义消亡,以及迈向资本主义的巨大进步,而这些变革反过来又引发了阶级矛盾。

然而,大部分马克思主义式史学研究成果虽然对这些过程进行了全面评述和概括总结,但未能充分运用现有的关于十四世纪晚期和十五世纪历史事实的大量证据。因此,对科斯敏斯基来说,农民以较低的地租成功获得更多土地,以及更重要的,"通过反抗压迫者来获得自由",乃是源于如下事实:农民的需求"符合英格兰封建社会发展的整体进程……农奴的生产方式已经开始阻碍中世纪社会生产力的进步"。[1] 根据布瓦所言,在布伦纳有关这些问题的作品中"理论概括总是先于对原始史料的直接考证",而且他使用的中世纪原始资料几乎全都来自他人的整理。[2] 在集中论述英格兰特殊发展道路的两篇长文中,布伦纳确实很少关注特定的历史事件、庄园档案的内容,或人口衰减的进程与规模。事实上,布伦纳的分析有意地从 1350—1380 年之间所谓的"领主的反动"跳到十五世纪中期,到此时"在西欧的许多地区,造成危机的各项条件开始退却,经济复兴的新时期开始了"。[3] 他说中世纪晚期西欧社会经济的变革直接源于领主面临农民力量相对增强的

107

---

[1] 科斯敏斯基:《封建地租的演变》,第 26 页。
[2] 布瓦:《反对新马尔萨斯主义正统》,第 110 页以及注释 9。
[3] 《欧洲资本主义的农业根基》,第 270、274 页。

情况下，无力加强农奴制，[①]而且在英格兰，农民阶级"通过逃离和抵抗"赢得了自由，进而导致了农奴制衰落和地租的长期下降。[②] 但这两种说法都颇有道理，因而不会遭至太多批评，即便是人口决定论的忠实信徒也不会有异议。这是因为如下核心问题并未完全得到充分解答：领主为什么缺乏实现自身目的之能力，以及农民为什么既渴望逃离又有能力实现这一想法呢？

布伦纳采用了比较研究的方法，充分利用了如下事实：虽然欧洲各地区人口衰减的速率大致相近，但并非所有地区、国家都产生了相同的社会经济后果。例如在英格兰，领主意识到无法拒绝佃农的要求，农奴制因此迅速衰落，然而在东欧的一些地区，更强大的领主却能成功地将农奴制强加给此前的非自由人。[③] 布伦纳称，这种截然相反的结果不仅说明阶级关系具有独立的首要性，还质疑"人口变化可被视作一种原因"的说法。[④]

然而，这些说法是错误的。[①] 人口因素确实不像马尔萨斯模型设想得那样具有可预测性或影响力，但该事实并不能否认中世纪晚期人口衰减所发挥的重大作用，也并不意味着阶级关系是唯一重要的动态变量。我们如果将布伦纳的比较分析方法运用到英格兰在 1300 年前后截然相反的历史经历中，便可进一步证明他的这些观点是错误的。根据传统的马克思主义模型，领主在十二、十三世纪占据上风，对非自由人的权力以及从这些人身上获得的收入都有实质性增长。在十四、十五世纪，权力的天平明显偏离领主，与此前形成鲜明对比，农民占据上风，收入增加，但领主的收入减少，农奴制消失，最终整个封建体系也土崩瓦解。

---

① 《欧洲资本主义的农业根基》，第 277 页。
② 《农业阶级结构与经济发展》，第 46 页。
③ 同上，第 35—47 页；《欧洲资本主义的农业根基》，第 275—284 页。
④ 《农业阶级结构与经济发展》，第 21 页。布伦纳最先否认人口崩溃具有重大影响力，这一观点也遭到了他人的挑战。他随后回应了这一挑战，并做出了退让，称自己的原意是："只有与特定的、历史上较为发展的社会财产关系体系相联系，并在阶级力量处于某种平衡时"，人口兴衰才会对社会经济的发展产生影响（《欧洲资本主义的农业根基》，第 213 页）。同时参见里格比：《中世纪后期的英格兰社会》，第 139 页。
① 下文会继续讨论布伦纳的主张的优点，见第 223—227 页。

　　但是为什么这两个时期展现出如此截然不同的特征呢？为什么两个阶级之间的权力平衡发生了如此巨大的转变？正如布伦纳模型所说，1350年后的一个半世纪里领主遭遇如此严重的收入危机，而农民的力量如此强大，但1300年之前领主享有如此巨大的权力和丰厚的收入，而且能够轻易地对虚弱贫困的农民取得胜利，这又是为什么？究竟什么发生了变化？如果布伦纳模型真正有效，这些截然对立的情形就必须完全源于独立发生在两大对立阶级之间结构和权力的变化。然而从未有人细致论证过这种问题，而且也无法进行有效的论证。两个时期截然不同的土地—劳动力比率肯定是这一转变的部分原因。中世纪晚期几乎到处都有充足的租地与工作机会，而在当时的庄园和乡村中农民与地主代理人之间发生了大量的讨价还价行为，前者毫无疑问对后者起到了非常重要的决定作用。可能正如布伦纳断言，阶级结构"作为一种规律，不是由人口或商业趋势的变化来塑造或改变"，[①]但是如下说法也并不可靠：十五世纪英格兰地租水平的下降、租地条件的放宽以及农民与领主之间力量平衡的关键性转变等一系列历史进程，同经济衰退、佃农短缺以及土地需求的长期下降关系等发展趋势并无太大关系。如下事实也不能削弱该结论的可靠性：在稍晚的时间里，或在另一个国家，不同的领主群体有能力加强对农民的控制。

　　布伦纳在他的第二篇文章中最终承认流行疾病对马克思主义模型的连贯性造成了严重威胁。但他只是在一系列非实质性的推理论证中提及这一点，在此过程中他质疑是否应将瘟疫视作"完全是外因造成的"，并指出瘟疫与饥荒之间、饥荒与战争之间，以及阶级因素与瘟疫之间都存在因果联系。[②]根据该假说，布伦纳进而发现"贵族的反动"（an aristocratic reaction）导致了死亡率的上升，因为领主们"通过贵族阶级的重组来压榨农民、更有效地发起封建社会的内部战争"，进而达到弥补财富损失的目的。他宣称，这些行动"会导致农民生产力的进一步破

110

① 《农业阶级结构与经济发展》，第12页。
② 《欧洲资本主义的农业根基》，第267—268页，注释97。

坏,引发人口的更多衰减"。①

　　布伦纳通过这些方式,试图完全改变马尔萨斯和李嘉图的说法。他虽然将瘟疫、战争和人口衰减引入模型之中,但并未将这些因素视作独立变量,而是将其看作阶级斗争的产物。他反对当前医学、人口学理论与实践的潮流,试图使我们相信中世纪晚期人口的大量减少源于此前已经存在的社会内在趋势。然而,他的观点不太符合中世纪晚期英格兰的情况。虽然战争的蹂躏可能在一定程度上解释英法军队的劫掠摧残导致法国诸多地区遭受了巨大的人口损失,但是在(英格兰)玫瑰战争期间发生了激烈战斗的地区却并未出现持续性的巨大人口经济损失。

　　而且如下立场并未得到充分论证:将阶级结构和阶级关系看作解释长期历史发展动态过程的关键。毫无疑问,人口衰减并非充分或万能的解释,但是如果要将阶级矛盾视作原动力,同样也会面临巨大的问题。中世纪晚期的阶级矛盾是否比如下过程更为重要,即土地和劳动力价值导致了地租和工资水平的变化,以及土地保有关系和雇佣条件的变化？ 是什么决定了阶级矛盾的程度、范围和持续时间？ 为什么矛盾的增加会导致农奴制在一些地方被摧毁,但在另一些地方却得到加强？ 这些关键问题很少得到直接解释。

　　我们可能同意布伦纳的以下观点:

　　　　结果并不是随意发生的,而是与欧洲不同社会中相互对立竞争的农业阶级及其相对力量发展的特定历史模式紧密联系在一起:其内部凝聚力的相对水平、自觉意识和组织力量、基本的政治资源,特别是与非农阶级(尤其指潜在的城市阶级盟友)以及国家政权之间的关系(尤其是国家是否发展为与领主一同争夺农民剩余产品的阶级式竞争者)。②

---

① 《欧洲资本主义的农业根基》,第 267—268 页,注释 97。
② 《农业阶级结构与经济发展》,第 36 页。

我们在对相关问题提供解答时必须考虑这些因素以及许多其他因素,但需要以这样的方式进行处理:它们是我们进行研究分析的议题,而不是解决关键问题的方法。

布伦纳对中世纪晚期英格兰贵族相对弱势的原因的描述分析并无太多实质性内容。"在一定时期内,英格兰贵族可能通过海外战争在一定程度上得到了补偿",但战争最终并未带来回报。

> 作为整个领主阶级的收入危机的结果,无论是君主及其权贵追随者,抑或权贵及其小领主追随者,都缺乏经济资源,即必需的"粘合剂"来巩固旧有的贵族内部的联盟,该联盟乃是英格兰贵族,以及最高君主维持权力与稳定的基础。[①]

这些或其他类似的表述初看起来显示出布伦纳在设计该版本的阶级关系模型时考虑了广泛丰富的因素,但他并未在细致考量所有现存证据的基础上得出总结性观点,实际上不过是考察了决定贵族阶级力量的一系列潜在因素。因此,他并未提供任何解释,而仅仅列出了一个清单,解答的问题远远少于尚待回答的问题。 *112*

中世纪晚期阶级斗争的激化是大多数马克思主义解释的核心部分,而且农民阶级的力量与自信以及领主阶级的虚弱与自戕在解读事件的过程中通常发挥首要的动态作用。虽然十三世纪和十四世纪早期的农民运动与抵抗主要体现防御性色彩,个人和集体通过诉诸习俗或直接的抵制行为来应对领主日益增多的要求,抑或是摆脱不自由的身份及其产生的相应负担。然而到下一个历史阶段,农民运动则更具主动性。"在中世纪晚期的整个西欧,农民叛乱由范围有限、仅以改变共同体与领主关系平衡为目的之地方性运动转变为更为关注社会关系变革的大范围地区性叛乱。"[②]在各个国家,农民的信心和抱负得到提升,

---

① 《欧洲资本主义的农业根基》,第 292—293 页。
② 马丁:《从封建主义到资本主义》,第 74 页。

因而更容易同国家政府以及单个领主发生冲突。英格兰非自由人从事抗争活动是为了推翻农奴制，以及以更低的地租、更少的义务、更少的自由限制来占有土地。

科斯敏斯基不仅强调农民阶级在反抗领主的斗争中体现了力量和凝聚力，而且通过乡村人口大规模迁移到城镇以及更多土地因自营地耕作被抛弃而进入市场等因素，力图解释乡村的地租下降与土地充足等现象。他还将农产品价格的下降归因于农业生产率的上升而非需求的紧缩。换言之，中世纪晚期英格兰主要的经济状况并非源于人口数量的减少。自营地耕作的崩溃与农民劳工境遇的改善，"无需借助英格兰人口长期持续的巨大衰减或'马尔萨斯'猜想便[完全]能得到解释"。[1]

科斯敏斯基的论述坚决否定中世纪晚期英格兰经历的人口衰减与经济衰退的意义，而且在这方面比大部分马克思主义学者走得更远。他的论证的核心思路已被广泛接受。通常认为，在黑死病之后的数十年间（1350—1380年），领主为了抵御经济环境的恶化趋势，通过激烈的方式极力维持甚至增加收入，进而激化了矛盾。领主们为了达到这一目的，全面使用他们对非自由佃农的法律权力，发起了一场"领主或封建的反动"。他们在该事务中还获得了国家权威的支持，后者通过立法禁止工资上涨，并以国家机器确保其实施，还让郡长及其下属帮助领主惩戒不逊的农民。领主在庄园中竭力强制农民履行劳役，有时甚至将劳役提升到更高水平，而且操纵土地市场为自己取利，维持租金处于较高水平，限制农民流动，强迫非自由农租种闲置土地，或者时常按照旧有情况就如下各类事务对维兰处以过高的罚金：宣称自己为自由人、交易土地、房屋失修、牲畜非法入侵甚至结婚、迁徙、酿酒等。[2] 戴尔将这

---

① 《封建地租的演变》，第27页。
② 关于持续存在的乡村斗争的论述，见希尔顿：《农奴制的衰落》，第37—43页；以及 C. 戴尔：《1381年乡村起义的社会经济背景》，收入 R. 希尔顿与 T. H. 阿斯顿编：《英格兰1381年起义》（剑桥，1984年），第19—36页。

场行动一致的反动称作"再版农奴制"(a "second serfdom"),①其结果是领主得以将其收入维持在接近黑死病之前的水平。但该运动也有代价,双方关系陷入紧张且不断加剧,在十四世纪七十年代后期突然爆发,并且在 1381 年农民叛乱中以更大的规模再次爆发。②

　　尽管农民叛乱没有立即产生重大影响,而且叛乱者在伦敦获得的自由特许状很快被废除,但是在全国各地成千上万个庄园里,阶级斗争并未减弱,"对领主控制的一连串公开自觉的反抗"显而易见,③体现在佃农拒绝租种非自由土地或从事有损其身份的劳动,或者拒绝支付过高且不受欢迎的税捐或租金。到十五世纪中叶,英格兰的维兰制已经基本不复存在,农民租种土地的条款趋向宽松灵活。这一论证思路必然导致如下结论:该转变的发生源于农民对领主权进行了顽强一致的抵抗,以及英格兰领主的软弱。④

　　另一方面,虽然领主与佃农之间的利益对立一直以来都是重要而且强烈的,但是关于破坏性的阶级矛盾的证据却并不像马克思主义者所说的那般明确而且丰富。很少有学者在特定的历史环境下使用系统分析的方法来研究如下问题,即何种性质的行为又是在何种环境下会转变为阶级战争而非利益冲突。虽然有理由相信利益冲突在中世纪晚期明显加剧,但除十四世纪七十、八十年代之外,大规模动乱在其他时间里却很少发生。十五世纪确实发生了数次集体运动,其中佃农为改善租地条件采取了极有组织性的行动,其中一个经典案例于十五世纪三十年代中期发生在伍斯特主教地产上,当时主教职位空缺。每当新领主或国王到来时,佃农应交纳按习惯征收的认定费(fine of recognitio),但该地产上没有任何庄园、任何佃农为此交纳了一分钱,他们还一起威胁称"如果该认定税得到征收或部分征收,他们便将租地

114

115

----

① 戴尔:《1381 年乡村起义的社会经济背景》,第 25 页。
② 关于十四世纪七十年代中期大规模的乡村动乱,见 R. 费思:《1377 年的"大谣言"与农民的意识形态》,收入希尔顿与阿斯顿编:《英格兰 1381 年起义》,第 43—73 页。
③ 戴尔:《1381 年乡村起义的社会经济背景》,第 30 页。
④ 马丁:《从封建主义到资本主义》,第 117—126 页。

交还给该国王".① 但是这些"抗争"极少包含任何形式的直接行动,协商的特征远远强于诉诸暴力。

　　尽管农奴制的衰落对英格兰历史而言具有重大意义,但它是随着时间流逝,加上成千上万次小范围的讨价还价,以一种平淡的方式慢慢消失的。漫长的十五世纪更多地体现为佃农与领主或其地方兼职官员之间无数次单个且小规模的交易与调解,而非公开的阶级战争。领主放弃自营地耕作意味着作为维兰制标志的劳役不再需要,因此伴随大规模耕作产生的领主官僚机构也必然随之缩减。居住在庄园中或巡视庄园的官员人数继而减少,意味着领主对佃农的控制弱化,随之领主也更加无力抵制衰退的土地市场造成的破坏力。随着地租的直线下降,农民所痛恨的农奴制的负担也势必减轻:为租地支付的继承税被取消,嫁女钱也不再收取,时常是按年份出租且只需支付简单的货币地租的新土地保有制度最终也普遍出现。

116　　在黑死病来临之后不久,这种土地保有权斗争得以进行的条件便在英格兰形成了,并且可能在很久以前便存在,领主通过劝说、立法与庄园法庭力量等方式而非直接行动与暴力方式来捍卫其阶级利益。由于一系列不可明说的原因,英格兰领主并不追求暴力的方式(或许他们根本就未考虑这么做),他们既然并不诉诸暴力,因而必然对市场力量有极多关注。实际上,在十四、十五世纪,大小领主在经营地产方面明显缺乏阶级团结性。他们之间相互竞争,通过接纳迁入者与变更租金条款来争夺佃农和劳工。雇主们不断违反劳工法令,但很少因为支付超额的工资而被处以罚金;领主即便接收从其他领主处逃来的维兰也不会遭受处罚;领主们在追回逃亡维兰时很少能获得外部力量的帮助。② 因为领主缺乏作为一个阶级采取一致行动的意愿与能力,持续性阶级斗争的可能性明显减弱。从十四世纪的最后数十年开始,土地

---

① C. 戴尔:《十五世纪英格兰收入的再分配》,《过去与现在》,39(1968 年),引文在第 201 页。
② 在这些以及其他重要方面,中世纪晚期英格兰用于加强农奴制的手段的实施效率明显低于 17、18 世纪苏格兰雇主奴役工人的手段,参见 B. F. 达克汉:《18 世纪苏格兰的农奴制》,《历史》,54(1969 年)。

市场普遍疲软，对自己境遇不满的农民大多没有必要再参与针对领主的持续斗争：一旦其他地方提供更好的条件，他们便可直接离开。

逃离比领主拥有的所有手段都要强大得多。"在 1400 年左右拉姆塞（修道院）几乎所有的庄园里，迁出者的小小溪流汇聚成名副其实的宽广洪流。这一大规模的逃离运动在很大程度上是违法违规的。"[①] 在米德兰地区西部的许多乡村中，四分之三的居民的姓氏每 40—60 年便会改变，这可能是因为家庭继承断绝，或者人们为获得更好的土地或工作机会迁徙至其他地区。[②] 领主为了保证尽量能将全部土地租出，必须与佃农达成和解，因为使用暴力控制佃农或追回逃离者的努力最终都会失效。甚至连 1343 至 1381 年间担任达勒姆主教的托马斯·哈特菲尔德（Thomas Hatfield）也无法阻止不利的形势变化，尽管他借助非同寻常的强大权力发起了一场封建的反动运动，这种非凡力量不仅在于他拥有的地产是全国最大的之一，而且还在于他在当地享有帕拉丁伯爵式权威（palatine authority），可操控地方政府官员来加强地产政策的实施。[③]

不管我们将这些无数的交易、威胁、讨价还价、争端与偶尔的直接暴力行动称作佃农与领主之间的阶级战争，还是一般关系的变异，此举都远不及如下做法有意义，即分析农奴制灭亡和领主收入衰减发生的历史背景以及造成这一结果的诸多影响力量。大部分马克思主义者或明或暗地持有如下观点，即领主与其佃农之间的斗争显然不会在真空里发生，但这种斗争不会脱离佃农人数急剧减少与土地价值下降所产生的影响，实际上这三者之间存在密切的联系。经济和人口的趋势与波动产生了巨大的变革力量，领主和佃农自然会通过各种方法来保护自身利益，要么压制这些力量，要么利用它们。最终结果如何当然取决于这些经济社会力量以及其他许多力量的相对强度。有学者将黑死病

---

① 拉夫蒂斯：《土地保有权与流动性》，第 153 页。

② 《英格兰与威尔士乡村史（第三卷）》，第 17—18 页。

③ R. H. 布里特内尔：《黑死病后达勒姆帕拉丁伯爵领的封建反动》，《过去与现在》，128（1990 年）。

之后数十年间发生的领主的反动描绘成残酷的阶级力量面临经济困境时逆风飞翔的典型案例："尽管人口急剧衰减，领主加强了对农民的超经济压力与控制，……使得全国诸多地产上的地租维持在黑死病之前的旧有水平，甚至延续到十四世纪八十年代"，[①]同时"农民遭受的剥削甚至比在十三世纪的困难时期更加沉重"。[②]

但事实并非如此片面。布伦纳看到黑死病之后的压迫和冲突，以及领主明显加强了对农民流动的控制："农奴制仍然是当时的秩序，他们总是想着加强它"。[③]《土地保有权与流动性》是布伦纳为了佐证其研究引用的唯一史料，但是该书的作者拉夫蒂斯却驳斥了布伦纳对自己作品的解释，说后者的解释"全然错误"，相反他强调妥协与协作才是普遍情况。[④] 1350—1375 年间乡村保持了相对的和平，领主也在经济财政上颇为成功，这是以农产品价格较高以及土地需求坚挺为背景。[⑤] 领主的收入有很多是来自残酷剥削，"利用庄园法庭（从维兰处）榨取大量钱财"，[⑥]但是这些罚金大部分是取自租种大面积土地的富裕农民，他们因为在耕种土地与建造房舍中投入了大量资源而被牵制在庄园里。领主对待经济地位较差、流动性更强的佃农则必然更为宽松，否则他们就会直接逃离。

纳撒尼尔·福斯特（Nathaniel Forster）曾质疑 1767 年用于压低大众工资的粮食补贴以及其他措施之合理性，并明智地指出"天灾会导致人们更加勤奋努力。人为压迫却导致人心思变、群情激愤"。[⑦] 佃农与领主之间的紧张关系，以及阶级斗争在如下情况下会变得最为严重：土地市场陷入衰败，而领主仍然试图维持传统的地租与租地条件，与市场力量对抗，这便使得原有租地条件变得尤为过分。国家创立法律，旨

---

① 布伦纳：《欧洲资本主义的农业根基》，第 271 页。
② J. L. 博尔顿：《中世纪英格兰经济，1150—1500 年》(1980 年)，第 213 页。
③ 《农业阶级结构与经济发展》，第 27 页。
④ 拉夫蒂斯：《农民经济发展》，第 128、214 页。
⑤ J. 哈彻：《黑死病之后的英格兰》，《过去与现在》，144(1994 年)。
⑥ 戴尔：《1381 年乡村起义的社会经济背景》，第 36 页。
⑦ N. 福斯特：《当前食品高价格的原因之调查》(伦敦，1767 年)，第 60 页。

在通过将劳工工资维系在黑死病之前的一般水平来防止其遽然上涨至市场水平，该法律的实施从刚开始便遭致普遍怨恨与抵制。当十四世纪七十年代中期谷物价格崩溃之际，英格兰南部广大地区的佃农们率先对领主发起大规模叛乱，根据 1377 年下议员请愿书的描述："(他们)拒绝向领主支付所欠的劳役与习惯租税……通过相互结盟来暴力反抗领主及其官员。"①这两件事情同时发生是否仅仅出于巧合？

市场条件的变化会对阶级斗争产生突出的作用，其强度与持续时间会对后者产生深刻影响：随着人口持续减少以及农业衰退渐趋严重，领主自然会努力增加收入，而佃农则极力获得更好的条件。正如1349 年劳工法得以颁布是"由于大量的人口，特别是劳工与仆从在这场瘟疫中丧生"，②因此佃农的日益稀少在拖垮土地市场方面起到了重要作用。许多佃户放弃了租地并迁徙离开，因为他们自信可以在其他地方获得更好的土地或工作。租地空置、农产品价格下降以及情愿以较差条件租种土地的人日益稀少都是租金降低与奴役性租税废除的原因。更长远地来看，最成功的领主都是那些根据普遍的经济社会状况来调整政策的实用主义者。这并不是说领主与佃农的阶级力量以及双方的行动完全源于市场力量，而只是说忽略或低估人口与经济因素重要性的那些观点是枉顾证据和常识的。

120

通过"巧妙转身"来避免陷入彻底荒谬并非只是非马克思主义者(non-Marxists)的做法。布瓦的有关中世纪诺曼底与欧洲经济社会变革的模型充分考察了人口崩溃的作用，即便他坦承说："这可能使得我们更加难以辨别马尔萨斯主义与马克思主义研究方法之间的诸多界限。"③罗德尼·希尔顿同样不赞同只是从阶级斗争的角度来阐释学术

---

① 该请愿书收入 R. B. 多布森编：《1381 年农民叛乱》，第 2 版(1983 年)，第 76—78 页。同时参见费思：《1377 年的"大谣言"》。

② 《1349 年劳工条例》，收入 A. E. 布兰德、P. A. 布朗和 R. H. 托尼编：《英格兰经济史文献选》(1914 年)，第 164—167 页。

③ 布瓦：《反对新马尔萨斯主义正统》，第 118 页。应该注意的是，布瓦极为宽泛且自觉地(但此举不可原谅)使用了术语"马尔萨斯主义者"和"新马尔萨斯主义者"来包含"强调人口秩序乃是主要决定因素的任何模型"(布瓦：《反对新马尔萨斯主义正统》，第 107 页注释 2)。

观点，并且说"如果一个历史学家忽略了人口因素对该时段社会经济发展的影响，那么他就是个彻底的瞎子"。[①] 在此我们明确地说，阶级斗争绝非历史发展唯一、最高且独立的原动力，正如波斯坦就人口力量的有限性所表达的立场。尽管这类普遍性的立场可能让人兴奋鼓舞，我们还必须注意不能将决定历史变革进程的因素仅仅局限为阶级关系与人口这两项。正如上文所论，其他马克思主义者也同样提出了多元式的观点，强调商业发展这一"外生"因素的力量。有关这一力量影响的模型便是下一章的主题。

① 希尔顿：《封建主义危机》，第131页。

第四章 商业化、市场与技术

在对历史发展进行了较为细致的人口学和阶级性分析之后,如下事实看似已无可争辩:推动中世纪经济变革的主导性力量存在于占绝对主导地位的农业部门,以及土地所有者与土地劳动者之间的关系。但这种假设长期以来受到严峻挑战。那种认为事物随着时间推移必然会改善进步的看法吸引了众多追随者。十九世纪的历史学家们身处正在经历工业化和城市化的世界,目睹全球贸易、强大帝国与健全制度之发展,进而回顾历史,自然会将过去看作从原始的、乡村的、自给自足的黑暗起源向现在的辉煌繁荣转变的进步历程。他们还期望自己所书写的世界的关键因素应该主导历史研究的议题——货币的使用、中产阶级的崛起、技术进步、城镇和贸易以及工业的发展,因为这些因素正是推动过去的世界向现代世界进步的主要力量。在漫长的历史进程中,挫折稀少且短暂,而取得的进步则为此后的飞跃奠定了基础。[①]

早期有关历史发展的阐释关注"市场的崛起",正是这些简单、乐观且单线性的阐释占据了主导性地位,进而激发了前两章所讨论的模型的出现。新马尔萨斯主义和马克思主义的传统提出了如下问题:历史上许多领域的发展是渐进且不断累积的,还是阶段性的或周期循环的;工商业的发展是其他经济社会变迁的原因还是结果。波斯坦在1944

[①] W. 坎宁安(W. Cunningham,1849—1919年)是现代经济史的创始人之一,他有一部作品名为《英国工商业的崛起》,将经济史定义为"物质进步的研究"。在他之前很久,亚当·斯密认为经济史就是"繁荣的进步"。

年发表了一篇简短但富有影响力的评论文章，表达了对历史学家如下行为的轻视，即时常使用"货币经济的兴起"与"中产阶级的崛起"等模糊概念来解释复杂现象或填补自身知识的缺口。因而他抱怨道：这些学者告诉我们"十一、十二世纪城镇的发展源于中产阶级的崛起"，而货币经济的兴起则是十五世纪维兰的劳役折算现象盛行的原因。[1]

具有讽刺意味的是，如今的情况是转了一个圈又返回原点。马尔萨斯主义和马克思主义强调前工业化经济内部增长存在诸多限制，正是这两种学说长期占据主导性地位，进而激励学者们重新思考市场刺激与商业化在缓解甚至摆脱这些限制方面的作用。近年来，有关中世纪英格兰经济的研究愈加关注商业活动和技术进步，及其与人口增长、社会变革的互动方式。关于这些主题的地方性、区域性与部门性研究成倍增长，产生了巨量的新证据，而且日趋高级的表现与分析方法也得到运用。[2]

这就明显拓展了人们看待经济的视角，并对第二、三章所概述的本质上体现"停滞主义"倾向的模型构成严重挑战。尽管支撑商业化作用的思想基础有些是由来已久，且当前模型有些也极具规模并有理论深度，但该模型对新证据的评估与吸收却仍处于发展阶段。主流的马克思主义和人口—资源模型经过数十年的完善已臻成熟，在具体阐释和前后连贯性方面达到较高水平，相比而言，研究商业与技术重要性的历史学家大多数迄今为止仍然使用比较松散的概念框架，远未创造出同等严密细致的模型。出于这些考虑，本章需采用略微不同的结构，更多

---

[1] 《货币经济的兴起》，收入波斯坦：《中世纪农业与基本问题》，第 28—40 页（引文在第 28 页）。

[2] 近来介绍性的历史描述，见 R. H. 布里特内尔：《英格兰社会的商业化，1000—1500 年》（第 2 版，曼彻斯特，1996 年）；E. 米勒与 J. 哈彻：《中世纪英格兰：城镇、商业与手工业，1086—1348 年》（1995 年）；J. 马斯谢尔：《农民、商人与市场：中世纪英格兰的内陆贸易，1150—1350 年》（贝辛斯托克，1997 年）。近来的概念性与理论性著作，见 K. G. 佩尔松：《前工业化时期的经济增长：欧洲的社会组织与技术进步》（牛津，1988 年）；G. 斯诺克斯：《市场的能动作用》，收入 R. H. 布里特内尔与 B. M. S. 坎贝尔编：《商业化经济：1086 至 1300 年前后的英格兰》；G. W. 格兰瑟姆：《特权领域：前工业化时期欧洲的农业生产率与乡村的供应区域》，《经济·社会·文化年鉴》（1997 年），第 695—725 页。

考察正在不断扩张的证据库,而较少分析各种彼此关系松散且呈现局部特征的理论模型。

强调交换和分工增长可带来收益的所有模型在很大程度上源自亚当·斯密,他强调商业可通过自由市场的运行刺激经济增长,并对其具体方式做出了极其有力且富有持续影响力的阐述。人类社会有"互通有无、实物交换和互相交易"的天性,这种冲动如果不受拘束地任意发展,便会引发渐进式的良性循环,由此追逐自身私利的每个个人恰似"受到一只看不见的手的引导",促使整个社会受益。商品与服务的交换促进了劳动分工、专业化、创造与资本积累,而所有这些都会有助于提升生产率,促进经济增长。①

这些想法一旦强有力地运用到中世纪经济的研究中,便会支持如下论调:十二、十三世纪的商业发展与技术进步能够抵消,甚至扭转土地和劳动力收益递减的趋势。简单来说,贸易扩张以及城镇、工业发展不仅创造了更多的就业机会,有助于吸收乡村的剩余劳动力,而且可以刺激生产者的积极性,促进生产的专业化与劳动分工,并降低生产成本与买卖成本,从而促进生产率的提升。生产率的进一步提升也源于知识与技术的进步,这些进步在经济生活的各个领域均有发生,从农民选择播种的种子、时间与地点,到商人记录买卖行为的方式。此外,这些进步往往是累积性的,人们一旦获取并发现其益处就很少会丢失或放弃。尽管具有划时代式飞跃性特征的成就极少,但长期的渐进发展仍然会造成经济社会生活的许多领域发生变迁。

人口增长会为商业发展与技术进步提供有力的刺激。定居点趋向愈加密集,内部居民便更加容易交流,因此人们进入市场的机会增加,运输成本也降低,具有一定规模的经济行业的发展机会也随之增加,这会促进专业化。人数的不断增长会以各种方式推动进步发明,其中最直接的便是如下的简单事实:更多的人意味着更多潜在的发明家。在

124

125

---

① 特别参考《国民财富的性质和原因的研究》,该著作于 1776 年首次出版。引文源自 R. H. 坎贝尔与 A. S. 斯金纳编纂的版本,共 2 卷(牛津,1976 年),第 1 卷,第 25、456 页。

经济扩张时期,价格机制与利润驱动会十分旺盛,进而也会产生刺激。随着人口对资源产生压力,价格便会上涨,而物价上涨意味着供应商有更强的动机为市场进行生产：需求会拉动供给。

因此,与其将人口的必然增长视作终究会压倒就业与生存空间的消极力量,不如说正是定居点密度与人口密度的提升会刺激贸易、专业化与创造力。最近数个世纪以来人口水平激增,但人们养活自身的能力也随之提升。实际上,从狩猎采集时代至今,我们从这浩瀚的历史中提取的数据可证明如下说法：在人口密度高的地区,技术变革与经济增长的速度是最快的。因此,我们可以说,中世纪经济产出的增长率同样能超过人口的增长率,因此在"长的十三世纪",生活水平其实上升了,并未下降。根据这类假设,有人可能会说,中世纪盛期的人口增长引发了农业与商业的技术变革,进而削弱并最终打破了土地乃至劳动力收益递减的螺旋式发展趋势。

马尔萨斯和李嘉图绘制的图画都是悲观的,强调需求有超越供给的倾向,但这一学说强调需求的上升会带来刺激,会对经济产生积极的作用。市场一旦开始扩张,便会为更大规模的生产创造可能,而且会促进专业化和劳动分工,进而增加产量并减少许多商品生产的单位成本。这反过来又刺激市场与劳动分工自身的进一步发展,由此便促进更长期的增长与发展,正如亚当·斯密所说。市场驱动会通过诸多方式促使资源使用更具效率,有关这些方式的理论阐述可粗略分类如下。

理论

农业改良

从根本上讲,生产过程本身会导致技术方法产生一系列微小而渐进的进步,因为从事土地耕种、牲畜饲养、制作手工艺品或者工具的劳动者通过不断重复这些行为就会获得不少进步。因此,社会本身就有产生实际技术经验的内在倾向,这些经验随后累计成知识储备,供后人使用。

因此重要的是,即使是相对简单的经济,我们也不应低估其内在的改进能力。但是什么决定了这一潜能转化为现实成就的程度呢？是什么鼓励或阻碍了技术知识在更多人或更广泛的社会阶层中传播，又是什么鼓励或阻碍了这类知识发挥实际作用？技术知识的存在是一回事，而该技术的普遍运用又是另一回事，而人口以及人口数量与资源数量之间的关系往往被看作是发挥关键作用的因素。在前工业化经济中，更好的技术的传播取决于生产者对技术的了解，以及他们不得已采用该技术的动因，这两个因素主要由人口压力决定。不断增长的人口会给资源造成压力，这反过来又会增加人们对商品和服务的需求，从而为人们采用创新发明制造动力。人口增长也会提升居住密度，导致人们与地域之间的联系更具规模且更为有效，这反过来又促进知识的传播。相反如果人口压力很低或持续下降，实施改进措施的动力会减弱，观念的传播也会受到抑制。

　　这种推理显然最适用于农业。当人口增长之时，土地和粮食变得更为稀缺，农民就会做出反应，增加农场的产量。此举可通过开垦更大面积的牧场、减少每年休耕土地的面积来实现，尽管这两种做法有可能引发产量下降的恶果。但是，通过采用更好的技术、提高投资水平以及改善土地管理制度，农民可延缓土地收益递减发生的时间。此外，在劳动力变得愈发廉价与充裕的条件下，对农民而言最有益的策略可能是采取愈加节约土地的态度，用充裕的因素（劳动力）取代稀缺的因素（土地），换言之就是将更多时间和精力投入到耕种土地上，体现为更多的除草、犁田、施肥、饲养牲畜等方式。

　　但是采用更加具有劳动密集特征的农业本身并不能解决人口压力导致的负面效应。因为即便更多的劳动力投入可能很好地保持或增加每英亩土地的生产率，但这最终有可能导致劳动力单日生产率的下降。如果资本没有增加，在同一块土地上实施的劳动逐日增加，最终会导致这片土地的产出增量递减。[①]　如果其他因素在经济中整体保持不变，

----

① 当然这种情况下的劳动收益递减是人口与资源模型的核心内容（参见上文讨论，第23—24页）。

那么结果就是农业劳动生产率的边际递减规律终将导致经济几乎只能在引发生活水平下降的情况下容纳人口增长。

然而，农场外其他工作机会的增加可能有助于抵消甚至扭转这一下降趋势。正如第二章中所说，任何前工业化经济都拥有一系列非农职业，为大众和富人的需求服务。即使大多数生产者首先关注的是满足自己的生存需求，却很少有生产单位在所有商品与服务方面实现了完全的自给自足。一般的农民家庭多少会对贸易交换有所依赖，必须购买铁、皮革、实木、盐等物品，即便购买金额微小而且次数鲜少。从最基本的层面上说，当劳动力在农场无法充分就业之时，非农工作可提供机会，从而提高农业经济中的劳动生产率。尽管劳动生产率在农忙时节可能相对较高，但农闲期间生产性劳动的缺乏又会降低整体的劳动生产率。许多农业任务——特别是粮食生产——是季节性的，只需在每年的特定时期集中劳动；农场工作日的最长限度取决于白天的时长，同样会随季节而变化；照料牲畜要求在工作日内不同时期变换劳动，从而经常给农民留下一段段空闲时间。因此，小农除了能在其他农场获得临时性工作机会之外，还可以在本地从事手工劳动，例如羊毛梳理与纺织、木材加工、篮子编织等等，如果该地有这类工作机会的话。最基本的手工业大多使用廉价易得的原材料，而且很少需要昂贵复杂的器械设备，因此许多人可以着手从事某种副业（by-employment）。一些租种土地的佃农还有能力从事一种或多种技能型或准技能型的第二职业——例如做木工、瓦匠、盖屋工、铁匠或编织工——这些职业不断专业化，手工业者就此逐渐形成，这些人也可通过耕种土地来补充收入。

中世纪盛期的英格兰当然远非只有原始的生存经济，即生产和交换仅仅服务于农民群体的基本需求。她拥有蓬勃发展的工业、城镇和贸易，为就业、专门化和劳动生产力的提升提供了巨大的空间。亚当·斯密强调劳动分工的益处，宣称"劳动生产力上最大的增进，以及运用劳动时所表现的更高水平的熟练、技巧和判断力，似乎都是分工的结果"，而且"凡能采用分工制的工艺，一经采用分工制，便相应地增进劳动的生产力"。[1] 因此,专注于某个特定手工业、贸易抑或专门从事生产过程的某个特定环节的劳动者,会比将时间和技能分散于各种追求的人更加高效多产。专业生产者或专门化的生产单位会更加熟练地执行各项任务,从而减少了完成任务所需的时间。"能够交换的确定性鼓励大家各自委身于一种特定业务,使他们在各自的业务上,磨练和发挥各自的天赋资质或才能"。[2] 对任务的熟悉会鼓励创新的引入推广,刺激生产技术的改进,从而进一步提升技术进步的速度与生产率上涨的幅度。

然而,斯密承认农业劳动分工产生收益的潜力是有限的。农场劳动涉及的一系列任务有许多是季节性的,而且相对无需特别技能,这限制了劳动分工的范围,即便是在大型农场中。因此,同一批工人可能要以天或周为单位来执行诸多不同任务,还需要随着季节变化而相应调整,从脱粒到犁地、除草、割草,然后收割。农场中劳动专业化的小范围扩张可能来自雇佣工匠满足非农业的需求,例如建筑物、木制或金属工具以及农业器械设备的修缮维护。然而这种生产率的提升可能只是虚妄想象,因为农民不可避免会遭遇恶劣天气与漫长的冬夜而被局限在室内并无他事可做,他们会发现由自己承担这类任务会更有利可图。

事实上,前机械化农业最大的成就可能并非源自劳动分工,而是由于特定农场或地区生产特定商品带来了专业化。市场与交通设施越原始,农业生产者,无论农民或领主,就会越趋向于为消费所需而将生产最大化。一个完全自给自足的农业生产者,不论面对何种土壤和气候,都必须为了消费与托运的需求,由自己来生产面包饲料作物以及各类牲畜。如果违背当地的环境来种植庄稼或饲养动物自然会导致产量不高,而农场的劳动生产率也可能因为必须执行过多任务而受到影响。相反,高效的市场与交通系统会促使某个农场或区域专门生产与其资源条件、地理位置或专长相适宜的各类商品,从而获得更高的平均生产率。

130

---

[1] 坎贝尔和斯金纳编:《国富论》,第1卷,第13、15页(引文翻译参考郭大力、王亚南的中文译本《国民财富的性质和原因的研究》,商务印书馆1974年版,译者注)。

[2] 同上,第1卷,第28页。

131　　　**城市化与商业进步**

　　城镇发展乃是商业活动扩张与劳动分工扩大的一个显著体现，因为城镇居住着一大批专门人士，他们依靠贸易、制造业以及各类服务业谋生。职业专门化的发展与城镇发展密切相关，这一关系基于大批专门人士聚集起来所产生的明显优势：这是一种对消费者更具吸引力、对供应者也更为便利的安排，因而可以降低生产与交易成本。同样，专业人士选择居住在如下地区也会带来明显优势：当地原材料易于获取；市场机构发达；所从事行业免于封建入侵；获得一定程度的人身保护，免于军事入侵。

　　正如城镇与工业的发展会导致农产品需求的不断增长，进而激发农业的专业化与商业化，城镇与工业的发展本身又依赖农业的表现与发展趋势。农业之外就业水平的增长意味着生产粮食的人口比例相应下降，因此农业必须有能力创造足够的剩余产品来养活那些从事其他生产活动的人。因而可以说，一个经济体中城市的发展水平可以作为劳动分工甚至该经济的整体劳动生产率进步程度的粗略衡量标准。[1]

　　城市会刺激农业的商业化，十九世纪初约翰·冯·杜能（Johann
von Thünen）提出的理论模型对城市的集中需求与乡村土地利用之间
132　的关系做了深入的探究。[2] 毫不奇怪，冯·杜能发现，一个农业区越靠近城市，它的商品化和生产集约化程度就越高，而随着距离的增加，农业区的自给自足与粗放型生产特征也会增强。然而，他还进一步分析了农业区与市场的距离如何决定该地区用于生产的作物类型以及农业系统的强度。因此，高水平的城市需求将会导致城镇腹地中形成一系列特别的乡村土地使用区域，靠近市场的地方会生产（在相对集约的农业系统下）特定作物，而离市场更远的地方则生产（在相对粗放的农业系统下）其他作物。由此，冯·杜能根据市场周围特定产品的同心环理

---

① 例如佩尔松（《前工业化时期的经济增长》，第 76—77 页）。
② P. 霍尔编：《冯·杜能的孤立国》（1996 年）。

论(theoretical concentric rings),提出了农业生产"理想"分布的假设。例如,易变质的商品必须迅速运送给消费者,而对于那些重量、体积比价值更高的产品,运输成本便会立即提升,达到接近利润的程度。在这两种情况下,商品都必须在靠近市场的地区生产。相反,对于体积不大、价值较高的产品,运输成本在总成本中所占比重较小,因而这些产品可在离市场更远的地方生产。

如果将该模式应用于中世纪经济的主要产品,那么可以想象,燃料、饲料等笨重的商品以及乳制品等易变质的商品会在靠近主要城市市场的地方生产。邻近的数个"生产区域"会专注于农耕系统下面包与麦芽谷物的生产,生产强度随着与市场距离的增加而减弱,在最远的区域则是畜牧业与经济作物等商品的生产。冯·杜能的作品是关于市场对土地利用产生潜在影响的理论阐述,但这并不是说这类区域在现实中一定会完全形成,并且能在地面上得到完整的观察。只有城市需求达到合理水平,这些区域才能明显形成。如果这种需求难以持续,那么这些区域就会难以辨别。冯·杜能的生产区域理论的精准性在现实中可能因为自然环境因素的影响而减弱,例如某地区可能并不适合特定产品的生产或特定农耕体系的应用。市场也不是孤立存在的,任何地方都可能受到各类地方性、次区域性与区域性市场对不同商品的竞争需求之影响。同样,杜能的模型假设运输成本不变,但实际上存在运输成本较低的线路,例如河流或山口,这会扭曲地面的生产区域。

133

在最基本的层面上,冯·杜能的模型有效地强调了经济与商业力量对农业的影响,而不是其他模型钟爱的环境/人口或社会/结构的力量。它还提供了清晰的框架,用于评估与解释农业生产组织的地方性、区域性差异。当然,冯·杜能的作品与前工业化时期的经济体,特别是中世纪英格兰经济的整体相关度,取决于我们对城市需求的普遍水平与集中程度的评估。但它确实为如下直观并获得实证经验支持的观点提供了概念力量,即一个受到市场力量深刻影响的经济体能更有效地开发其资源基础,从而比未受市场力量深刻影响的经济体更能容纳不断增长的人口。

证据

这种宽泛且颇具理论性的讨论确定了中世纪经济进步的范围与影响力，这些进步可能来自生产技术、劳动分工、生产专门化以及商业和城市化等领域。然而，正如我们在第二章和第三章中所看到的，许多历史学家强调人口资源关系的力量或者强调阶级因素与财产关系的首要性，因此并不认为这些因素有多大意义。虽然这两类解释的倡导者们承认贸易与城市部门有所扩张，而且确实出现了一些技术进步，但他们仍然坚持如下总体结论，即非农业发展累积产生的影响是相当有限的，因为经济从整体来说仍然处于极其不发达的状态，而且受制于边际收益递减的趋势。

鉴于证据为历史学家评估商业化的影响与意义留下了巨大的变化空间，历史学家之间的观点分歧在很大程度上源于证据自身的性质。既然原始材料就诸如内部贸易规模、城市化率、劳动生产率和非农就业的范围等核心问题并未提供太多准确的定量信息，我们如何衡量前工业化经济中贸易与商业活动的发展水平与影响力呢？既然不可能对中世纪的商业化做精确的量化分析，历史学家不得不依赖一系列并不精确严密的测量方法。然而，他们普遍同意，衡量中世纪经济商业化最有效的指标是农村的劳动分工程度、城市化与市场制度的发展、货币与信贷的使用程度、农业生产区域专门化程度及其集约程度的差异化，以及交通的进步。现在应该逐一考察这些领域的相关证据，并且特别留意近年来获得的新认识。

乡村劳动分工

历史学家普遍承认，英格兰在十三世纪末存在大量的小农，可能占人口总数的一半。但学者们对其重要性存在争议。马尔萨斯主义模型与马克思主义模型将这一情形解释为经济危机加剧的明证，但该情形也被用于显示经济发展已具相当规模。许多人能够靠副业为生，这一

134

135

事实表明乡村经济及其之外的工商业活动规模呈现增长趋势。近来研究指出,十三世纪乡村里的职业相比此前显得更多,范围极广,用近来一位评价者的话说,"十三世纪社会中的职业活动出现如此巨大的变化,最终导致该活动的彻底改变"。①

较大的村庄,特别是那些每周都有集市的村庄,会有各种各样的商贾工匠来提供基本商品和服务。售卖面包、麦芽啤酒、肉与燃料乃是司空见惯,专门或兼职生产这些商品的工人因此产生:面包师、厨师、酿酒师、磨坊工、屠夫、烧炭工人以及诸如此类。在一些地方,商业性的麦芽酒生产确实已等同"酿酒工业",特别是为贫困家庭提供了生计。② 鞋匠、裁缝、织布工和染色工并不少见,甚至小村庄都会有铁匠和木匠。甚至彻底的乡下也有各式各样的职业活动:1332 年威尔特郡的税收档案所记录的职业姓氏显示,该地区的男性以及少量女性从事着四十种不同的手艺,外加磨坊工、制衣工与铁匠,而 1279 年剑桥郡的税收档案则罗列了三十种手艺。③

在资源基础特别多元的区域,务农之外的就业机会比例会更大。锡、铅、铁与煤的矿产时常会促进当地采矿冶炼方面的就业,而民众享受山川、荒野、森林与沼泽的公共权利则为各类畜牧、手工业与工业的发展提供了积极条件。亨廷顿郡沼泽地边缘的一个例子可说明这类地区在职业多样性发展方面的潜力:农民广泛参与捕鱼、捕鸟、挖煤、采割莎草芦苇、放牧等活动,以及在繁忙的沼泽水道上运送货物和人员。④ 沼泽地的村民被纳入到地区性的劳动力市场,并且时常准备跑到七至十英里距离之外去谋职。⑤ 这些村庄的就业前景广阔,这"可能

---

① 布里特内尔:《英格兰社会的商业化》,第 81 页。

② E. 布里顿:《乡村共同体》(多伦多,1977 年),第 87 页。

③ 米勒与哈彻:《城镇、商业与手工业》,第 128—133 页;布里特内尔:《英格兰社会的商业化》,第 79—81 页。

④ A. R. 德文特:《中世纪英格兰农民共同体的再定义:地区性视角》,《英国研究杂志》,26(1987 年),第 163—207 页。

⑤ S. A. C. 佩恩与 C. 戴尔:《中世纪晚期英格兰的工资与收入:从劳工法实施情况所得证据》,《经济史评论》,第 2 系列,43(1990 年),第 363 页。

真是十四世纪上半叶诸多家庭得以……生存的关键因素"。① 因为有这些机会而且土壤肥沃，十三世纪后期北方沼泽地的人口密度根据史料记载就显得非常高，而佃农份地的平均面积较低。但在一些地区，正是普遍存在的贫瘠土壤成功地激发了就业的多样化。在东英吉利亚的布雷克兰地区(the Breckland of East Anglia)，干燥的酸性土壤不适合集约化的耕地或畜牧农业，但村民们为了谋生做出了各种努力，包括收集燃料与建筑材料、制造纺织品、偷猎、饲养马匹与制作动物皮革。由此相比附近土壤条件更好的村庄，布雷克兰居民实际上拥有更多的个人财富。②

虽然乡村里大部分非农就业都是为地方市场与消费者提供商品服务，但到十四世纪初，乡村地区专门的商品生产有越来越多是为了出售到包括海外市场在内的更远的市场。在诺福克郡、萨福克郡、威尔特郡、萨默塞特郡与格洛斯特郡的某些村庄小镇，布料生产十分集中，而约克郡的西莱丁地区(West Riding of Yorkshire)，特别是谢菲尔德和罗瑟勒姆(Rotherham)附近，则存在商业性的金属加工业与制衣业。锡矿工在德文郡与康沃尔郡的沼泽地区颇为集中，铅矿工特别集中于德比郡、达勒姆郡和诺森伯兰郡以及曼迪普斯(the Mendips)，铁矿工、钢铁工和燃炭工集中于迪恩森林(the Forest of Dean)、肯特郡和苏塞克斯郡的威尔德地区(the Kent and Sussex Weald)。③ 毫无疑问，中世纪英格兰乡村地区存在多样化、专业化的就业机会，尽管如下事实也同样明显：这些就业机会并非在各处都是充足的。

城市化与商业进步

除了有证据证实工业生产发展之外，大量直接与间接的证据还明确说明，商业活动在诺曼征服与黑死病之间的两个半世纪里得到了快速扩张并且变得日益精细。很多人期望买卖货物并将其从一处运到别处，这

---

① 布里顿：《乡村共同体》，第 92 页。
② M. 贝利：《边缘经济？中世纪晚期东英吉利亚的布雷克兰地区》(剑桥，1989 年)，第 158—199 页。
③ 米勒与哈彻：《城镇、商业与手工业》，第 410—411 页。

种需求促进了市场与交通的巨大进步。人口增长导致需求成倍增加,仅此一项便提供了强有力的刺激,因为贸易繁荣,更多市场得以建立,道路得到改善,桥梁获得建设,河流获得清理而得以通航。市集的扩散是中世纪英格兰商业化的最重要体现,但货物运输与交易方式也取得了技术进步。贸易的效率取决于是否具备充分手段匹配买卖双方、确保供给的货物款项得到支付、加强质量检控以及统一度量标准。安全信任会促进贸易,安全价廉则是交通顺畅的前提。在中世纪盛期,规章、法律与秩序方面的这类或其他发展层出不穷,构成了实质性的技术突破,导致了经济学家所说的搜索成本与交易成本的大幅降低,从而进一步刺激了商业发展。

　　虽然货品与服务交换可通过实物交换的方式,支付租金可用产品与劳力,然而商业要想获得任何实质性进步都需要使用货币。随着贸易的发展,人们对货币的态度也会进步。随着人们对货币需求的增加以及对货币信心的增强,货币的使用就会变得愈加广泛而持久。硬币供应充足,不仅能维持在稳定水平而且还有适当的面额种类,是贸易繁荣的条件。所幸英格兰从威廉一世到爱德华三世统治时期实现了这一点,货币供应的增长速度远远快于人口与通货膨胀率,而且钱币的质量也得到很好的维持。最近的观点认为,十一世纪末王国内流通的货币数量不会超过 2.5 万至 3.75 万英镑,但到十三世纪初该数字在 25 万英镑左右,到十四世纪初则约为 100 万英镑。这就意味着人均货币的实际价值在 1086 至 1300 年间翻了一番,即便这一时期人口增长了三倍且物价上涨了四倍。①

　　商业发展也依靠信贷供应,不仅有现金贷款,而且在中世纪更为重要的是延迟支付货物或服务的款项。可用信贷范围的扩大以及信贷获得方式的多重进步在各个层面都促进了交易,上到从事全国性或国际

① N. 梅休:《中世纪货币化模型》,收入布里特内尔与坎贝尔编:《商业化经济》,第 55—77 页;R. H. 布里特内尔:《英格兰的商业化与经济发展,1000—1300 年》,收入布里特内尔与坎贝尔编:《商业化经济》,第 12—14 页;米勒与哈彻:《城镇、商业与手工业》,第 396—397 页。

规模交易的大商人，下到不定期充当买者与卖者的普通人。因此，钱币与信贷供应的增长，以及物价的温和增长可能缓解债务压力，这些因素结合在一起，为地方性、区域性与全国性交易活动与经济活动的增长提供了明显有利的环境。[①]

在诺曼征服后数代人生活的时间里，英格兰逐渐融入欧洲的贸易网络，其海外贸易的规模和价值也成倍增长。到 1300 年代，年均进口总值可能达到 20 万英镑左右，年均出口总值则在 30 万英镑左右。据最可靠的统计数据，当时每年出口八百万只羊的毛料，价值约为 25 万英镑，而进口 2 万桶葡萄酒（每桶 250 加仑），总价值为 6 万英镑。[②] 有关如下问题的证据为我们提供了更多有用的信息：国内贸易的增长，尤其是英格兰城镇的数量规模与市场的数量和分布，以及贸易活动依托的法律与制度结构的改善。后者乃是这一时期的主要成就，因为由君主、领主与城镇实施、扩充与强制推行的规章制度的不断成长为商业活动提供了更多保障。

可称为城镇的居民点在 1086 年约为 120 个，到十四世纪初则倍增到可能多达 500 个。虽然这些居民点中有很多规模很小，而且兼具明显的乡村与城镇特征，但较大城镇的数量仍旧快速增长。在十四世纪初，人口超过 5000 的郡一级城镇可能有近二十个，十一世纪末却仅有四个。这一时期人口在 2500 至 5000 之间的市集城镇可能有 50 个。最高层级城市的增长同样显著。长期以来我们都认为，十四世纪初伦敦人口约为 5 万，三个最大的区域性中心——诺里奇、布里斯托尔与约克——各有约 1.5 万居民。但近来的估算指出，首都人口约为 8 万甚至达到 10 万，而 1333 年诺里奇的人口约有 2.5 万。[③]

140

---

① 梅休：《中世纪货币化模型》，第 74—75 页。
② 米勒与哈彻：《城镇、商业与手工业》，第 210—215 页。
③ 布里特内尔：《英格兰社会的商业化》，第 115 页；布里特内尔：《十四世纪初英格兰和意大利北部的城镇》，《经济史评论》，第 2 系列，44（1991 年）；米勒与哈彻：《城镇、商业与手工业》，第 274—275 页。

如果做进一步探讨,提升对城市规模的评估会对计算英格兰城镇与乡村的居民人口比例产生重要影响。此前假设说十四世纪初居住在城镇的英格兰人口不会超过十分之一,但该假设明显站不住脚,该比例可能更符合《末日审判书》时期的状况(即 1086 年)。但是,如果十四世纪初全国人口有近 3％居住在四个最大的城镇,另有 6％居住在英格兰最重要的一百个城镇,这意味着在 1300 年前后,城镇居民占到总人口的六分之一或七分之一。最近甚至还有一种说法,认为根据税收统计,真实的数字是五分之一。①

最明显的专门化与劳动分工只会在城镇内发生,而这一进程又是在十二、十三世纪向前迅猛发展,特别反映出大城镇的经济、社会结构日益复杂化。进步最大的自然是伦敦,1332 年世俗赞助税卷宗(lay subsidy roll)显示,仅缴税的市民便从事着超过一百种不同职业。十三世纪末和十四世纪初城镇有关新自由市民的登记册显示,温彻斯特与诺里奇有 60—70 种职业,而约克则达到 100 种。② 达勒姆(Durham)作为城镇尽管只有中等规模,却是个主要的教会中心,该镇据史料记载在 1300 年左右有超过五十种行业,包括抄写员、律师、医生、皮纸制造商、金匠、锁匠、香料商、葡萄酒商。③ 新自由市民登记册当然不能显示无市民身份的居民所从事的技能型、半技能性与非技能型职业之范围。另一方面,专业化往往非常深入,特别是在纺织、皮革加工与食品供应等行业。大城镇的纺织业生产往往不仅有一大群工匠和妇女专注于制造活动的各个阶段,从纺纱工、染色工、织布工与漂洗工到剪裁工与裁缝,还有制作特定种类布料、服装、亚麻或缝纫用品的专业人士。这一流程在伦敦走得极远,到 1300 年已有坐垫制造商与头巾制造商。劳动分工的日益增长反映了消费需求的扩大,但这一趋势也受到技术创新

141

---

① C. 戴尔:《中世纪英格兰的城镇化程度》,收入 J. M. Duvosquel 与 E. Thoen 编:《中世纪欧洲的农民与城镇居民:阿德里安·量尔哈斯特纪念文集》(根特,1995 年),第 169—183 页。

② 米勒与哈彻:《城镇、商业与手工业》,第 324—325 页。

③ M. 邦尼:《领主制与城镇共同体:达勒姆及其领主,1250—1540 年》(剑桥,1990 年),第 148 页。

的激励,适用于特定工作流程的基本器械设备,例如缩呢机与纺车在十三世纪就变得日益普遍。

即便是位于市镇层级底端的无数小市镇,也因拥有各式各样的工匠从而与乡村区别开来。林顿村(Rinton,剑桥郡)在 1279 年已经发展到半城镇化的程度,其居民至少从事着十五种不同的手艺,然而海威科姆村(High Wycombe,白金汉郡)、泰姆村(Thame,牛津郡)与海沃斯村(Highworth,威尔特郡)的居民则有二十种甚至更多。[1] 食品零售业时常能看到职业专门化(例如面包师、酿酒师与屠夫)特征,皮革业与织布行业常常体现简单的任务分工,前者有制革工、剥皮工、马具商,后者有织工和裁缝。然而我们也要平衡这类证据与如下事实:小城镇的分工专门化也有明显局限,因为专业人士数量少,而且他们能否在所从事的行业里谋得充足的工作机会也值得怀疑。例如,在大城市,金属加工由轮匠、制耙工与锁匠分工完成,但到了规模较小的市镇,该工作通常由随处可见的金属散工来完成。

相比城镇,每周活动的市场(weekly markets)的数量增长更加显著。到黑死病发生(即 1347 年)前夕,位于英格兰城乡地区的得到正式许可的市场超过 1500 个,其中有三分之二是在 1200 年后确立的。[2] 国王授予的市场特许状有些仅是将现存格局规范化,但此举无疑导致乡村市场销售网点的数量、范围均大幅增加。(市场)专营权(franchise)的确立使得领主可以通过市场促进当地贸易,通过征收通行费以及摊位店铺租金而获利。然而生产者与商人也由此获利,专营权的确立为贸易提供了安全、可靠而固定的聚集地,以及一系列规则、条例与法律保护之框架。[3]

市场的涌现因此降低了搜索与交易成本以及与比较陌生的人进行贸易所固有的潜在危险,也使得有关商业机会之信息能够更为自由地

---

① 米勒与哈彻:《城镇、商业与手工业》,第 128—129 页。
② R. H. 布里特内尔:《市场在英格兰的扩散,1200—1349 年》,《经济史评论》,第 2 系列,33(1991 年),第 209—221 页。
③ 布里特内尔:《英格兰社会的商业化》,第 79—101 页。

流通。地方性市场的这些发展对于乡村社会下层群体特别有利,因为他们能够更加有信心与能力为市场生产。农民通常从这些小市场的商贩那里找寻铁器、工具、粗织物、鱼、焦油与盐等商品,同时也出售少量谷物、蔬菜或牲畜,这可以补充贫苦农民的生计需求。农民精英,即那些拥有 20 英亩甚至更多土地的人,必然会以市场为导向,因为他们生产所得超出其家庭消费所需,而且近来的研究证据表明这些人抓住了机遇。拉夫蒂斯论述了亨廷顿郡维格特农(virgaters)的非凡财富,比迪克根据税收证据推断说十三世纪末贝德福德郡的许多农民对市场的反应十分敏锐。[①] 另一方面,小农与茅屋农(cottagers)也往往需要使用现金来支付地租以及其他封建租税,因而不得已将(自己生产的)谷物在当地的市场上出售,即便这些是用来维持家庭生计或饲养牲畜,或是留作谷种的粮食。因此,进入市场可能会对乡村社会的财富来源与分层产生巨大影响,乃至促进农民社会的两极分化。比迪克说,"市场之链条会促使人们建立起联系,但也会导致英格兰乡村内部的社会群体之间产生隔离。商业生产与区域市场产生的影响会塑造乡村共同体的发展,由此挑战人口与(社会)结构力量的主导地位"。[②]

因此,在十二、十三世纪的小城镇与乡村市场中,交易的货物数量迅猛增长,而且生产总量中的贸易比例也很有可能获得了提升。此外,近来一种说法认为乡村市场逐渐融入愈加规范复杂的区域贸易网络之中,以至于"城乡之间日益加深的相互依赖关系……是整个时期的主要成就之一……(并且)与许多历史学家此前所说所想恰恰相反,仰赖附近数英里内的贫困农民作为消费主顾的市场并不能代表这一时期的商业经济"。[③]

近来的一项统计指出,1330 年前后英格兰生产的羊毛有大部分得

143

144

---

① J. A. 拉夫蒂斯:《英格兰庄园体系中的农民经济发展》(斯特劳特,1997 年),第 11—17 页;K. 比迪克:《中世纪英格兰农民与市场参与》,《经济史杂志》,45(1985 年),第 823—831 页;马斯谢尔:《农民、商人与市场》,第 33—54 页。
② K. 比迪克:《遗漏的环节:中世纪英格兰农民的税收财富与社会分层》,《跨学科历史杂志》,18(1978 年),第 297 页。
③ 马斯谢尔:《农民、商人与市场》,第 73—188、161、212 页。

到出售，而谷物可能达到三分之一。[①] 因为进入市场更为容易，增加生产相应地得到激励，从而鼓励人们在土地上投资，进而导致技术与管理进步，无论农民抑或乡绅、贵族的农场皆是如此。在城镇附近，因为人口对粮食与其他农产品的需求不仅持续，有时甚至还规模巨大，所以对农业投资与进步产生了最为明显的影响。在所有城市中，伦敦当然产生了最大的影响力，据加洛韦与墨菲计算，首都每年需要 1 百万蒲式耳的谷物与 10 万吨的燃料。他们还说，伦敦对农产品的巨大需求导致了生产区域的形成，与冯·杜能所说大致吻合，尽管他们强调在这些区域的形成过程中运输—成本距离（transport-cost distance）而非直线距离（crow-fly distance）起到了重要作用。诺福克郡东部与萨福克郡海滨地区因为临近海滨，拥有良好的水路运输条件，故而能为伦敦提供粮食，而一些内陆地区虽然距离更近，却较少能供应这座大都市。关键的木材燃料——笨重且价值低廉——通常由距离城市 15—40 公里之内的地区供应，奶酪与黄油则从埃塞克斯郡的沼泽地与斯图尔谷（the Essex marshlands and the Stour valley）运来。[②]

145　　　对中世纪英格兰农业地理的复原工作仍处于起步阶段，但一些具有启发性与创新性的研究已勾勒出其大致轮廓。特别是有种看法认为，繁荣的城市中心所产生的强大的持续性需求对其腹地的土地使用与生产率产生了重大影响。如下现象看起来并不奇怪：伦敦对食物燃料的需求影响了那些供应地，留下了最不可磨灭的印记。坎贝尔和布兰顿详细描述了十三世纪晚期诺福克郡东部以及肯特郡、苏塞克斯郡沿海地区的一些领主自营地如何实践集约化耕作农业，为城市市场，特别是伦敦供给（粮食）。该农业活动采取的方式包括：使用当地丰富的劳动力耕作土地，大量减少休耕地，并实现作物种植的相对专门化。按照中世纪标准，这里的产量达到了较高水平，而且保持了稳定，但并未

①　布里特内尔：《英格兰社会的商业化》，第 123 页。
②　J. A. 加洛韦与 M. 墨菲：《供养城市：伦敦及其腹地》，《伦敦杂志》，16（1993 年），第 3—14 页；加洛韦、基恩与墨菲：《为城市供应能源》，第 460—470 页。

出现其他发展模型所预测的土壤枯竭现象。[①]

这种情况在混合农业占主导地位的伦敦周围各郡(the Home Counties)和东英吉利亚地区也明显存在——尽管程度较低。在这些地区,谷物的主导性地位稍逊,耕地的作物种植处于中等强度,牧场农业获得更多重视,特别是对奶牛群的集中开发。此事实意味着在这些先进地区农民享有相对多的自由,这可以激励农民的耕作达到同样密集、灵活、高产的程度。[②] 如下看法近来获得更多支持:农业活动更多反映了冯·杜能的土地利用模型而非李嘉图之模型,除了土壤质量因素之外,土地所处位置也是决定其产品、价值与开发程度的因素。[③]

因此,中世纪英格兰的部分地区体现了创新性农业耕作方法之潜力。十三、十四世纪之交的证据表明,面对不断上升的高需求所产生的激励,一些地区的农场反应积极,并能够提升土地的生产率。有关变革发展的其他模型对这一方面要么忽视,要么明确否定,尽管其深远影响仍有待商榷。[④]

146

交通

城市发展与农业专门化的速度和范围明显依赖交通的效率。高效的交通网络可减少货物运进市场的时间和成本,也可促进有关市场状

---

① P. 布兰顿:《中世纪晚期苏塞克斯郡沿海地区的领主自营地农业》,《农业史评论》,19(1977年),第113—136页;B. M. S. 坎贝尔:《中世纪英格兰的农业进步:诺福克郡东部的一些证据》,《经济史评论》,第2系列,36(1983年),第26—46页。

② B. M. S. 坎贝尔:《中世纪的土地与人民:1066—1500年》,收入R. A. 道奇森与R. A. 巴特林编:《英格兰与威尔士的历史地理》(1990年);B. M. S. 坎贝尔、K. C. 巴特利与J. P. 鲍尔:《黑死病之后英格兰领主自营地农业体系:一种分类》,《农业史评论》,44(1996年),第142—154页。

③ 或者用坎贝尔的话说,"应当很容易认定,市场决定的经济地租极大地影响了区域农业体系的相互关系"(《农业史评论》,40(1992年),第68页)。

④ 例如一种说法称,当时存在有关如何提高产量的知识,这意味着此时的经济发展没有受到农业的任何限制。但是在全国的大部分地区,农业产量与集约程度却维持在较低或偏低的水平,如果使用劳动密集型技术提升土地生产率,其结果必然是劳动生产率的下降。见下文第163—165页。

况的信息于潜在生产者内部流通；低效的交通导致成本高昂，会严重伤害农民为广大市场生产的积极性，并拉高消费者支付的价格，故而会限制贸易和城市的发展。

现有证据不足以证明中世纪交通出现了大规模的资本投资或技术飞跃，而且事实上河流道路的维护基本由地方负责。但最近的研究却明确指出，交通在十二、十三世纪有明显的改善，在国内各地运输大部分货物的成本并非商业化与城市发展的主要限制因素。[①] 良好的水路运输系统尤其有益，因为通过河流或海洋运输货物的成本比陆路便宜多倍，因此如下现象并非偶然：英格兰几乎所有主要城镇都具备便利的海洋或内陆水道运输条件。近来有观点认为，我们严重低估了当时英格兰内陆河流体系改善之规模，事实上许多河流的通航条件比此前认识到的要好许多，因此到 1300 年左右，几乎没有任何地方距离可通航水道超过 15 英里。[②] 某些极好的地方发展成主要的内陆港口，正如亨莱（Henley，白金汉郡）在十三世纪的做法，该地将收集到的谷物和其他产品沿泰晤士河顺流而下运往伦敦的市场，而东英吉利亚沼泽地边缘区域的诸多内陆港口则建起更为复杂的码头设施。[③] 我们可以肯定地说，廉价便利的水路交通对十二、十三世纪城市商业发展起到了突出的促进作用。

与此同时，即便水路交通发达的地方也极其依赖陆上路线与市场、供应商联系，而且大多数新建成的城镇与乡村市场要么完全处于内陆地区，要么临近的河流仅能提供有限的交通渠道。十二、十三世纪的内陆运输有明显改善，重要性不断提升，体现为大量正式和非正式的商贸站点在主干道上涌现。例如，赫特福德郡东北部的埃尔曼恩街（Ermine street）长达 15 英里，共有 9 个获官方批准的市场，而卡克斯顿村

---

① 马斯谢尔：《农民、商人与市场》，第 189—212 页。
② J. F. 爱德华兹与 B. P. 辛德尔：《中世纪英格兰与威尔士的运输系统》，《历史地理学杂志》，27（1991 年），第 123—134 页。
③ R. B. 皮博迪：《中世纪晚期伦敦与剑桥之间的泰晤士河航运》，Oxoniensia，61（1996 年），第 321—325 页；坎贝尔、加洛韦、基恩和墨菲：《中世纪的首都及其谷物供应》，第 47—55 页；S. Oosthuisen：《艾索勒姆：中世纪的一个内陆港口》，《景观史》，16（1994 年），第 34 页。

(Caxton，剑桥郡)等一些居民点则因为地处主干道而具备更加有利的方位优势，故而得到重新开发。[1] 有关中世纪桥梁的研究还处于起步阶段，但这些研究足以说明桥梁建造乃是该时代商业发展的重要组成部分。在中世纪，英格兰大多数河流上游地区的津口渡轮被诸多建造良好的桥梁所取代，而且王室档案对桥梁维护事务也极为关注。[2]

　　在十二、十三世纪，陆路运输最重要的发展体现为更多用马拉，而不是用牛。这一变化的速度在不同地区、不同社会群体内部存在差异。在兰登看来，这一趋势在英格兰东南部以及社会下层阶级中有最为明显的体现。在十三世纪末，东英吉利亚地区农民的役畜有近四分之三是马，相比十一世纪末有巨大发展。[3] 由于马的速度大约是牛的两倍，农民用马拉可在运输中获得巨大益处。虽然马的食量明显比牛大，饲养成本相对更高，但它们仍然促进了集约化耕作农业运动的发展，特别是在更加轻质的土地上，因为它们耕耙土地的速度更快，得到解放的劳动力可以做其他农活。此外，使用马而非牛意味着在特定时间内运输覆盖的距离倍增，或者特定任务耗费的时间减半，因此马的使用可以明显减少运输成本，提升劳动生产率。兰登特别强调马匹能明显增加农民生产者进入市场的渠道以及扩大市场机会，进而提升货物和货币的流通速度。他总结道："在英格兰，使用马力牵拉现象的兴起与市场的发展紧密相连，几乎齐头并进。它们似乎总是相互促进，因为马力牵拉明显适应更加活跃、更加快节奏的经济"。[4]

149

商业化模式的优势与不足

　　上文对于最近研究的简单评述强调，越来越多的证据显示中世纪

---

[1] C. 泰勒：《不列颠的道路》(1979 年)，第 129—130 页。
[2] D. F. 哈里森：《桥梁与经济发展，1300—1800 年》，《经济史评论》，第 2 系列，45(1992 年)，第 240—261 页。
[3] J. 兰登：《牛马与技术革新：1086 至 1500 年英格兰农业中役畜的使用》(剑桥，1986 年)，第 61、204—205 页。
[4] 同上，第 272、286 页。

英格兰的商业技术取得了突出进步。但它也说明，准确测量商业化的程度及其对经济社会发展进程的影响是何其困难。因此，这些进步究竟产生了怎样的影响仍有待讨论，而且它们可能被用来证明一系列相互矛盾对立的结论。商业化带来的产出与生产率的提升是否足以抵消人口增长可能造成的不利后果，或者仅仅只是暂时些许缓解了资源承受的压力？不可否认，这些研究使得许多马尔萨斯主义与马克思主义模式背后的"停滞主义"前提愈加显得站不住脚，但这绝不能说明，商业化就是中世纪欧洲历史发展的最强动力。

150 　　如果我们承认英格兰人口在 1300 年前后达到峰值，高达六、七百万，那么这一人口规模只有在产出与生产率获得大幅提升的情况下方才得以实现。但一些人可能更进一步说，这种进步的累积效应实际上更大，因而商业化使得英格兰在 1348 年之前人口不断增长的情况下还能维持甚至提升生活水平。在 1000 至 1350 年间的英格兰，劳动分工与生产专门化明显扩大，一个更加富有活力且高效的经济由此产生，这既刺激了人口快速增长，又可以很好地容纳该增长。根据佩尔松的说法，这一时期的经济展现了"自发持续增长之过程"。[1] 哈勒姆更是乐观，认为人口压力带来了技术进步与财富，并说道，尤其在英格兰东部地区，"一个富有前瞻性与机敏性特征的社会已经发展起来……（而且）此前一直扩张发展的自由社会已经不再惧怕马尔萨斯（陷阱）"。[2]

　　普罗大众的生活水平是这一争论的核心，但是我们无法准确复原农民家庭的预算，因此就产品出售与非农就业究竟对农民收入有多大贡献这一问题，学者的评价极为不同。悲观主义者会总结道，在十三世纪末、十四世纪初，英格兰有近一半的人口极其容易受到自然或人为灾难的影响，因为一大批少地或无地的人通过非农业收入所得、小商品生产交易所得利润难以在正常年份维持生计。乐观主义者则截然相反，认为小农与无地农的普遍存在并非压力的表现，而恰恰证明十二世纪

---

① 例如佩尔松：《前工业化时期的经济增长》，第 72 页。
② 《英格兰和威尔士的农业史（第二卷）》，第 1007—1008 页。

中期以来乡村、城市中心的商业与职业适应力已发展到相当程度。他们还将乡村地区商品交换的发展视作一种积极趋势，并非（当地居民）为避免进一步沦为贫困而极力寻求的一种谋生方式。

　　因此，对现有证据进行合理全面的评价至关重要。此前我们已对诸多事实与观点做了颇为积极地评价，但现在有必要提出一些警示性的保留意见。例如，在有关农村劳动分工的所有案例中，职业专门化的内涵对中世纪乡村而言与现代并不相同。乡村中几乎每个人都想拥有至少一块土地，即便是那些酿酒师、木匠、裁缝、编织工等等，他们一旦获得土地，便常常会转而从事这类（耕种）工作。在这些所谓的"专业人士"之外，还有大批村民偶尔从事各类农活，其中许多人是半技能型或低技能型劳动者。追求利润或者仅仅为了生存便能刺激人们追求所有可能的收入来源，十三、十四世纪初的劳动者在利用各种商贸与工作机会方面表现出极大的灵活性。

　　这一点直指如下争论议题的核心，即小农生产与副业在黑死病之前的经济中究竟有多重要。手工艺行业与临时工作毫无疑问是广泛存在的，但关键问题是这类工作是否充足，进而满足那些寻求者们的需要。不幸的是，这个问题并未得到直接回答，同样也难以确定小农究竟能在多大程度上通过出售产品获利。无论是农民使用乡村市场的频率，还是乡村市场将农产品输送到区域性市场的程度，我们也都无法确知。市场影响力的日益增强当然导致一些农民通过耕种和出售粮食获得收入，也刺激人们更加专业、有效地利用资源。但是绝大多数农民仍是小农，他们的农场不足以维持生计，因而他们追随这类（商业化）有利策略的能力严重受限，为了筹钱支付封建租税，他们丧失了发展农场所需的资金和填饱肚子所需的食物。[①] 因此中世纪乡村的商业与现代商业的含义极为不同。

　　大量的证据说明地方性贸易在当时十分常见，而且存在着重要的跨区域性贸易。但不幸的是，这些证据往往需要极尽其用，方才能够对

151

152

────────────

① 布里特内尔：《英格兰社会的商业化》，第121—123页。

这类贸易的相对影响力与持续性有所揭示。论证区域之间存在贸易联系是一回事，但证明这些联系既常规又重要则是另一回事。因此，这再次为历史学家得出不同结论提供了巨大的空间。马斯谢尔认为每周活动的市场的不断增多说明成熟的区域性贸易网络已然出现，而且"城镇和乡村之间的相互依赖不断加深"。[1] 但大多数历史学家仍然相信，这主要反映了小食品商贩、手工业者与小农之中高度地方化的市场活动的增加。[2]

近来不少研究愈加强调城市扩张与城镇人口比重提升对中世纪经济现代化产生了重大影响。最近数十年间，非农部门获得了极大关注，很多观点也强调了它的重要作用，但是戴尔依然认为"英格兰城镇的重要性还是被低估了"。[3] 但是城乡之间的分化实际上未必这么明显。

153 小型市镇的产生发展在相当大的程度上源于当地的乡村环境，但并未取后者而代之。这些市镇的大量居民继续以农业活动为兼职，而且许多城镇的经济仍然以当地的贸易与农业活动为主导。即便在明显处于城市层级上游的城镇，地方性贸易仍然占据主导地位，农业性职业仍然至关重要。类似地，我们对于拉高"城镇"而非"乡村"居民人口比率的做法须持相同甚至更多的保留意见。最近一种做法将十四世纪初英格兰城镇人口的比重拉高到 20％，远高于此前的所有估计，该数字堪比尼德兰与意大利北部那些高度城市化的地区。[4] 但这一估计基于缴税人清单而非人口清单，前者将临近市镇但也一同缴税的乡村地区也计算在内，而且城镇里富人数量多于乡村、其比重也高于乡村，从而造成事实扭曲。

近期的许多研究强调农业的进步与成就，但这种评价也应有尺度分寸。少数几个土壤气候条件良好且临近大市场的地区获得了极高的农业产量。因而，诸如诺福克郡东部与苏塞克斯郡沿海等地区成为农

---

① 见本书上文第 144 页。
② M. 贝利：《英格兰经济的商业化》，《中世纪史杂志》，24(1998 年)，第 297—311 页。
③ 戴尔：《中世纪英格兰的城市化程度》，第 183 页。
④ 同上，第 173—178 页。

业进步的引领者,但这是依托出众的条件方才实现,因而不能代表中世纪农业的整体状况。其他地方的农业较少受到商业力量的刺激,集约化程度也较低。敞田耕作系统占据主导地位通常就意味着粮食生产与牲畜饲养的集约化程度较低,产量相对不高,然而可供耕作的敞田的绝对范围经常会严重限制可用草地的数量和质量,导致牲畜的密度很低。① 正是在这些"受生态限制的敞田"地区,耕地与牧地之间的平衡到十三世纪末变得最不稳定,有种悲观的看法认为此时的收益开始停止增长、甚至减少,这是极其符合实际的。在英格兰的其他地区,特别是西南部、威尔士边境与奔宁山脉(Pennines)的自然高地,这种平衡相比较为稳定一些,但耕作农业的强度却更低。

 显然,中世纪英格兰各地的经济社会情况差异极大,因而对人口和商业变迁的反应也并不一致。我们既发现有耕作与畜牧农业生产率低而变化相对较慢、人口压力相对较轻的地区,也有土地生产率高而地方生产专门化程度较突出的地区。中世纪英格兰农业进步最为突出的地区往往体现如下相似的特点:人口稠密、庄园社会结构松弛、农田体系灵活且有通往许多城市市场的良好水运条件。在人口稠密的诺福克郡东部地区,劳动投入相对较高,农业效率有助于维持诸多小农的生计。这正是埃丝特·博塞洛普(Ester Boserup)理论的论调,认为在前工业化经济中人口压力会刺激农业技术变革。②然而需要指出的是,文献记录的诺福克郡东部地区土地的高生产率主要是通过使用劳动密集型耕作方式,例如除草、施泥灰、施肥等等,并非依托农业技术的革命性创新。

 交通与通讯方面的进步事实上也并不如一些研究描述的那般普遍而且无限。尽管水路陆路交通确实都有实质性改善,但在经济活动的大多数领域,英格兰并非一个统一国家,而是分化为诸多彼此差异明显的区域。最重要的是,不同地区之间粮食价格的差异可能极大,说明英格兰的基础食品市场仍然是地方性的,一体化程度很低。在英格兰的

154

155

① 坎贝尔:《土地与人民》,第 95—97 页。
② 例如 E. 博塞洛普:《人口与技术》(牛津,1981 年)。

大多数地区,生产并对外出售的粮食和饲料作物大部分是在当地的市场上出售,庄园账簿中的证据表明,即便在高物价的年份,粮食也不太可能通过陆路行销远方。只有水陆交通便利或临近大城镇的地区才有可能参与规模更大的粮食市场。水路运输远比陆路便宜,但并非没有限制。[1] 主要的内河航道以及较小的航道容易受到阻碍,无法通航的情况也会周期性地出现。最近的一项研究虽然极力强调十二、十三世纪英格兰的贸易规模与精细程度有明显发展,但仍然总结说,无论内河航道如何改善,因为河流阻塞以及水位的季节性变化所导致的问题,河路运输费用仍是海路运输的两倍。[2] 最后,陆路运输虽然对羊毛、布、锡与葡萄酒等质地轻、价格昂贵的物品来说较为便宜,但对价格低廉的笨重商品而言却仍显昂贵。虽然活牲畜能以低成本实现长途运输,但燃料、石灰、泥和石头等笨重而价值低廉的商品,即便以陆路运输哪怕最近的距离,成本仍然非常高昂。

依据现有数据虽无法准确计算实际运输成本的时间性变化,但我们有充分的理由相信十二、十三世纪交通系统的进步确实降低了货物进出市场的单位成本。有充分的证据证实搜寻成本、贸易风险也下降了,这一因素与上一因素结合,必然导致交易成本的实质性下降。交易成本下降越多,(生产)要素与商品市场便可能随之经历实质性转变,对整体经济产生广泛的有利影响。不过,如果交易成本下降但仍维持在相对较高水平,那么这一进步的意义似乎仅局限于使得经济能够吸纳不断快速增加的货物流。现有资料文献显然无法对这一问题做出明确回答。

商业化的抽象模型

诸多学者尝试将商业化对英格兰经济发展之影响模型化,但由于

---

[1] 贝利:《农民的生活水平》,第 234—236 页;J. 兰顿:《中世纪英格兰的内陆水路运输》,《历史地理杂志》,第 19 期,1993 年,第 1—11 页;加洛韦与墨菲:《供养城市》,第 11 页。

[2] J. 马斯谢尔:《中世纪英格兰的运输成本》,《经济史评论》,第 2 系列,46(1993 年),第 273 页。

一系列关键领域缺乏准确信息，他们必须就核心的经济事实做出一系列颇具主观性的判断和假设。他们进而将这些推测纳入理论框架，并在某些情况下进一步纳入到数学方程式中，进而预测总体的经济状况。如下事实也许并非巧合：更具理论抽象性的研究相对避免了实际证据的复杂性与矛盾性，进而倾向于得出最确定性的结论。最近诸多学者试图将商业化对十一世纪至十四世纪初英格兰经济的影响模型化，在这类学者中卡尔·冈纳·佩尔松（Karl Gunner Persson）与格雷姆·斯诺克斯（Graeme Snooks）尤其值得一提。二人都展现了商业化极为积极的影响，同新马尔萨斯主义与马克思主义解释的主要假设和结论截然不同。

人口模型的悲观主义源于人口增长必然终将导致收益递减的假设，但佩尔松的模型则强调"人口增长本身会产生抵消收益递减趋势的力量"。因此"动态模型"取代了"停滞模型"。[①] 正如上文已然揭示的，这种抵消式的力量毫无疑问在经济的许多部门发挥了作用，但佩尔松对生活水平最终状况的乐观主义源于他坚信如下观点：农业技术的进步、城市化率的提升以及领主或封建限制的放松等有利影响因素产生了极大的力量，足以克服经济因人口增长而产生的任何有害倾向。因此英格兰男男女女的人均收入并非如马尔萨斯与李嘉图模型所预测的那样承受了人口过剩的压力，实际上反而呈现增长趋势。佩尔松因此总结说："人口主义解释并非欧洲历史的普适性模型，其对英格兰经济史的有效性可能受到挑战"。[②]

佩尔松也猛烈抨击马克思主义模型。我们已经看到，布伦纳延续了多布与科斯敏斯基的传统，认为领主通过农奴制强化了对英格兰农民的剥削，进而剥夺了农民高效耕作的资源，导致"技术落后"，最终破坏了经济稳定，导致十四世纪早期的危机。但对佩尔松来说，人口增长与经济商业化的结合产生了一个有益的结果，即封建关系渐趋松散，最

---

① 佩尔松：《前工业化时期的经济增长》，特别是第 67—88 页。
② 同上，第 78 页。

终导致庄园解体。1000—1300 年的发展，特别是货币化与贸易进步、人口增长以及对土地需求的不断增加，使领主意识到他们拥有适于销售的资产，而且在这些市场条件下他们不必再强迫农奴持有土地或强制其履行劳役，因而"现金关系取代了个人义务"。而且这一整体有利的发展过程又能自我强化。佩尔松与布伦纳一样，认为庄园并非内在有效的生产单位，但在他看来，庄园最初的衰落激发了专业化与技术变革的进一步优化，从而为进一步腐蚀传统关系提供了动力。因此他认为，在十二、十三世纪，许多奴役性义务的解除不仅使得英格兰大量的乡村人口享受更大程度的个人自由，也使其更具生产力。农民如今更具流动性，更多地用现金而非劳役来支付领主的租税，因而也就在时间与行动方面享有更大的自由来应对"需求状况，并在技术上具有灵活性"。整体效率的进一步提升还源于如下情况：农奴如今愿意按习惯性条款占有土地，其价格通常低于市场水平；此前"社会因素"（封建主义）乃是将他们附着在土地上的关键要素，但如今"现实因素"（土地稀缺与人口压力）乃是关键。因此，人口增长推动了财产关系与商业化的变革，反过来也受到这些变革的推动：这些变化是相互作用、相互依存的而非相互冲突的，最终极大地提升了生产率和经济能力。①

因此，佩尔松对十三世纪英格兰经济的阐释与马克思主义者有着根本区别，体现在他对核心经济发展问题的描述与解释。他还注意到传统的马克思主义模型关于十四世纪早期危机的基本假设存在一个逻辑缺陷，即该危机源于经济分配而非经济总收入的水平。布伦纳认为过高的封建租税喂饱了领主却使农民挨饿，此乃危机的根源，但佩尔松却强调"收入分配的变化有利于农民，并不会使经济偏离原有的长期平衡"。② 这是因为，如果人口按照马尔萨斯模式运行，佃农承担的租金和其他费用的减少只会导致他们的收入暂时增加，鉴于更高的收入会刺激人口进一步增长，而且人口增长反过来又会限制收入增长。

---

① 佩尔松：《前工业化时期的经济增长》，特别是第 65—67、82、88 页。
② 同上，第 75 页。

斯诺克斯的假说为佩尔松的结论提供了强有力的支持。[①] 实际上，斯诺克斯对英格兰经济的成就提出了一个更为直白乐观的评价，认为在高水平且不断增长的人口的刺激下，英格兰经济的实际总产出（国内生产总值：GDP）从《末日审判书》时期（1086 年）到十三、十四世纪之交增长了 7 倍以上。考虑到人口增长，人均实际 GDP 几乎翻番。当然，这些数据极具争议性，因为斯诺克斯从《末日审判书》与十七世纪晚期格里高利·金（Gregory King）的著名统计之中提取原始数据，并使用数学模型方法进行分析，进而得出这类统计数据结论。根据斯诺克斯的说法，他的计算所揭示的巨大成就在很大程度上取决于"商品，尤其是生产要素市场规模的扩大与效率的显著增长，这提升了资源配置的效率……（而且）促使非自由农越来越多地参与其中"，其结果是"人口、自然资源、技术、经济组织与人均实际 GDP 之间产生了积极的相互作用"。[②]

如果我们接受如下命题，即商业化对中世纪经济产生了强大、持续的有利影响，那么按照逻辑，接下来的推论就是，关键性的经济冲击与转折并非由人口过剩或社会危机等内生性力量造成，而是源于外生性或偶然事件。经济在应对人口增长、积极回应人口激励方面越成功，那么如下看法则越发没有道理：十四世纪早期的经济饱受内生"系统性"危机（an internally generated 'systemic' crisis）困扰。因此，异常天气状况的偶然发生乃是 1315—1322 年灾难性饥荒与农业危机的原因，黑死病以及随后的流行病等致命性疾病的到来也同样是偶然发生，与其所到地区普遍的经济社会状况关系不大甚至毫无关系。因此佩尔松认为"十四世纪初存在普遍危机的假说并无道理"。[③]

近来极多的研究明确指出，贸易和城市化对中世纪经济产生了积极影响，而这类商业化模型为该类研究提供了一个解释框架。这些研

160

---

① 斯诺克斯：《市场的动态作用》，第 27—54 页。类似的论述可参考斯诺克斯：《无时间的经济学》，第 238—255 页。

② 《市场的动态作用》，第 51、54 页。

③ 佩尔松：《前工业化时期的经济增长》，第 86 页。

究指出人口、商业与制度变革能够相互促进，产生极其强大的积极影响与作用，因此该研究能极好地矫正已有研究对于前工业化经济之过分的停滞主义阐释。然而这类大胆的总体性阐释也存在问题，其模型的主旨与现有证据之间存在差距。这些模型的核心内容涵盖统计数据、数学方程和少量的经济理论，但缺乏坚实的实证数据。斯诺克斯模型显示中世纪早期数个世纪里英格兰 GDP 与人均实际收入有突出的增长，但这一说法乃是他本人的猜测，而且引起了极大争议。他将《末日审判书》中有关庄园价值的数据换算为产出数据，进而作为英格兰国内生产总值，这乃是他得出如下结论的重要基础：英格兰随后的经济增长率可媲美工业革命最初的数十年。然而，如果《末日审判书》时期英格兰的经济产出处于更高的水平，这也是大多数中世纪研究者们坚信的观点，那么这一时间之后显著的经济增长便会消失。[1] 然而，这还不是斯诺克斯模型的全部问题。他的假说之逻辑连贯性也存在巨大问题，主要源于他所坚信的如下立场：与此前的时代恰恰相反，经济增长到十三世纪末几乎停止，在十四世纪初更是出现逆转，这是因为"人口增长开始超过自然资源的供应速度，与/或有效使用自然资源的方法"。[2] 这是对十四世纪早期"危机"的一种直白的新马尔萨斯主义解释，斯诺克斯对前一时代却提供了积极的斯密主义解释，这两者并不一致。但他并未尝试解决该悖论，也并未解释如下问题，即内生性生存危机何以在 1300 年左右发生，而根据他自己的估计，当时的人均收入几乎是十一世纪末、十二世纪时的两倍，这一时期在他看来正是经济和人口显著增长的时代。

相比起来，佩尔松的分析在逻辑方面的问题要少一些，与大多数研究者对中世纪世界的描述也较少出现分歧，但他的研究方法仍然存在问题。承认专业化提升、收入分配变化、城市生产收益增加与技术进步可能带来的潜在益处与效率是一回事，但明确指出这些力量能够完全

---

[1] 例如梅休与戴尔对斯诺克斯的统计数据提出了批评与反对意见，见布里特内尔和坎贝尔编：《商业化经济》，第 195—198 页。

[2] 斯诺克斯：《市场的动态作用》，第 53 页。

抵消中世纪英格兰人口密度增加带来的有害影响却又是另一回事。佩尔松试图通过数学方程式和经济模型来证明其假说，但是这类抽象研究过程虽看似客观，其结果却绝非不偏不倚。实际上，他在最初的方程式设计中对所包含变量的相对权重的设定便会极大地影响计算结果。*162* 决定这些权重究竟应该如何处理是具有主观性的，最终会依靠猜测，在佩尔松著作的数据统计附录里，作者就坦率承认，具体如何选择权重是"一个先验推理无法回答的问题"。[①] 许多采用类似数学方法的其他学者也承认存在这一基本问题，但他们中大多数就该问题对最终结论可靠性的全面影响又明显含糊其辞。

　　不过，最近有关中世纪英格兰历史的细致证据不断涌现，我们如果对这些持续扩展的大量复杂证据有深入了解，恐怕就不会有如此多的先验推理。高度概括性的研究之缺陷也不仅局限于对地方差异的忽视，这一缺点中世纪学者多有强调。逻辑连贯的模型往往需要强有力的假设以及直接的逻辑关联，但在现实世界中，相互联系、相互作用的关系往往更为复杂且更难以预测。即便是对这些商业化模型如此重要的如下假设，即人口增长刺激经济发展，也并非在所有情况下都成立。实际上，人口增长所产生的普遍经济刺激与个体生产者、消费者所面临的经济现实之间往往存在差距。商业化的倡导者们热衷于强调需求对经济发展产生的整体刺激，因而倾向于忽视供应端产生的约束性力量以及许多经济部门所存在的负面问题。

　　虽然人口增长会产生激励作用，富农却时常选择将政治、社会、宗教而非经济因素作为首要考虑因素，而资本稀缺和产品价格不稳等问题往往导致小农采取规避风险的生产策略。这种行为对其实践者来说往往是完全恰当的，但对整体经济却是有害的，可能导致农业进步面临*163* 瓶颈。大城镇的需求可能会对供养它们的诸多地区的农业生产率产生刺激，这一看法整体来说并无问题，但是这并不意味着该刺激极大地提升了英格兰农业的整体生产率，更不能说整个农业部门的发展并不存

① 佩尔松：《前工业化时期的经济增长》，第103页。

在太多限制。一个明显的主要限制因素便是大城镇数量少。格兰瑟姆最近提出了一种扩展版的假说，在某种程度上补充了佩尔松和斯诺克斯的研究，他说城镇需求的水平乃是前工业化时期西欧经济发展的主要决定因素，即人口数达 25 万的城镇可通过内陆地区农民直接销售的农产品得到供应，这一活动毫无困难。[1] 虽然该因素对他的观点来说极为关键，他却并未充分关注如下问题，即究竟是什么限制了市镇经济的进一步发展，而只是简单指出疾病是限制扩张的关键因素。[2] 然而，现代城镇人口远多于中世纪城镇的原因远远超出食物供应与健康等因素。这些解释过分强调增长与发展，却未能充分探究制约经济社会关键要素的各种力量，因而招致诸多批评，说它们是毫无批判性的乐观主义。

实证而折中的商业化模型

164　　不少熟悉中世纪文献的历史学家也致力于考察英格兰商业化的性质与影响，并检验斯密与冯·杜能的理论模型。坎贝尔的贡献尤其突出，他率先研究了大城市作为"商业化农业的强大舞台"所发挥的关键作用。[3] 他与"供养城市（Feeding the City）"课题组的研究者们一道，证明十二、十三世纪伦敦的发展导致了集中性需求的产生，刺激了其腹地农业生产的集约化和商业化。[4] 此外，坎贝尔也对处于供应链生产端的自营地农场的账簿进行了研究，进而指出：在中世纪英格兰的某些地区，当农场运行条件适当时，土地的生产率会提升至极高水平。[5]

　　因此，坎贝尔的研究极大地扩展了我们的知识，但其意义可能导致误读。某些自营地农场能够获得极高产量并不能证明中世纪农业的总

---

① 格兰瑟姆：《特权领域》，第 695—725 页。
② 同上，第 700—703 页。
③ B. M. S. 坎贝尔：《对 1300 年前后领主农业的商业化水平的计算》，布里特内尔与坎贝尔编：《商业化经济》，第 136 页。
④ 坎贝尔、加洛韦、基恩与墨菲：《中世纪的首都及其谷物供应》。
⑤ 有关这些发现的概述，可参考坎贝尔的《土地与人民》。

体表现远远高于我们此前的认识，更不能证明农业并未明显限制中世纪经济的发展。① 我们发现在东诺福克郡一些自营地以及其他一些条件优越的地方存在农业丰收现象，这说明如下条件一并满足时农业能够达到的成就：持续高强度需求的特别刺激、农场拥有全英格兰粮食生产最佳的土壤气候条件、农场主尽心竭力的态度。但是这丝毫不能说明我们应该提升对中世纪英格兰土地平均生产率的估算：成百上千的自营地农场的收成情况最终证明该数字仍然处于较低水平。②

165

不少农民确实拥有可提高粮食产量的必备技术知识，但是其使用范围颇为有限，故而对生产率的影响也不大。为什么平均产量未能更接近少数地方实现的高水平呢？背后的原因有很多，但其根源更多地与英格兰社会经济的整体结构相关，而农业活动知识所发挥的作用则较小。与一些历史学家的看法恰恰相反，产量最大化很少成为农民的首要目标，或者准确地说，这是因为商业化的农民更倾向于追求高利润而非高产量，而这两者并非总是一致。当时的人们普遍知晓定期根除杂草、施泥灰、收集和挖掘肥料并在播种前碎土等做法对收成有益。但如下事实也同样广为人知：这些做法何其地耗费劳力、何其昂贵，即使在工资较低的时期。因此农民只是有选择性地采用这些做法而非普遍使用。那些能够大幅提升产量的日常做法，除非成本划算，否则不会被采纳，而这取决于市场刺激的程度。这正是发达农业与城市需求呈现正相关的原因。此外，大多数用于提高土地生产率的日常做法往往以牺牲农场的劳动生产率为代价，即使在最成功的农业地区也是如此。换言之，高产量以廉价劳动力为条件，因此它是贫穷的结果，而非克服贫穷的解决办法。

如下结论可能是正确的，即"商业化作为变化的动力之一自身有着

① S. R. 爱泼斯坦认为"近来计算方法的改进极大地提升了我们此前对前现代农业生产率的估算"，参见《作为"整合危机"的中世纪晚期危机》，伦敦政治经济学院经济史工作论文（Working Papers），46(1998年)，第5页。
② 有关自营地产量的数据至今已有很多积累。里格比对这些数据的意义做了有价值的概述，见其著作《中世纪后期的英格兰社会》，第94页。

强大力量"，①但我们应该以批判的眼光来评价中世纪商业化成就的局
限性。一些简单的理论强调城市需求在刺激农业进步与商业观念方面
的重要性，但这些理论并无充分的证据来支撑，而这些证据相反揭示
出：现实活动往往并不那么直接且前后一贯，这些理论无法就此给予
充分解释。尽管持续的高水平需求可能是大量投资和昂贵技术应用的
必要刺激条件，但这绝非高效的农业经营的重要先决条件。即便农场
地理位置不佳，所有者与经营者也会尽其所能做到最好。此外，许多自
营地农场主，即使身处大城镇的影响范围之内，却也会放弃在市场上处
理自己农产品的机会，而是用这些产品来养活家庭。而且商业的影响
也并非总是带来益处，因为我们有充分的理由认为它会给小农带来重
大风险以及债务负担。②

我们也需谨慎小心，不要高估城市需求的规模。如下说法是属实
的："在十三世纪，主要的市场需求中心开始出现，它们提供的商业机会
显然吸引了许多生产者更积极地、更有选择性地参与市场"，③但这类
中心的数量很少，而且只是影响到一小批农民。地理位置至关重要，但
即便是伦敦的影响力也应基于历史背景来具体分析。虽然1300年前
后首都的人口最多达到10万，是整个王国内最大的城市，但仍远小于
十七世纪晚期的规模，一般认为它当时拥有60万人左右，占英格兰总
人口的11％以上。在后一时期，首都对国家农业的需求更加膨胀，但
其影响力究竟有多大也一直是个有争议的问题。既然如此，我们就必
须十分清楚，不要夸大伦敦在四个世纪前能产生的影响力，此时它仅有
后一时期六分之一的规模。④ 此外我们知道，规模较小但仍有一定规

---

① 坎贝尔、加洛韦、基恩与墨菲：《中世纪的首都及其谷物供应》，第10页。
② 坎贝尔：《对商业化水平的计算》，第154—162、185—192页；贝利：《农民的生活水平》，第232—233、237—245页。
③ 坎贝尔：《对商业化水平的计算》，第193页。
④ J.沙特尔：《食品消费与内部贸易》，收入A. L.贝尔和R.芬利编：《伦敦，1500—1700年：大都市的形成》(1986年)，第168—196页。沙特尔总结道："因此，虽然我们强调(1600—1750年)伦敦的发展为农业商业化提供了强大的驱动力，但我们不应该将它的影响力过分神化"(第184页)。

模的城镇的影响力无法超出城墙之外太远。例如我们一般认为,科尔切斯特在十四世纪初大约有 3000 人口,其食物供应发生在方圆 8 英里的范围内,而且即便在该区域内部,它也并未对供应产生主导性作用。[①] 英格兰人口绝大多数位于农村,而且大批城市居民所生活的城镇在规模上要小于科尔切斯特。因此如下情形必然会发生:"大部分需求集中在农村而非城镇,其结果是农产品市场陷入支离破碎的状态"。[②] 格兰瑟姆近来极力主张将城市需求看作推动中世纪农业技术快速发展的首要力量,而上述这些思考则有助于从更宽广的视角来审视他的观点。

持续的大规模城市需求对于农业生产率的提升可谓作用巨大,可能是最大化刺激的必备条件,但农场附近并无城市市场并不意味着农民一定缺少动力来利用土地获取收益。他们可能并不愿意以最高代价来将产量最大化,但有充分动力以务实灵活的方式来耕种土地,以适应当地的市场条件以及不同作物牲畜相对价格产量的变化。辛德克雷庄园(萨福克郡)地处内陆,位于所有城市市场的正常区域之外,自营地农业生产的强度也相对较低,但在十四世纪初,它却得到高效地经营,与当地市场关系密切。[③]

布里特内尔对我们理解中世纪英格兰社会商业化所做的贡献与坎贝尔同等重要,然而他对其影响力的估量却更为谨慎。布里特内尔详细描述了市场涌现、档案记录、贸易的法律和监管环境、城市人口增长、货币供应扩张以及交通改善等因素带来的好处,但与此同时他对商业化的局限有敏锐的观察。他强调说,中世纪在城市、技术和职业方面的发展并不持续,而且这些进步的获得在不同社会群体与地区之间的分

168

---

① R. H. 布里特内尔:《科尔切斯特的发展与衰落,1300—1525 年》(剑桥,1986 年),第 43—47 页。

② 坎贝尔:《对商业化水平的计算》,第 193 页。也可参见 D. L. 法默:《乡村农产品的销售,1200—1500 年》,收入《英格兰与威尔士农业史(第三卷)》,第 329 页。

③ D. 斯通:《中世纪农场经营与技术心态:黑死病之前的辛德克雷》,《经济史评论》,54 (2003 年),第 612—638 页(译者注:本书出版时该论文尚未发表,故而未标明发表时间,而且标题也略有不同,此处做了相应修改补充)。

布并不均衡。此外，到十三世纪中叶，农业生产率、城市化与市场的重大进步已经实现，在随后的数十年里人口压力达到顶峰，因而重大进展也少有出现。黑死病之前英格兰的商业技术变革无疑使得一些共同体能够吸纳更多的人，但它无法阻止大多数人的生活水平在黑死病前出现下降。[1]

　　正确理解中世纪英格兰商业基础设施的性质、效率与质量，对于评价（特别是黑死病前）经济发展的程度及其对生活水平的影响来说是至关重要的。十二、十三世纪商业机构数量增多而且渐趋复杂，但这并不意味着人们能相应获得自由、平等地进入市场的机会，因为中世纪贸易所受的法律控制并不是为了最大程度地确保人们能够以低廉的价格充分参与。相反，这些活动源自少数受益者为了自身利益而扩大、保证对商业活动的控制，包括垄断贸易权利，这必然不利于降低大多数生产者参与贸易的交易成本。商业活动既无法避免各种限制，也不能躲开诸多不平等条件。

169　　此外，我们还可以有效地区分市场中的"被迫"和"自愿"参与。许多农民为了支付地租、罚款与税收，通过出售部分农产品来获得现金，而从事"商业之人乃是为了赚取利润"。因此，对他们来说，"出售农产品往往不利于他们的消费和投资行为，进而有损于农业生产率"。如下观点极有道理：农村市场的发展对非自愿或"强制"销售体系的运行有部分反映，其中的许多交易行为既不是由自由市场力量驱动，也不是旨在提高效率或生产率。此外，如果我们将中世纪英格兰过多的小型市场集市与此后数个世纪里更精简、更不"公开"的销售体系进行比较，我们很可能得出如下结论：前者是数量型的营销系统，后者则是质量型的。[2]

　　其他章节已经说明，构建模型进而能同样适用于中世纪前期与后期完全迥异的情况是多么困难，商业化模型也不例外。按照逻辑，既然

---

[1] 例如布里特内尔：《英格兰社会的商业化》，第123—127页。

[2] 同上，第120—123页；贝利：《商业化》，第306—307页。

人口增长乃是推动商业扩张的动力,那么人口崩溃必然带来商业紧缩,此前维持商业持续发展的力量也转变为促使衰退持续恶化的力量。而这正是诸多理论家所指出的 1350 年之后发生的情况:城镇劳动生产率下降、城市商品相对于农业商品呈现价格上涨的趋势、乡村经济向自给自足倒退、创新率下降,甚至 GDP 总量以及人均水平都显著下降。[①]

　　但是历史再次与理论相悖。如下看法与大量的证据并不契合:人口长期波动同技术革新速率、城市兴衰之间存在着一种简单的线性关系。尽管大量迹象表明黑死病后的一个半世纪里生产与贸易出现了下降趋势,但我们仍然没有理由得出如下结论:产出的下降速度快于人口、用于交易的产出比重相比此前更小、城镇居民的人口比重更小,或者英格兰商业基础设施的质量大幅衰减。恰恰相反,许多历史学家会说,商业进步仍在继续,而且民众生活水平极高乃是中世纪晚期的突出特点。普罗大众的购买力获得提升,加强了对一系列基本消费品的需求,导致这些产品的生产销售更大程度的商业化。农业的许多部门也体现了专业化的提升,因为农民在黑死病到来之前不得不采取规避风险的生存型策略,而此时则能够摆脱。

对十四世纪早期危机的再探讨

　　最后,我们必须回到这个大问题,即十四世纪中叶之前发生的商业化是否彻底改变了英格兰经济的基本特征,特别是它是否使得经济具备了跳出马尔萨斯陷阱的能力,能够支持高水平且不断上升的人口但不会导致灾难性后果?最乐观的模型构建者会持肯定的观点,认为十四世纪初经济的剧烈变动源于战争、税收、气候恶化以及最后的瘟疫等外部偶然因素的打击。另一方面,中世纪英格兰经济发展存在制约因

---

① 佩尔松:《前工业化时期的经济增长》,第 87—88 页;斯诺克斯:《无时间的经济学》,第 256—264 页。

171 素,而且经济活动也存在区域差异,这些事实必然会提醒那些热衷倡导商业进步的学者们,不能将简化的模型用作解释经济变革的工具。我们不能简单地确定某个原动力,而应该承认人口、商业与财产关系的变化在推动经济变革方面的普遍性意义,以及这些影响会在不同地区与时间呈现明显差异。在最近发表的一篇文章中,坎贝尔结合诸多极具破坏性的力量因素(例如战争、过度征税、气候变化)来解读十三世纪末、十四世纪初的经济变革,认为这些因素加速了环境退化与生态恶化。[①] 类似地,我们必须强调中世纪市场的局限,特别是英格兰的大部分地区缺乏集中的城市需求,这阻碍了农业取得更大进步以及专业化的深入。

现在大多数历史学家会欣然承认,商业活动在中世纪经济发展中发挥了重要作用,其结果是"(将中世纪经济看作是)以单一家庭经济为基础的农民经济之传统观念[已被(如下更加复杂的看法)取代]……即(中世纪经济)基于半商业化的农牧混合农业以及轻度资本化的贸易、工业与手工业"。[②] 然而,那些强调商业化益处的学者有时会倾向于忽视社会下层贫苦人的命运,这些人在十三世纪晚期和十四世纪初占据英格兰人口的极大比重,而且该比重不断增大。这些学者并未充分重

172 视如下证据:无地农与小农的农业生产日渐体现不稳定的经济二重性特征,因而在受到一系列因素的侵扰时显得尤其脆弱。我们绝不能夸大技术进步、城市化、专业化与多样化,特别是在 1300 年左右所能带来的益处。这些趋势往往发生在特定区域与社会阶层,因而我们不应该将商业化视为解决中世纪英格兰经济或社会问题的灵丹妙药。

或许如下总结才是对中世纪盛期商业化影响做出的最公允判断:商业化发挥的主要作用体现在使得人口能够上升到如此水平,以至于该水平迟至十八世纪晚期才再度达到。这确实是一项突出成就,但"远

---

① B. M. S. 坎贝尔:《十三世纪末与十四世纪初英格兰农业中生态与经济的对立》,收入 D. 斯威齐编:《中世纪的农业:技术、实践与描述》(费城,1995 年),第 76—108 页。
② K. 比迪克:《受束缚的马尔萨斯:分析中世纪英格兰的农业变迁》,《跨学科历史杂志》,20 (1990 年),第 631 页。

远不能说明经济发生了决定性转变,进而无限期推迟了英格兰大多数农村居民拥有的人均土地数量逐步减少所带来的不良后果"。[1] 在这一背景下,思考一项关于诺福克郡东北部科尔蒂瑟尔庄园(Coltishall)的地方研究之结果也许是有益的,该处是英格兰商业化程度最高、经济最早熟的地区之一,自营地产量极高,副业机会极多,居民也享有极大的人身自由。然而,科尔蒂瑟尔庄园尽管拥有这些有利条件,却未能体现商业化带来的无限经济益处,而一些乐观的模型设计者则认为这些经济益处在英格兰是广泛存在的。十四世纪上半叶科尔蒂瑟尔的经验却恰恰相反,"土地短缺的所有典型特征都存在,特别是农场细分割裂、贫困化以及更加容易陷入歉收窘境"。[2] 即使是具备如此优越地理位置和资源条件的庄园也会有这种悲惨经历,这是很好的警示,说明商业化的益处并非无限,也无法为大众的贫困问题提供普遍的解决办法。这还进一步说明,当经济面临土地短缺、价格剧烈波动、可贷资金长期贫乏等情况时,经济日益依赖市场可能给更多人带来潜在的债务与风险。

173

---

[1] 米勒与哈彻:《城镇、商业与手工业》,第 402 页。
[2] B. M. S. 坎贝尔:《十四世纪一个社区内部的人口压力、继承与土地市场》,收入 R. M. 史密斯编:《土地、亲属关系与生命周期》(剑桥,1984 年),第 127 页。

第五章　时间与空间的重要性

现在我们理应十分清楚,用于解释中世纪经济社会发展的三种主要模型兼具优缺点。在本章,我们将集中讨论它们的弱点,包括具体的与一般性的,并试图从三个不同角度来探讨这些缺陷。首先揭示这些模型运用于中世纪晚期及稍早时期时所面临的困境。其次评述已有各种替代模型中的几种,因为每种替代模型的存在本身就说明其他模型存在不足。第三种角度便是采取如下方式逐一验证每个主要超级模型的理论前提与方法:将这些模型应用于解读中世纪经济社会的某个特定因素,而非经济社会整体的历史,这里以英格兰的农奴制为例。

中世纪晚期

在前面的章节,我们使用了更多篇幅来考察那些将诺曼征服至黑死病之间的经济历史模型化的做法,而对中世纪后期则着墨较少。这么做的部分原因是为了使我们工作的操作性更强,尤其是因为十二、十三世纪经济的许多主要特征与十四、十五世纪截然不同,使得我们难以同时将两个时代叙述清楚。不过这种不平衡①也反映了这些模型本身的侧重点,即关注一直延续到黑死病发生前数十年的漫长扩张时代。

---

① 此处英文原文为"balance",但根据语境应该是"imbalance"。该说法得到了作者的认可,译者就此做了修改(译者注)。

所有这些主要模型均未对中世纪晚期给予同等关注。然而,这一疏漏对于模型构建者而言是有利的,因为十四世纪后期和十五世纪相比之前的时代,对于英格兰长时段经济社会变化之模型更能起到检验作用。

正如我们之前所见,新马尔萨斯主义和马克思主义的分析都非常强调十三世纪农民群体的大部分逐步陷入贫困境地,而且经济社会发展进程在黑死病之前发生了彻底变化。根据前一种研究视角,十四世纪上半叶的农业危机和人口衰减是过度扩张的必然结果。而根据强调阶级冲突的视角,现有制度体系的发展必然导致如下结果:该制度过分剥削农民,导致后者陷入贫困,又拒绝为农业生产进行必要的投资与创新,并且将财富过分集中到封建权贵与教会手中,进而扭曲了收入支出模式。

根据新马尔萨斯模型,人口增长远在1348年之前便发生了彻底逆转,这是此前数世纪人口持续增长的自然结果。但随之而来的人口问题,按照学者们的共识,跨越了之后两个世纪里的大部分时间,可能导致了三分之二的人口损失,该问题的持续时间与规模恐怕难以纳入这一解释框架之内。中世纪晚期的人口崩溃看来与生活水平的变动关系不大,而更大程度上是源于疾病肆虐,这一事实使得新马尔萨斯模式进一步陷入窘境,因为除非削弱这类模型的解释力,否则不可能充分强调瘟疫等外部影响的作用。

在新马尔萨斯主义分析中,生活水平和土地使用率是人口水平的主要调节器。根据该模式的"高压版本"之逻辑,十四世纪早期的危机根本上是生产和生存危机,产出水平不足以维系过多的人口。在这种情况下,死亡率上升,人口被消灭,直至人们对土地、工作和粮食的竞争随着人口适当减少和时间流逝而得到减轻,生活水平提升,死亡率下降。由此人口下降趋势得以中止并被扭转。但这一设想的前后进程顺序与十四、十五世纪的实际经历截然不同,此时人口急剧下降,土地更加充足,实际工资快速改善,却未能阻止人口的长期下降。然而,马尔萨斯模型的"低压"版本甚至与现实更加不符。如果人口主要受到出生率的谨慎性抑制之影响,我们进而可以预测,人口总数的下降幅度相对较小，因为早在经济陷入长期严重危机之前，延迟结婚和限制家庭规模便促使人口增长速度减慢直到停止。

马尔萨斯并未给人口上下波动的"永久摇摆（perpetual oscillation）"设定时间框架。尽管他承认这种现象在现实中不如理论上那么规则，但他肯定没有考虑到中世纪后期人口下行的规模如此不合规律。如果黑死病并未产生干扰，英格兰人口的发展进程究竟会怎样？准确来说，我们就这个问题恐怕无法给出明确答案，但根据现有证据可以做出如下可能性推断：十四世纪初出现的人口减少的趋势到1348 年之前可能已经放缓，或者完全停止甚至彻底逆转。[①] 如果事实果真如此，这一进程似乎符合马尔萨斯设想的人口摇摆之特征，正如十七世纪后期英格兰的状况，当时人口在经历了一个多世纪的增长之后出现了下降，最大幅度达 10%，此后停滞长达近 50 年。[②]

波斯坦并未全然将中世纪晚期的证据纳入马尔萨斯与李嘉图式的框架之中，他认为十三世纪农业的过度垦殖与施肥不足对英格兰的可耕地造成了长期损害，而生产能力下降又限制了十五世纪人口恢复的能力。但是这种解释与该时期的如下两项典型特征直接矛盾：粮食价格低廉与农业收成良好。波斯坦在解释中世纪晚期与十二、十三世纪的状况时无法做到前后一致，这进一步说明他的模型存在严重缺陷。勒华拉杜里为 1350 年后人口下降停滞长期持续的状况提供了一个更合理的解释，他公开承认自己采用的是马尔萨斯式模型，但同意为特定的流行疾病，以及他所说的"生物"因素留出更多空间。他认为，"除开适当且传统的马尔萨斯主义因素"之外，我们必须为"严格的流行疾病因果关系（strictly epidemic causality）"留出空间。[③] 这可能是对的，但如果承认以鼠疫和其他致命疾病为形式的外来疾病的力量，任何这类

[①] 最近的研究可参见 R. M. 史密斯：《英格兰乡村的人口发展，1300—1348 年：一项调查》，收入坎贝尔编：《黑死病之前》，第 25—77 页；米勒与哈彻：《城镇、商业与手工业》，第 419—421 页。

[②] 关于此时英格兰人口规模每五年的统计数字，见 E. A. 里格利和 R. S. 斯科菲尔德：《英格兰人口史，1541—1871 年：一项复原》（1981 年），第 528—529 页。

[③]《对罗伯特·布伦纳的回应》，收入阿斯顿和菲利品编：《布伦纳争论》，第 102—103 页。

主张必然会削弱如下做法之合理性：用马尔萨斯的框架来强行解释中世纪晚期和近代早期的欧洲历史。勒华拉杜里就该历史事件的这种宽泛主张对他的马尔萨斯式解释框架所造成的危害远比他准备承认的要严重。

因此我们必然可以得出如下结论：人口往往并非按照马尔萨斯模式发展。我们似乎不可能否认如下事实：在英格兰人口衰减的过程中，即可能从十四世纪早期超过 6 百万的峰值到十五世纪早期略多于 2 百万的低谷①，流行病发挥了巨大作用，因此我们必须将它作为一项主要因素纳入到如下趋势的因果关系模式中：经济的衰退、贵族自营地农业的消失、农奴制的衰落、租赁持有与公簿持有土地关系取代非自由的习惯土地关系而兴起。我们强调自发性疾病在塑造中世纪晚期经济社会发展进程方面的力量，此举却绝非否认社会经济不会面临马尔萨斯式或新马尔萨斯式的人口压力。如下主张背后必然有其道理：较高的生活水平会刺激人口增长，但人口增长最终因生活艰难困苦而受到抑制或者出现逆转。然而，人口与资源之间的这种关系远非变革发展背后唯一的或持续的原动力，因为它们并非不受限制地自由运行，其他的强大力量和重要事件时常产生干扰。因此，那些热衷对中世纪晚期的事件作人口论式解释的学者就会面临选择，一面是前后连贯且普遍适用的理论模式，另一面是历史现实的凌乱。

那些支持纯粹的社会政治式解释的学者也面临类似的困境。布伦纳的马克思主义模型因为疾病的作用而受到巨大威胁，他则只是通过有意回避，主要是加入推测性脚注的方式来处理。在行文过程中，他表现出一种潜在的倾向，质疑瘟疫是否"完全是外生性的"，并且将如下猜想作为救命稻草：瘟疫乃是紧随饥荒而发生，瘟疫的最终消亡与民众

179

---

① 一些研究认为，在中世纪晚期，正是低生育率而非高死亡率导致了人口减少，并限制了人口的恢复。据推测，造成生育率低下的历史过程可能包括：妇女就业前景改善、受雇佣成为佣仆之人口比例提高，这些导致了晚婚与独身现象的增多；已婚夫妻限制家庭规模，或者出于维持较高生活水平的强烈愿望，或是不愿将孩子带入疾病四伏的世界。即便研究显示低生育率是人口下降停滞的驱动力（贝利的《人口下降》一文对此提出异议），如下论断仍然属实：极高的死亡率开启了上述生育率下降的整体过程。

营养水平的改善有关。[①] 具有讽刺意味的是，如果这些猜想确实属实，它们乃是为马尔萨斯式人口解释提供了极大支持，而后者正是布伦纳企图击败的思想之敌。不过事实上，他的思考并无多少根据，因为它们与大量的医疗、历史证据完全违背。马克思主义者之中更常见的一种妥协式立场是否定疾病作为主要的根源性因素，主张说1348—1350年的黑死病所引起的人口崩溃只影响了封建主义危机的发生时间，因为社会内部存在势不可挡的破坏性力量，这种危机无论如何都是必然的。但是，这种推理思路要想产生令人满意的答案就必须接受如下不太可靠的立场：封建主义危机体现的形式会基本一样，对历史长期发展产生的后果也基本一样，无论人口是否衰减，无论人口衰减是急剧激烈抑或绵长微弱，无论它是发生在十七世纪还是十四、十五世纪。

解释从封建主义向资本主义的过渡乃是马克思主义史学的一个核心关注点，它涉及如下内容：定义何为封建主义危机、确定其持续时间长短及其后果。但是究竟哪场危机才是真正的转折点？在欧洲历史上，至少已经确定有三次普遍的封建主义危机：一次在十七世纪、另一次在十九世纪，还有一次开始于十四世纪初，前几章对此已有分析。为了衡量这场中世纪危机的意义，我们有必要探讨十四世纪后期与十五世纪的经济社会是否发生了向资本主义的决定性转变。这一转变涉及诸多内容，其中包括城镇的扩张及其相对农村的优势地位的增强，农业和工业产品生产单位规模的扩大，农奴制和农民生产者的衰落，工资劳动的兴起，以及创新积累之新精神的出现。

中世纪后期的诸多发展情况似乎表明当时的社会经济正朝向更加资本主义的方向转变，并形成基础，不过其他发展情况则并非如此。在中世纪后期的经济衰退中，一些城市部门的情况可能比农村稍好，但是城镇规模的发展在1300年之前的两个世纪里要显著得多。此时在行会制度限制范围之外的乡村工业的发展或被视为迈向资本主义的一步，然而十五世纪却见证了大规模商业性农业普遍地大幅衰退，甚至在

---

① 布伦纳：《欧洲资本主义的农业根基》，第267—268页，注释97。

农民阶级之中也是如此。如下过程在资本主义起源过程中发挥了非常
重要的作用：维兰土地关系的衰落，以及脱离生产资料且以出卖劳动
力为生的无地劳动阶级的兴起。不过在这一时期虽然维兰制逐渐解
体，但无地劳动者因为人口崩溃与土地易得等因素的影响而出现了数
量减少和比重降低的趋势。无地劳动阶级的扩大与约曼农的兴起主要
是此后数个世纪的发展趋势。此外，在十五世纪的大部分时间里普遍
出现了经济萧条的状况，这明显不利于资本积累与工商业发展，因此在
商人、小地主或富农之中难以发现贪欲精神增加之趋势。[①] 相反，许多
重要行业里大商人经营的规模远远低于十四世纪的水平，例如十五世
纪羊毛商和锡商比起他们更富有、更强大的前辈，只是小巫见大巫。[②]

181

　　当然，这并不是要否认中世纪后期的确有诸多发展，这些发展是英
格兰乡村地区最终实现转型的关键性先决条件。其中最为值得一提的
是，乡村人口不再附着在土地上，也不再按照习惯决定的水平支付租金
和履行义务，而是体现了更多的竞争特征。不仅租金下降，合同租地关
系逐渐取代习惯租地关系，这在很大程度上是在农民的要求下发生的。
按照马克思主义的视角，这些人身关系与土地保有关系的巨变是领主
和农民之间的长期矛盾关系陷入危机的后果，这种冲突在十四世纪达
到顶点。但是如果不考虑人口崩溃带来的土地和劳动力相对稀缺局面
之巨大变化，地主和佃农之间权力平衡局面的这一彻底转变也很难获
得解释。因此，一些马克思主义学者试图将人口减少纳入其解释框架
之中，但正如布瓦坦率承认说："这会使得马尔萨斯主义和马克思主义
研究之间的诸多界限更加难以区分"。[③]

182

　　时常运用于解读中世纪早期历史的商业化学说，同样不容易被改
造成符合中世纪后期历史的样子。正如我们在第四章中所讨论的，如

---

① 哈彻：《大萧条》，第257—262页；R. 布里特内尔：《中世纪晚期英格兰的商业与资本主义：
　描述与理论的问题》，《历史社会学杂志》，6(1993年)，第365—367页。
② E. 鲍尔：《英格兰中世纪历史上的羊毛贸易》(牛津，1941年)，第104—123页；J. 哈彻：
　《1550年之前英格兰的锡业生产与贸易》(牛津，1973年)，第68—75页。
③ 布瓦：《反对新马尔萨斯主义正统》，第118页。

果正是人口密度的不断增加作为促进商业发展和资源更有效利用的驱动力，那么这种机制会随着人口崩溃而逆转，导致消极而非积极的反应，进而为长期的紧缩局面创造了条件。主张商业化有巨大裨益的学者们大多没能解决这一问题，但佩尔森对如下事实确信不疑：人口衰减带来的总收入与总需求的减少会导致城市劳动生产率的下降，从而导致城市商品价格相对农业商品的上涨。这些变化反过来又会促使农民降低劳动强度，导致农村退回到自给自足的状态。此外，"流行病、战争以及居民定居点的减少、消失会反复干扰人们在社会群体、地理区域和代际之间传播知识与技术创新。"[1]

　　但历史的发展却似乎故意避开理论所预测的直路，中世纪后期的历史比上述这类简单的悲观预测所说的要复杂得多。商业活动的总体水平当然出现了下降，正式的销售点数量也减少了，但商业基础设施仍大致保持完整，劳动力短缺刺激许多经济部门采取了旨在节约劳动力的诸多措施。领主会出于自身利益需要控制市场的方位和运营，但这种能力在该时期趋于减弱，这也是效率提升的原因。收入再分配朝社会下层的倾斜刺激了更广泛的基本消费品需求，而且这些商品的生产分配也变得更加商业化。工业在英格兰农村的许多地区蓬勃发展，乡村纺织业出产的产品甚至打入海外市场。但居住在城镇的人口比例可能并未下降，城镇居民所占的国民财富比例几乎肯定有所增长。中世纪后期畜牧农业广泛发展，而耕地农业减少，这也导致了专业化程度的提升，因为农民能够摆脱带有生存性且规避风险特征的经营策略（在黑死病之前必定被采用），并摒弃在不良土壤上种植面包谷物等代价较高之行为。此前专门用于种植谷物的大片土地如今用于畜牧，养羊可以获得羊毛和羊肉，养牛则获得牛肉、牛奶和牛皮。在比较贫瘠

[1] 佩尔松：《前工业化时期的经济增长》，第87—88页。而斯诺克斯倾向于依托经济理论而非充分的历史证据，认为中世纪后期的生活水平呈现了下降趋势（《无时间的经济学》，第256—264页）。

的轻质土地上则出现了新的活动,如商业性的养兔活动。[①] 农作物种
植也体现了更高程度的商业化,这一现象值得注意,特别是大麦种植满
足了不断扩大的市场对更多更好麦芽酒的需求,[②]当然还包括亚麻、汉
麻和藏红花。[③] 事实上,如下假设与大量的证据并不全然符合:人口的
长期发展趋势与技术进退速度或城市兴衰之间存在着一种简单的线性
关系。

一些替代模型

　　经济社会发展进程中存在几乎无限多样的潜在影响因素,加上我
们总是无法准确测量这些因素的影响力,大量的替代模型和解释因此
出现,而且每个都声称掌握了真理。历史学家对创新以及随之而来的
喝彩有着永恒的追求,这意味着未来会解放同样多甚至更多的原创思
想。新解释模型的构建几乎总是以如下行为作为开始,即从大量潜在
影响素中选出一个或有限数量的历史要素或变量。这些新选中的变
量此前被忽略或只被赋予次要角色,而此时则被提升到最重要的位置,
或以此前从未有过的方式组合起来。最后,为了强调新研究方法的创
新性,其他潜在的动态因素,特别是那些支撑其他模型的因素之作用则
被无情地压低。
　　譬如 S. R. 爱泼斯坦最近为已有的诸多模式增添了新元素,他突出
强调了如下因素对生产贸易产生的有害影响,即领主对收入的追求、城
市对权力的行使。他认为,在十二、十三世纪欧洲普遍出现了贸易扩
张、市场进步的趋势,然而该进程最终因一系列体制性障碍而中止。这

---

① B. M. S. 坎贝尔:《中世纪英格兰自营地的商业性奶制品生产:诺福克郡的个案》,《动物人类
　　学杂志》,16(1992 年),第 110、114 页;布里特内尔:《英格兰社会的商业化》,第 195、196 页。
② 贝利:《边缘经济?》,第 237、238 页。
③ 《英格兰与威尔士农业史(第三卷)》,第 232、234、260 页;J. 李:《十五世纪晚期剑桥及其周
　　边地区的贸易》,收入 M. 希克斯编:《1999 年南安普敦十五世纪专题座谈会论文集》(即将
　　出版。该论文集实际上已经出版,正式标题为《中世纪晚期英格兰的革命与消费》(沃德布
　　里奇,2001 年)——译者注)。

种障碍源于领主权利的行使、贸易垄断化、关卡通行费的征收、城市之间的歧视。这些因素结合起来，便增加了分配成本（costs of distribution），使得商品价格上涨，并扰乱了贸易流通。因此十四世纪初的危机并非技术或人口决定的农业生产危机，而是制度决定的分配危机，爱泼斯坦称之为"整合危机（integration crisis）"。[1]

　　人口和资源之间日益不良的失衡状态由爱泼斯坦减少到只有

　　　　三个不同的关键点：第一，土地的边际生产率长期下降；第二，粮食消费水平降低，特别是十三世纪八十年代以来粮食收成危机发生频率的增加导致了死亡率上升、人口减少；第三，中世纪社会无法对婚姻和生育进行预防性抑制，后者可减轻资源所受压力。

　　他之后在一些简短的篇章段落中对这些所选说法逐一进行了简要批驳。爱泼斯坦相信领主的行为乃是十四世纪早期经济遭受破坏的主要因素，因此他的立场看似与马克思主义史学一致，但事实并非如此。对多布和布伦纳而言，该危机源于领主给农民施加了过分的负担，而爱泼斯坦则认为该危机源于领主和其他当局束缚了贸易。[2] 最后他强调说，中世纪后期是工商业取得实质性进步的时代，因为贸易和工业得益于近代国家的兴起，进而从彼此竞争的封建领主的束缚中解放出来。因此，爱泼斯坦不仅将欧洲数个世纪的历史经验塞入单个解释系统中，而且就中世纪的发展提出了新观点，这些观点与新马尔萨斯主义、马克思主义模型的主要信条相矛盾，也不同于商业化学说的所有主要版本。

---

[1] 爱泼斯坦：《整合危机》；爱泼斯坦：《中世纪晚期的危机》（即将出版。该书已经出版，标题为《自由与增长：欧洲国家与市场的兴起，1300—1750 年》（伦敦，2000 年）——译者注），第 3 章。

[2] 该观点与英格兰的历史情况并不全然相符。与欧洲某些地区不同，英格兰国内贸易相对较少征收关卡通行费，城镇在其城墙之外也难以发挥太大的法律或强制性影响。

货币的作用

186

还有一些更古老的替代性模型对长时段的经济变迁进行了解释，强调货币因素的影响。正如我们所看到的，基于人口与资源相互作用的模型将土地和劳动力的相对稀缺视作影响商品价格和经济财富长期趋势的主要因素，而马克思主义者则通常承认重大的价格活动背后存在实质性因素，尽管他们此外还强调封建经济特定的社会—经济规律之影响。然而，流通的货币量也会影响价格，据说可以对经济活动水平产生强大影响力。因此，食品价格上涨不仅有可能是因为供不应求，也有可能是因为在经济中流通的货币量增加。当某个经济体中的货币量增加但经济产出却并未增加时，更多的货币会追逐同等数量的商品，结果便是货币相对于商品变得更加充足，从而导致价格上涨。因此货币供应的波动能够影响价格乃是毋庸置疑的事实，但中世纪价格的变动在多大程度上受到货币因素而非实质性因素制约，学界对于这一问题仍然存在很大争论。如下看法甚至更具争议性：货币存量（the stock of money）的波动乃是经济产出背后的主要影响因素。

货币与价格之间的关系可用所谓的费雪公式（the Fisher equation）MV＝PT 来表达，其中 M 为流通的货币量（the amount of money in circulation），V 为流通强度（velocity），P 为商品平均价格（the mean price of commodities），T 为经济中发生的交易总额（the sum of transactions）。如果该公式表达为 P＝MV÷T，价格和货币量之间的关系显得更为清晰。实际上，费雪公式与其说是个公式，还不如说是个恒等式（identity），因为它不过是对公认的真切事实进行了表达。它简单指出货币量（M）乘以货币使用次数（V）必然等于购买商品的总量（T）乘以其支付价格（P）。

187

然而，即便只是对明显事实的说明，如果有助于集中分析经济关系中的核心要素，也会有巨大价值。但不幸的是，对中世纪史学家而言，P 是费雪恒等式中唯一可以精确测量的变量。尽管英格兰铸币厂的钱币产出量有很好的记录,但新钱币的数量与流通的货币总量(M)之间的关系并不清楚。当然现在有学者运用更先进的方法和思路来测算英格兰货币流通的强度、货币交易总额以及国民生产总值,但这些仍然体现了很强的猜测性特征。[①] 即使恒等式中每个变量的估计都是最恰当的,乘起来以后产生巨大误差的可能性也是不小的。

中世纪流通的货币存量较少受到基本经济或社会现象的直接影响,而一系列随机的外生性因素反而产生决定性影响,例如银矿的偶然发现或枯竭、采矿技术的改进或存在难以逾越的障碍、战争和贸易禁运的开始或中断,以及君主管理王国铸币事宜的风格是狡诈多变或一以贯之。由于中世纪经济中使用的绝大多数货币是由贵金属(白银以及较少使用的黄金)制成的硬币,欧洲银矿的产量在极大程度上决定铸造硬币的数量。但是特定数量的贵金属可以生产的铸币数量又受到硬币纯度和重量的影响。将贱金属与金银混在一起,即所谓的贬值,便可铸造更多的硬币,进而可为统治者带来暴利。最后,国家之间和大洲之间的贸易差额也会决定流通中的铸币数量,逆差需要通过出口金银来解决,顺差则导致金银流入进而可由君主转化为铸币。

早在十六世纪就已经有人认识到,流通的铸币数量的急剧增加很可能会导致价格上涨,而在二十世纪二十、三十年代,欧文·费雪(Irving Fisher)的力作也有助于激发学者不断提升货币因素作为中世纪和近代早期经济发展的原因所发挥的作用。十六世纪和十七世纪初从新世界(the New World)大量涌入的贵金属,以及同时发生的规模巨大的"价格革命"使得关于该时期的货币解释很快受到更大青睐。但是这种解释在中世纪历史学家中曾经只是受到短暂的欢迎,新马尔萨斯主义和马克思主义的历史解释的影响力不断增强,很快就见证了这些基于"实质性"因素的解释逐渐占据更强的主导地位。然而在最近数十年时间里,潮流开始再次转变,新一代的货币史学家强调中世纪的矿

---

① 例如梅休:《中世纪货币化模型》,收入布里特内尔和坎贝尔编:《商业化经济》,第55—77页;梅休:《英格兰的人口、货币供应与流通强度,1300—1700年》,《经济史评论》,第2系列,48(1995年),第238—257页。

业生产、金银流动和铸币产出同价格行为和经济之间存在广泛的相关性，并突出这种关系的重要性。[1]

在十二、十三世纪，白银开采业的持久繁荣同大规模且长期的人口和经济扩张以及价格上涨齐头并进，欧洲内部不断扩张的白银流通还伴随着匈牙利和非洲的黄金的大量流入而得到补充。与之相反，中世纪后期乃是物价下跌、人口锐减、经济萎缩的时代，欧洲的银矿业产量也缩减，与黎凡特的贸易逆差扩大，苏丹的黄金贸易遭到严重破坏。因此有人说，欧洲经历了空前规模的"大金银荒（great bullion famine）"，铸币产量大幅下滑，货币变得极为稀缺。

有人说，这些广泛的相关性表明流通的货币量能在极大程度上决定价格的变动趋势并影响中世纪早期和晚期经济活动的水平。有人还更进一步，将货币因素视作原动力。但我们绝不能将相关性（correlation）与因果关系（causation）混为一谈。我们无法否认如下事实，即新马尔萨斯主义和马克思主义模型拒绝承认货币因素具有足够的影响力，但我们又绝不能矫枉过正，过度夸大其作用。货币供应在任何时代都是影响经济运行的一项物质性因素，在某些时期货币供应的剧烈波动会对物价产生重大影响，[2]但这远远不能证明货币供应始终是促进中长期历史变化的突出变量。

构建起一个可靠的模型，将货币供应作为经济发展的主要动力引擎，从而与基于人口、阶级关系或商业化的模型相抗衡，这是一项极其困难的任务，也鲜有人尝试过。但还是有些人试图沿着这些思路形成看法，最近的一篇文章指出："银币短缺本身会导致中世纪经济萧条这一说法乃是基于……常识"，十五世纪中叶的货币短缺对人口的恢复能力也产生了强有力的影响。其论证思路如下：货币短缺导致经济萧

189

---

① 例如 P. 斯布福德：《中世纪欧洲的货币及其使用》（剑桥，1988 年）；J. 戴：《中世纪的市场经济》（牛津，1987 年）；J. H. 芒罗：《英格兰与低地国家的金银流动与货币政策，1350—1500 年》（奥尔德肖特，1992 年）。

② 例如黑死病前数十年的通货紧缩现象与随后数十年的通货膨胀现象截然不同，这可能在很大程度上是源于流通的货币量，特别是人均货币量的大幅增加。参见 N. J. 梅休：《十四世纪的钱币学证据与价格下降》，《经济史评论》，第 2 系列，27（1974 年），第 1—15 页。

190 条,经济萧条使得就业与婚姻的前景恶化,既然里格利提出"婚姻是人口体系转变的关键",不仅发生在近代早期,而且很可能"远远早于这一可确知的发生时期(即近代早期)",那么晚婚现象以及单身人士比例的增加就会导致出生率下降,也压低了人口水平。[①]

十五世纪中叶的经济大萧条引起了货币主义者的特别关注,他们反复强调说金银荒乃是主要原因,这种说法看似颇有说服力。[②] 但该说法其实并无什么道理。此次萧条不仅体现为进出口、国内贸易、商品价格和租金的下降,还包括工农业利润的下降、商业性农业的危机、空置土地的激增,以及愿意耕种土地的农民人数严重短缺,从小农到约曼农各个层级均是如此。它的影响力之广度与深度乃是源于一系列消极力量的共同作用。如果货币供应的严重紧缩是十五世纪中期经济面临的主要问题,那么首先的影响会是压低价格而非导致经济活动萧条,其次才会促使剩余货币更快地流通,正如费雪恒等式所说的那样。[③] 而

191 相反,在正处于繁荣阶段的经济中,铸币稀缺的第三个影响是实物交易与信贷行为的增加,从而满足苦于现金短缺的买卖双方的需求。我们知道,在十五世纪经济衰退最严重的时期,人们会缔结信贷合同来弥补货币短缺,但并不能因此说这仅仅或主要是源于货币供应紧缩。[④] 衰退根据其定义意味着贸易条件艰难,尽管越来越多的人因为面临财政问题而对信贷有更多的需求,但借款人却也愈加不愿出借钱款,因为收回欠款的机会也恶化了。此外,随着有偿付能力的商人的生意缩减,他

[①] P. 南丁格尔:《英格兰与十五世纪中叶欧洲的萧条》,《欧洲经济史杂志》,26(1997 年),第 631—656 页(引文出自 E. A. 里格利:《人口、城市与财富》(牛津,1987 年),第 9、239—240 页)。强调金银与货币因素在全球史中的作用的更多观点,参见 I. S. W. 布兰查德:《中世纪:一个太大的概念?》(Neelees,1996 年)。

[②] 关于这些问题以及相关研究的评述,可参见戴:《十五世纪的大金银荒》与《中世纪晚期欧洲的货币紧缩问题》,收入戴:《中世纪的市场经济》,第 1—71 页;斯布福德:《货币及其使用》,第 339—362 页。近期的评述,参见 N. 萨斯曼:《中世纪晚期金银荒的再探讨》,《经济史杂志》,58(1998 年),第 126—154 页。

[③] 根据费雪恒等式 MV = PT 可知,货币量(M)减少会迅速导致价格(P)下降,除非货币流通速度(V)的增加能够予以弥补。总产出 T 要想发生任何变化,自然会花费更长时间。

[④] 正如南丁格尔在《英格兰与欧洲的萧条》中所说,第 639 页。

们的信贷需求也会下降。

当然我们不可否认铸币的严重短缺会造成巨大不便,使得各个层面的贸易更加难以开展,但很难说十五世纪中叶的"金银荒"是突然发生的。即使铸币业彻底停止,也需要相当长的时间才能对流通的铸币量产生实质性影响,因为新生产的铸币只占货币总存量的一小部分。此外,尽管十五世纪四十、五十年代英格兰铸币厂的产量确实有下降,但在十五世纪二十、三十年代年代初铸币数量已然很多。

我们有许多极有力的理由可以说明货币为何只是一系列变量中的一个而非主要变量。我们通过探讨价格和工资之间的核心关系可以对此进行简要说明。尽管在中世纪的时间范围里,食品价格上涨与货币供应量增加之间、食品价格下跌和货币供应量减少之间大致同步,但这远未全面揭示因果关系背后的全部图景。因为,如果我们将价格的测量范围从食品拓展到包括劳工与农民家庭消费的全部商品,那么十三、十四世纪之交的平均价格水平会比十五世纪下半叶略<u>低</u>。但与此形成直接对比的是,劳动力价格在同一时期发生了彻底变化:在 1500 年,尽管货币存量缩减,但非技能型与半技能型劳工所得工资却比 1300 年高出两倍甚至三倍。[①] 无论货币因素在十三、十四和十五世纪的价格和工资变动中发挥了何种作用,我们都不能否认在生产要素相对稀缺的情况下发生的这些转变所产生的巨大影响力。

中世纪经济运行的内容显然远不止货币量这一项。幸运的是,目前有如下可喜的迹象:人们愈加认识到,研究重点应该是确知货币因素与所有其他影响因素的正当作用,而不是断言前者的作用凌驾在后者之上。[②]

192

---

① 这些数据出自菲尔普斯·布朗与霍普金斯指数(the Phelps Brown and Hopkins index),见《七个世纪的消费品价格》。但许多其他的数据系列指出中世纪后期工资和价格的发展趋势存在强烈的分化。
② 例如上文注释 15 引用的梅休的作品(即本书第 142 页的注释①。译者注)。

制度变迁与财产权利

最近数十年里出现的有关长时段经济社会变迁的最富野心、最为复杂的新模型出自 D. C. 诺斯（D. C. North）与 R. 托马斯（R. Thomas）的设计。诺斯模型强调制度与制度安排的核心地位，这些制度被定义为一系列旨在约束行为与分配稀缺资源的规则、规范性程序以及道德伦理行为规范。① 这些规则、程序和规范的影响此前为历史学家和经济学家所忽视，但诺斯却认为它们在决定经济发展创新的速度和方向方面能发挥重要的能动作用，并且随着时间的推移发生了根本性变革。②

经济学家此前通常把制度与制度安排看作是参数（parameters）而非变量（variables）：换言之，他们将其视作既定要素，并未强调其能动作用。例如，新古典经济学的基础分析通常假设世界是"无冲突的（frictionless）"，知识和市场是完美的，制度、法律、习俗和规则并不存在，个人或团体的所有行为都只是决定于他们基于将财富最大化的欲望所拥有的机会与所做出的选择，这些机会与选择通常表现为收入和财富。而诺斯模型则相反，它将制度与制度安排视为决定经济结果与长时段经济社会变革的主要因素，或是限制了刺激因素的作用，抑或发挥这些因素的作用进而提高经济活动的生产率。③

依照这一模型的前提，诺斯和托马斯试图将契约经济理论应用于庄园体系，进而解释其兴衰。他们认为封建时代初期以人口稀少分散和优质土地供应充足为特征，但因为社会混乱时常存在，社会秩序受到威胁，贸易也受到限制，因此经济体现相当程度的自给自足特征。这种

① 可特别参见 D. C. 诺斯与 R. 托马斯：《关于西方世界发展的一个经济理论》，《经济史评论》，第 2 系列，23（1970 年）；D. C. 诺斯与 R. 托马斯：《庄园体系的兴衰：一个理论模型》，《经济史杂志》，31（1971 年）；D. C. 诺斯与 R. 托马斯：《西方世界的兴起：新经济史》（剑桥，1973 年）；D. C. 诺斯：《经济史上的结构与变革》（1981 年）。
② 《西方世界的兴起》，第 5 页。
③ 例如参见《经济史上的结构与变革》，第 2—12 页。

条件导致了如下契约关系的形成：地主和农民之间出于双方利益的需要实现了货物和劳役的直接交换。军事精英提供土地、保护与司法，作为交换，农民回报以实物，尤其是劳动力。在市场有限的时代，这类直接交易是满足双方各自需要的最有效方式，交易与议价的成本也最低。传统庄园的契约安排的特点便是"面临当时条件所作出的适当反应"，而且"会延续下去，除非保证该制度有效的这些条件发生改变"。①

194

　　制度创新并非自发产生，根据这一模型，中世纪该类现象的主要诱因是人口和资源之间相互作用所产生的力量。人口的不断增长导致城镇和市场的扩张以及具有不同区域条件（即不同的自然资源和气候）的新土地的开发，这些反过来又促进专业化的加深，从而导致区域间贸易的发展。但是，根据诺斯与托马斯的说法，最终

> 　　人口压力会导致收益递减进而扭转原有的价格关系格局，并且导致市场规模的扩张，进而破坏封建主义制度组织的经济基础（例如：现有的契约关系）。相对于数量固定的优质土地供应，人口增长会导致农产品价格相对于非农产品价格的上涨；这反过来又导致土地价值上升，并且伴随着劳动者人均产出的下降，他们的实际工资也会减少。

　　这类剧烈变化"摧毁了封建主义的基础性的存在理由（*raison d'être*）"，从而需要引入新的制度安排。因此领主们试图"消灭土地的集体使用行为，实现私人独占所有权"，并"将劳役地租折算成实物和现金地租，将自营地出租出去以换取租金"。②

　　这一模型对中世纪历史的解释明显体现了融合三大超级模型各自核心要素的特征。商业发展提供了背景，人口一般是社会和制度变革的起因并且按照马尔萨斯式的规律运行，阶级关系则体现了领主剥削

195

----

① 《庄园体系的兴衰》，第 792—794 页。
② 《西方世界的兴起》，第 10—11 页。

与矛盾冲突的特征。在理想的状况下，诺斯—托马斯模型的基本前提要求契约本质上得到双方一致同意而且是在自由协商的基础上缔结，并建立在激励、交易成本与理性经济行为等要素的基础上，领主与农民均能从中获得实质性利益。诺斯和托马斯在制定该模型纲要的最初阶段，就是如此解释盎格鲁—撒克逊时代晚期庄园体系演变的。但面对学界持续的批评，诺斯在随后的回应中又陷入相反的极端方向，称"更准确的说法……是武士阶级在榨取农民收入方面好比黑手党（Mafia）"。[①] 诺斯和托马斯在转向论述中世纪晚期人口衰减的时代时，体现了更多的马克思主义思想的强烈色彩，他们写道：

> 我们的模型在这种情况下会预测到一个社会紧张局势加剧、群体之间发生冲突的时期，我们需要对该时代政治权力的结构和分配格局进行探究方能预见此问题的最终解决方案。如果政治权力在很大程度上仍然站在领主一边，领主便能重申封建义务；如果政治权力广泛地分散到诸多政治利益群体之中，领主便不太能再从劳动者中攫取各类地租。

结果是领主落败，因为"农民逃亡，领主们迫切希望得到租户故而相互竞争，而且维兰顽强地拒绝服从命令"。新的安排便是降低租金、放宽奴役性义务，以及创设出长期租约。此外，"人口衰减……导致了市场总规模与欧洲内部各地区之间差异（的缩小）"，贸易缩减，进而强化了庄园中的上述发展趋势。[②]

该模型的许多内容涉及人们熟知的说法，并未彻底突破传统。诺斯和托马斯认为，在中世纪早期和盛期，迫使旧的制度安排中止的主要动力乃是人口对资源的长期压力（这导致土地和劳动力的收益递减）与市场的发展、专业化、货币的使用（这导致交易和搜索成本降低）。他们

① 《经济史上的结构与变革》，第 130 页。
② 《西方世界的兴起》，第 12 页。

称贸易和商业的发展可能削弱封建制度,该观点同样常见,皮朗、斯威齐的著述便提出过类似的说法。他们对中世纪后期领主与佃农之间关系的看法也是如此。他们描绘了两个群体在彼此关系紧张、斗争频繁的时期如何形成新的力量平衡和制度安排。

由于道格拉斯·诺斯和罗伯特·托马斯并非中世纪史家,他们构建的模型距离中世纪史学和史料有一定距离,但是二者的这一距离一旦拉近,该模型就更加体现中世纪史学的主流看法,也更显现描述性特征,而新想法和洞见则偏少。诺斯并不认为这一时期自发产生了制度和财产权利的变革进而决定了历史发展的道路。相反,他坚持认为,这类变革取决于此前经济与阶级力量对比的变化。他们说:中世纪社会倾向于接受符合普遍的经济社会现实与因素价格的制度安排,该安排反映了最有力量的群体之利益,而这些现实条件的重大变化很可能导致新制度安排的出现和演变。但是他们提出的这类主张在大多数中世纪史家看来并不新颖刺激。

诺斯和托马斯对构建新模型工作之前提的说明可能会让中世纪史家更为失望,因为他们坚信中世纪史学"的研究成果颇为杂乱……几乎每个特定的解释都有零碎的证据作为支撑",而"新经济史家已经在美国历史研究中运用了诸多分析工具,通过运用这些工具……我们现在可以做得更好——甚至好得许多"。[1] 然而最终结果却是,该模型对中世纪历史研究发展的贡献十分有限,该贡献更多体现为反驳了新古典经济学"抽象、无矛盾特征和静态的理论构想",[2]然而并未显著加深我们对于中世纪经济运行的理解。

197

经济发展的社会维度

三大超级模型是本书的核心内容,而对它们最具说服力的批评可

---

① 《庄园体系的兴衰》,第 717 页。
② J. L. 安德森:《长时段经济变迁的解释》(1995 年),第 49 页。

能是指出它们均忽略了社会因素。这种指责远非新颖，而且具有讽刺意味的是，这些模型的支持者们经常以此互相指责。例如，在二十世纪七十年代末的"布伦纳争论"（the Brenner Debate）中，罗伯特·布伦纳指责所谓新马尔萨斯主义学派的成员采用了过于经济主义的研究方法。这一指责引发了双重回应。首先，那些合理使用人口—资源分析方法的学者并未试图以此来解释世界上发生的一切甚至是中世纪的长时段经济特征，而只是借助其框架来考察解释历史上经济波动与人口变迁之间的关系。第二，马克思主义式分析虽然表面上更关注社会政治问题，但事实上却有着极其狭窄且严格界定的议题，集中强调阶级关系的首要性，而此举就意味着忽略了一系列相关的结构与影响因素，即：

198

　　　家庭结构、继承习俗、对技术发现和革新的态度、公共设施和限制、经济目标和消费需求的普遍的等级化差异、该等级制度中土地所有者之特殊作用、战争的负担和危害、政府的兴衰变迁和法治的发展。[①]

　　这些交流争锋乍一看可能有消极作用，但此回合的相互批评确实凸显出那些尝试将中世纪经济模型化的学者所面临的一些根本性问题。人口与资源模型的主要设计者波斯坦明确说，他的模型充其量只能用来解释较小范围内的经济关系，这说明他明显接受了如下立场：只有充分考虑广泛的社会政治因素，方能充分解释长时段的经济变迁。实际上，在中世纪发挥作用的结构、要素、影响力和态度观念的列表可能远远超出上文引述的范围，如果一个模型旨在对长时段历史变迁的每个重要因素都做出全面的解释，那么所有这些因素都有理由进入该模型。我们已反复指出，模型构建者面临两难处境，一旦尝试将这类广泛的变量里的哪怕极少数纳入经济模型的结构之中，便必然导致不确

---

① 布伦纳：《农业阶级结构与经济发展》，第10—12页；波斯坦与哈彻：《人口与阶级关系》，第64—66页。

定性和不连贯性超出可接受的程度。

当然,一种处理大量可能十分重要的社会变量的方法是仿效(理论学科)的策略,先确定可供比较的经济变量的范围,再运用理论概念和方法来选择出优先处理的某些变量,并预测结果的性质和强度。换言之,就是运用社会理论来构建社会模型。S. H. 里格比最近就中世纪晚期英格兰社会的一项研究尝试了此种方法,它运用的排斥理论(closure theory)是由马克斯·韦伯(Max Weber)首创,后来由一批社会学家继续发展,最终由弗兰克·帕金(Frank Parkin)完善。[1] 排斥理论对社会的分析集中于"排斥者和被排斥者(the excluders and the excluded)",并运用排他性排斥(exclusionary closure)和篡夺性排斥(usurpationary closure)的概念。"在**排他性排斥**的情况下,一个群体试图'将另一个群体从属化(subordination),以牺牲他者利益为代价来保证自身的特权地位',这种自上而下地实践权力的行为进而导致了'一个处于法律低等地位的群体、阶级或阶层'的形成"。另一种情况是**篡夺性排斥**,在这种情况下,被排斥的弱势群体试图通过牺牲上层群体的利益来改善自身境遇,从而赢得更多的特权和资源。[2]

因此,排斥理论本质上是一个简单的抽象性概念,它出于人们追求自身利益最大化和占据更高而非低等地位的内在欲望,而一个群体能否成功地将他人排除在外取决于法律和政府在多大程度上界定强化了社会差异和壁垒。此外,既然该理论如此表达,读者很自然会发现它与以阶级关系和斗争为中心的马克思主义史学非常类似。但是排斥理论旨在超越马克思主义,纳入的社会关系与冲突的范围远远超出生产资料所有者与从属于他们的大众之间的关系。排斥活动的基本特征不仅包括出生、财富和阶级,而且延展至涵盖种族、性别、宗教和语言。因此,信仰新教的白人体力劳动者可能遭受雇主剥削,但他们也可能采取排斥性策略来保护自身地位,避免来自妇女、黑人、天主教徒等群体的竞争。

199

---

[1] 里格比:《中世纪后期的英格兰社会》。

[2] 同上,第9—11页。

这便导致了一种情形，帕金专门称之为**双重排斥**（dual closure）。

200 因为排斥理论本身过于笼统，里格比在将其运用到中世纪晚期英格兰的具体历史环境时，也加入了 W. G. 朗西曼所发展的社会理论元素来弱化这一问题。朗西曼的这一理论分支确定了三种用于维持排斥的权力类型：经济式、强制式和意识形态式。即便如此，里格比也付出了巨大努力，我们仍然可以明显发现排斥理论是描述性而非解释性理论。里格比在他的书里总结道："排斥理论为我们提供了一套思想工具、一部统一的词汇表和一整套概念，有助于我们理解特定的社会等级制度，但它不能就这类等级制度为何存在以及如何变化提供普遍有效的解释"。[1]

因此排斥理论对社会问题进行了重新探讨和定义，却很少能有助于将它们纳入长时段经济社会变革的模型之中。还有一点应当指出：排斥理论自然属于社会理论，但作为其核心原则之一的剥削概念也属于马克思主义，这个原则必然会涉及对如下问题的集中考察：各群体为了回报和机会的最大化而进行斗争，在这种斗争中财富和收入等基本经济目标显得尤为突出。因此，我们再次看到，社会模型与经济模型之间的差别变得模糊了：社会群体有经济目标，经济波动会产生社会影响，社会和政治行为也会产生经济影响。

个案研究：英格兰的农奴制与维兰制

201 本书集中关注的三个重要模型已被频繁地用于解释世界大部分地区在漫长时段里发生的历史变迁。如下情况有些自相矛盾：将这些模型用于最宏大的历史概览通常是最有道理的，这主要是因为它们具备思想的完整性，经过数十年里多代拥护者的打磨完善，已经具备最强的抽象概括性。然而，这些模型在触及具体历史情况时，却通常不太适用。将超级模型限定在固定的空间、时间和主题范围内是揭示其弱点

---

① 里格比：《中世纪后期的英格兰社会》，第 327 页。

的一种有效方式。历史写作与智力活动的其他领域类似,最佳的处理方法是从已知领域拓展到未知领域,而非相反。因此,我们这里不再重复前四章里的做法,从模型讲到历史,而是先从有关某制度历史的证据出发,以此来检验这些模型的有效性。

农奴制作为个案十分符合我们的研究目的。它在中世纪英格兰的生活中起着关键性作用,农奴和维兰很可能占据人口的大多数,并为贵族、乡绅和教会提供了很大一部分收入。因此,农奴制在所有已构建的模型中都占有突出地位。[①] 货币、城镇和贸易的兴起促进了农奴制的演进和最终消亡;它是地主和佃农之间地租斗争的核心;它受到人口兴衰以及土地和劳动力价格偶然变动的直接影响。

然而,我们即便只是粗略地浏览证据,也能发现农奴制与商业化、阶级斗争、人口水平之间的相互关系往往并未按照各种模型的构建者所预测的方式运行,而且能对农奴制产生影响的因素之范围远远超出这些模式重点强调的因素。根据以人口和资源为基础的解释,领主对其佃农的权力以及佃农为持有的土地所支付的租金,应该主要由土地和劳动力的相对稀缺程度决定。但在中世纪的漫长时间里,情况并非如此。事实上,在诺曼征服前后的数个世纪里,领主对农民的人身和财产拥有的权力可以说最具压迫性,而当时的土地相对充裕、劳动力相对稀缺。此外,在十二世纪后期和十三世纪,土地从充裕转变为稀缺,劳动力从短缺变为过剩,但是非自由农支付的租税的增长幅度却远远低于土地市场价格的增长幅度。因此,到十三、十四世纪之交,此时自然资源承受着巨大压力,领主从农奴(在法律意义上乃是其财产)持有的土地那里获得的租税收入通常少于出租土地(领主对该类租种者很少或者根本无法享有领主权)的收入。也许只是在十四世纪末和十五世纪,农奴制才最终按照供求规律规定的方式运行,在这一人口持续衰减的时期逐渐消亡。但是为避免农奴制历史的这一最后篇章被错误地解

202

----

① 近来对农奴制和维兰制的探讨,参见哈彻:《英格兰的农奴制与维兰制》;布里特内尔:《英格兰社会的商业化》,第 62—71、140—146、218—224 页;里格比:《中世纪后期的英格兰社会》,第 27—34、41—45、86—87 页。

读为证明了简单的人口决定论，我们应该记住在东欧的不少地区，这一时期却同时出现了人口较少与原有自由人口农奴化这两个截然对立的现象。①

因此，领主与其农奴、维兰之间的关系的发展方向显然不是全由市场力量支配，后者源于土地和劳动力相对稀缺格局的变化。实际上，他们的发展方向经常与市场力量的方向相反。中世纪英格兰农奴制的历史证明了非经济因素的重要性，但这是否意味着它支持如下模型（即强调阶级力量及其导致的阶级斗争的决定性作用）呢？

203 初步的证据说明，在公元 1100 年之前的数个世纪里领主应该有效地实践了阶级权力，当时土地充裕、人口较少，领主在民众身上强加了诸多经济社会限制，如果不是如此，民众本应更为富足并享受更多人身自由。对于领主来说，这些法律地位低下的男男女女只是价值更高的商品而已。在十一、十二世纪他们被买卖，从属不同领主的农奴所生的子女会在这些领主之间分配。他们被强制附着在土地上，按照领主的要求支付租税，农奴大量逃亡以及被追捕的事例就证明了这一状况。多布和布伦纳式的"阶级矛盾"模型将中世纪领主描绘成贪得无厌地掠夺农民剩余产品之人，如果说这一早期时代的历史为其提供了些许支持，那么在随后农产品价格上涨、土地稀缺日益加剧的时代，领主的行为却与该模型的描述截然相反。因为在十三世纪，经过此前长时期发展确立的习俗和传统常常限制领主权力，使他们无法过分剥削非自由人的剩余产品。无论非自由土地保有条件的起源如何，这类土地关系从长远来看，正如马克思所预测的，会转变为"巨大而稳定的规模"。②

虽然形成于十二世纪后期和十三世纪有关维兰制的普通法界定了领主对非自由农的广泛权力，并形成了正式的法律条文，但是不应该将此举诠释为领主阶级为了自身利益而蓄意操纵的一场阶级斗争运

---

① 东欧人口的农奴化现象将在下文第 223—228 页进行讨论。
② 见上文第 105—106 页。

动。[1] 最近的一位历史学家表达了相反的观点,他将普通法的这一发展进程看作是法律体系中其他变化的"副产品",他"彻底否定那些将普通法维兰制(common-law villeinage)解释为阶级压迫手段的简单化理论"。[2] 尤其是没有证据说明如下情况:亨利二世授予自由农法律权利,后者如果与领主就土地保有权事务发生纠纷,可向王室法庭申诉,此举意味着剥夺了非自由农此前享有的法律权利。很多情况并未因为这些法律变革而相应发生改变,其中之一便是非自由人在法律上仍然必须屈从领主的意志。

204

　　我们可以很快地否定如下主张:英格兰农奴制的兴衰历史只是取决于土地和劳动力市场内经济力量的相互作用或是封建领主阶级的无情掠夺。但是经济商业化趋势持续增强所释放的力量却需要更为详细深入的思考。认为自给自足(体现为庄园制和农奴制)和商业交换(体现为贸易、工业和城镇)二者并不兼容的假设在思想上是具有欺骗性的。随着商业、城市化、专业化和货币使用的进步,像农奴制这样的封建体制便被逐渐削弱,还有什么比这个说法更有道理呢? 封建制度弱化的原因是它们本就是为因使用而生产(production for use)的过往时代所设计,而非为因交换而生产(production for exchange)的新兴世界。

　　从最广泛的层面说,城镇贸易的兴起与农奴制衰落同时发生,但承认该历史事实远远不能证明两者之间存在紧密的因果联系,更不能证明货币经济的兴起一直是农奴制不断变化和最终消亡的主要原因。正如波斯坦多年前写道,货币经济的长期进步实际上强化而不是削弱了庄园制度,被当时人和历史学家视作不自由地位标志的劳役的征收和折算实际上呈现了一系列波动起伏的历史进程,而非简单的线性发

---

[1] 该观点曾由科斯敏斯基(《英格兰农业史研究》,第 328—331 页)和希尔顿(《自由与维兰制》)提出。最近的讨论可参见费思:《英格兰农民阶级》,第 245—265 页。

[2] P. R. 海厄姆斯:《中世纪英格兰的国王、领主与农民:十二、十三世纪维兰制的普通法》(牛津,1980 年),引文出自第 265 页。

205　展。① 虽然人们日益体现出对货币的偏好，实物租金（以农业产品的方式支付）也几乎是持续减少，但在十二世纪后期与十三世纪很长的时间里劳役地租的重要性却增强了，因为领主的自营地农场扩张，故而需要更多的劳动力。将劳役折算成现金的现象在十二世纪后期之前的许多庄园中已普遍出现，但这一局面后来逆转，因为领主转而采用商业农场的方式来经营自营地，故而导致了劳役地租规模的增加。

因此，在商业大规模扩张的时代，具有典型自给自足特征的生计型经济（a subsistence economy）也会做出实际的调整，以满足最大规模的商业活动的需求。人们应对劳动力供应问题的实际方法也得到进一步扩展。在十三世纪末，劳动力过剩的状况不断增多，按日计酬的散工的工资较低但生产率更高，领主因此在自营地里更多地使用临时雇工，同时将维兰的强制性劳役折算成货币地租。②

农奴制因此具有相当程度的灵活性，领主可以选择暂时放弃他们的权利，而且他们有时确实会这么做。然而习惯的力量又让该制度抗拒永久性的变革。领主直接打击农奴制的习惯保护伞的情况极少，而且也并不深入，反而恰恰是奴役性地租（servile rents）的相对僵化导致了领主在漫长的十三世纪里寻求其他方法来增加收入。一种是在自营地上经营所谓的"谷物和羊毛联合工厂"，另一种则是将非习惯保有土*206*　地市场商业化。到十三世纪末，当面临新土地开垦、农民土地继承失败以及自营地的少量土地剥离出来等情况时，更多的领主会利用手中有新土地的机会创设租赁性质和其他具有竞争性特征的持有地，而非新的维兰持有地。③ 然而到中世纪晚期，领主在土地价值暴跌的情形下妄想维持传统的租金与权利，但维兰和农奴对此发起反抗，农奴制传统由此遭受了最后的终极打击。

---

① 可特别参考《劳役的演变》和《货币经济的兴起》，收录于波斯坦：《中世纪农业与基本问题》。

② 米勒与哈彻：《乡村社会与经济变迁》，第 53、233—234、238—239 页；D. 斯通：《雇佣与习惯劳动的生产率：十四世纪维斯贝希·巴顿庄园的证据》，《经济史评论》，第 2 系列，50（1997 年），第 640—656 页。

③ 哈彻：《英国农奴制与维兰制》，第 19—21 页。

　　一些模型将商业化视作摧毁封建主义的重要因素,这些模型突出强调城镇为非自由人逃离乡村的压迫提供了诸多机会。[1] 但是难以想象如下情况会对中世纪任何时候农奴制的运行产生关键性影响:非自由农民放弃自己的土地,然后迁入城镇。在十二世纪后半叶与十三世纪,城镇主要是对乡村的无地者和工匠有吸引力,前者是因为拥有的财富不多故而损失也少,后者则是因为他们拥有的技能能够带来更好的前景。几乎没有非自由农会选择放弃在农村里本来可供维持生计的土地,进而到城里过起非技能型劳工的那种不稳定的生活。此外,在这个时期人口不断增长,即便拥有土地的农民大量放弃土地并逃往城镇,也不太会削弱农奴制,因为他们很容易被那些数量极多的无地之人取代,这群人渴望占有土地,因而乐于接受那些带有奴役条件的土地。

　　虽然城镇生活的相对吸引力在中世纪后期可能有所增加,但我们绝不能进而夸大农村移民对农奴制最终消亡的意义。城镇居民人数在中世纪后期并未增长,因此移民可能只是十五世纪大多数时间里农村土地市场严重衰退的次要原因。

　　这里我们对英格兰农奴制历史片段背后的一些原因进行了简单考察。该研究再次表明,影响中世纪经济社会的因素是如此众多复杂,在不同时段的影响力如此多变,因而任何主要模型都无法将其完满地包含在内。当这些模型不得已面对历史现实时,我们便能发现它们所说的独立性和排他性乃是一种思想错觉,它们高度提炼概括的原动力明显是主观判断与复杂成分的集合体。例如,领主在与非自由农争夺地租的斗争中拥有的阶级权力不仅源于其军事实力以及相互之间体现出的团结程度,而且也与他们的官员的工作效率、地产的方位以及这些地产是分散或集中、他们消费支出模式的特征、他们政治和个人行为的关注点等因素有关。此外,还有更多或主要或次要的因素也会影响农奴制,其中包括许多看似彼此并无关联的因素,例如教会对奴隶制和奴役身份的态度、领主和农民缴纳税收的水平、劳动力和农产品市场的效率

――――――――――――――

[1] 例如斯维齐和多布,第 76—77 页和第 92—93 页。

水平以及农民亲属关系网络与家庭关系。

　　本章再次聚集于那些描述解释中世纪经济历史的模型，探讨了其一般性弱点。此举必然使读者严重怀疑历史学家构建模型行为的正当性。这是否意味着所有的解释框架都过于简单或过于复杂，以及在历史书写中叙述和收集史实等工作的重要性要远高于分析解释呢？

第六章　经典超级模型之外

本书的主旨是评述有关中世纪以及其他时期经济发展的三个传统超级模型,探究其思想优势、清晰度与历史准确性。我们概述这些模型的理论原理,追溯其思想来源;根据其自身含义重塑了每个模型,并整理了支撑其理论的实证证据;还找到了每个模型本身具备的优缺点。我们这么做有两重目的:一是就数十年来长期主宰本学科的概念框架提供一个清晰易懂的介绍,二是考察这些框架所具有的相关性和可信度。在此过程中,我们一直坚持说,这些模型在展示巨大优势的同时,也有根本性的不足,因为它们旨在为重大历史事件与进程提供解释,并且追求解释的清晰连贯,这几乎总是以简单化与不真实为代价。我们知道历史结果是由极大范围的力量与事件来决定,而且这些力量与事件又是多变的,彼此相互依存,并非独立发挥作用。对新档案的研究将我们的历史知识拓展得越多,新解释或新方法对我们深化历史认识的贡献越大,这些巨型模型在纳入、解释复杂历史经验方面的努力就越失败。

每个巨大模型的建设根基及其采用的方法实质上都过于粗糙。这些模型最多只适用于非常简单的系统,但是现代研究已经证实中世纪经济是相对复杂的,而且是在复杂的环境中运行。因此出现如下现象也就不足为奇:这些模型提供的解释会缺乏有效性与精妙性,对因果关系的考察又总是带有主观性。无论人口升降、商业和技术的进退、不同阶级力量的兴衰产生了何种影响力,这些因素必然会相互产生影响。但每个模型都以特定的信念为基础。这些模型正是因为从刚开始便使用了相互对立的假设并采用了特定的解释，所以必然形成完全矛盾的答案。

最近有些学者尝试优化这些模型或将其中的各种元素整合，但仍未找到摆脱这一困境的解决方案。商业化模型的新版本探索反馈机制（feedback mechanisms）的重要性，考察更多对于变迁的动态过程起到积极或消极作用的因素，因此提供了一种更具复杂性的解释。但是因为这种模型仍然以商业的持续主导作用为理论基础，即便是其最具解释力量的论点也仍然显得较为粗糙。道格拉斯·诺斯最近提出的制度模型吸收了三个超级模型的主要元素，并且将制度与制度安排等因素提升到中心地位，但该做法的意义更多体现在纠正了许多经济理论认为存在"无摩擦"的关系和完全自由之市场的错误假设，而不是揭示出中世纪历史发展存在新的关键性动因。

我们到现在为止对这些超级模型的批评大体结合了实证证据与常识两个方面。但是这些解释模型的构建与应用还涉及一系列广泛性的理论哲学思考，我们现在就其中的一些，包括因果关系与解释的性质特征问题做简要介绍。这些模型尝试将历史变迁的"原动力"或关键动因提升到中心地位，此举从实质上讲就建立了一个包含诸多因素的层级结构，具体来说便是从一大堆可能的因素中挑出一项或一组，并强调其突出地位，而剩余的绝大多数则下降到次等或辅助地位。此外，这些模型必然会让所选的原动力从其他因素中独立出来：换句话说，是原动力起到了影响而不是受到其他力量的影响。这些模型还往往使用所谓的线性方法来解释所选体系的运行方式，也就是说，他们假设一个特定原因会产生单一的可预测结果或一系列结果。因此，A 导致 B，B 导致 C，C 导致 D，依此类推；无论是 D 的发生，还是其方向和规模都可直接归因于 A。这通常被视为一种加成法（additive process），最终结果等于所有组成因素的总和。因此，例如最粗略的人口—资源模型假定土地—劳动力比率的变化不仅导致土地、食物和劳动力价格的变化，并因此导致地主与农民之间力量平衡的转变，而且这一比率如果朝特定方向发展到一定规模，会在更大程度上导致经济社会发生可预测的相应变化。线性模型正是通过这种方式起到作用,类似可靠的地图清晰地标出了道路,指引历史学家穿越稠密、复杂,甚至时常相互矛盾的无数细节。 *211*

　　虽然这种方法符合逻辑并且看似合理,但这类线性结构式模型的每个基础性假设都受到严重怀疑。选择一个因素作为原动力也就意味着对其他潜在因素的重要性进行主观性排序,因此这一选择根据其定义就值得质疑。在现实世界中,原动力并非独立存在于所有其他力量之外而完全不受影响。如下说法同样不切实际,即认为历史变迁总是遵循一条线性道路而且不存在任何重要的随机性因素。很多历史学家将超级模型用作解释工具,他们中的绝大多数实际上都承认这些模型存在潜在缺陷,只是他们很少公开指明这一点。但是如果不对构建模型的基本前提进行质疑思考,我们就不可能充分开展这项工作。经济发展的线性模型旨在解答难题,因为它们相对简单,故而对学者们具有诱惑力。这些模型相对简单又是因为绝大多数的潜在变量要么或多或少保持不变,要么被直接排除。而这些被忽略的变量的变化几乎趋近无限,因此一旦引入其中任何一个,会很快导致复杂性难以掌控,从而破坏了这些模型的预测能力与清晰连贯,而这些品质正是其优点长处。

　　当然这并不是说如下做法毫无启发性:将一项特定因素或一组相关因素独立出来,保持其他因素不变,然后对其行为进行建模。我们在此前的章节里已经看到不同模型背后的假设如何激发学者们去系统整理分析关于核心因素运行的证据,进而极大地深化了我们对如下领域的认识,包括人口学、市场化与城市化进程、农奴制的性质以及领主与佃农之间的关系等等。这类方法也促进了自然科学与社会科学的巨大 *212* 进步。确实如此,"现代科学在很大程度上以模型为基础,这些模型以线性发展与/或因素的独立作用为假设前提"。[1] 这并非因为非线性和相互依赖特征是罕见或反常的现象,事实上这类现象"十分简单而普

---

[1]　S. J. 格纳:《混沌与深层生态学》,收入 F. D. 亚伯拉罕与 A. R. 基尔根编:《心理学中的混沌理论》(康涅狄格州韦斯特波特,1995 年),第 5—6 页。

遍"，主要原因是线性方法可让困难的任务更加容易操作，而且物理学与心理学等多种学科发展起来的分析工具和概念——即线性代数、线性回归和线性相关——一直密切关注线性方法。这些方法得到了普遍的应用，必会导致如下情况，恰如物理科学，"任何可积系统（integrable system）都可以用一组单元来表示，每组均独立地产生变化，几乎独立于其他组之外"。[①] 但相比自然界的元素，人类活动更加缺乏可预测性，但是为了使特定理论情况的结果可以计算，我们又必须对其行为施加严格限制。因此，经济理论通常假设人类的集体行为完全可以得到预测，由快乐或利润的最大化原则所支配，而且"其他东西保持不变"：换句话说，所有变量之中除了当前正在被研究的之外，其他的全都保持绝对不变。

　　但是近些年来一场方法论的革命正在悄然酝酿。它始于自然科学，并基于如下认识，即"相互依存特征对于描绘从分子到社会世界来说具有特别的重要性"。[②] 因此"有关世界运行的一种更为复杂而矛盾的看法取代了原来的简单化看法"。[③] 功能极其强大的计算机能够进行更加复杂的建模工作，在此刺激之下，研究重点从线性、独立性特征转向非线性、相互依赖特征。我们现在可以通过运行电脑程序来集成一大批变量，进而分析很多相互依赖的力量及其运行过程。因此我们研究的关注点从线性建模的不足转向非线性建模的潜能。这种新的建模方法仍然以探究变化模式、预测行为结果为目的，但是非线性模型中的潜在互动与反馈系统更加多样复杂，所以计算更加精细，预测结果也远非那么直接。

　　这些发展促进了混沌理论（Chaos Theory）的兴起，该理论旨在分析很多不同力量之间如何通过复杂的相互作用来构建起有组织的网络

---

① I. 普里戈琴与 E. 司坦厄斯：《混沌之外的秩序：人与自然的最新对话》（纽约，1984 年），第 71 页。

② 格纳：《混沌与深层生态学》，第 3 页。

③ D. 帕克与 R. 斯泰西：《混沌、管理与经济学：非线性思考的意义》，经济事务研究所霍伯特论文，125（1994 年），第 11 页。

和结构性系统。混沌理论并不只是将越来越多的变量整合到模型中，也不仅仅是这些变量之间正负反馈环（positive and negative feedback loops）的无穷关系链。该理论揭示说因果关系本身极其复杂，可能并不可预测，因此它并非简单的非线性建模。混沌理论也认识到，任一变量极小权重的变化或许多其他变量相互作用产生的回馈都有可能对最终结果产生极大影响。由此可见，在任何系统中，任何原因都会产生许多可能的影响，而任何影响也会有许多可能的原因。此外，某系统里各元素之间的关系通常不成比例，而且正在进行的活动过程可能产生巨大的加速性能量。虽然混沌理论所揭示的模式通常是连贯、有序且长期稳定的，但这仍然可以提供一种背景，即一个看似很小的随机性事件可能引发革命性变化。因此，如果以自然科学家所喜爱的诗意形式来表达，他们会说，在东京（或北京）飞行的一只蝴蝶可能导致纽约刮起一阵飓风，而且没有人能回溯从飓风到蝴蝶的过程。[①]

214

因此，现在我们对于生命起源进化的过程有了新的认知，这是一个错综复杂的生态宇宙。旧观点倾向于认为生命形式是在适应相对不变的环境，而现在我们发现生命与环境似乎在共同进化。传统看法认为竞争导致适者生存，而目前我们认为合作与协调导致效率的飞跃发展。人们曾经认为物种进化是绝对主导，而现在则说"整体交织的地球生态系统"才是。[②]

混沌理论描绘了"湍流（turbulence）"，揭示了其复杂性，说即便在最简单的模型中也可能发生湍流，从而导致不可预测、不相称的结果，否则这些模型就被看作按照线性方式运行。即便只是基于三个要素的马尔萨斯经典模型，我们如果通过数学方法，例如通过一个公式将净出生率和收入联系起来或者使用函数来描述劳动产出与劳动工资的关系，仍然可以证明该模型的线性特征在特定条件下会让位于非线性，最后还会让位于混沌。[③] 也就是说，变量在很小范围内的相互作用却能

---

① J. 格莱克：《混沌——一门新科学》（1987 年）这本通俗著作对混沌理论有介绍。
② 格纳：《混沌与深层生态学》，第 14 页。
③ R. H. 戴：《经典经济增长中混沌的出现》，《经济学季刊》，98（1983 年），第 201—213 页。

产生极其复杂的非线性过程，马尔萨斯如果知道这一点，想必也不会太过惊讶，因为他本人就曾观察到，"任何关于人口与收入动态发展的真实历史都可能证实倒退与进步同时存在，尽管其变动的时间必然会因为很多因素的扰乱而变得不规则"。[①]

215　　　因此混沌理论的教益就是：在真实的世界里，大多数系统的运行方式与传统的简单理论模型并无太多相似之处。事实上，它还教育我们：经济史学家通常研究的那些系统其实类似于由近乎无数线条织成的复杂网络，因此其运行是偶然与必然的无序混合。有学者基于线性的经济或计量经济模型来预测结果，而混沌的动力学则对此提出了最严厉的警告，"因为混沌未来的性质从本质上来说是不可知的"。[②] 事实上，即便最简单的系统也可能是以非线性或混沌的方式运行，而传统学者尝试为整个国家及其经济的运行构建模型，甚至尝试彻底理解社会变迁为何在此时且以此方式发生，此举自然会面临严重后果。混沌理论使得我们不得不承认在历史进程中存在大量的潜在变量值得考量研究，而且这些变量之间还有无穷的联系。此外，这不仅关乎变量的数量及其相互之间的联系，而且涉及是否可能测量其中大多数变量的影响力以及这些变量在互动过程中产生的积极和消极影响。因此，我们自然可以得出如下结论，即便是在相对简单的情况下，因果关系也会涉及到无数层级的复杂性与未知数，所以历史事件不可能有全然令人满意的解释。

　　　近几年来，经济学领域里出现了一些进展，将混沌理论同历史以及本书所写的内容联系在一起。主流经济学家开始承认，经济理论与其
216 试图模型化的真实事件进程之间存在鸿沟，并且对寻找新的建模方法越来越感兴趣，尝试纳入不可预测因素与非经济因素并给予其相当比重。"路径依赖分析"的兴起乃是一项重大创新，它允许"暂时的远程事件，包括由作为非系统性力量的偶然因素所主导的事件，可对最终结果

① 马尔萨斯：《关于人口原理的论文》，温奇编，第27页。
② 帕克与斯泰西：《混沌》，第74—79页。

产生重要影响"。① 这种模型设想说,初始的单个小事件或一系列的小事件可能偶然地与其他事件结合,进而通过多次积极反馈得到逐步增强,直到对经济变化重大进程的发展路径产生巨大影响。

我们已经发现路径依赖分析颇为有用,特别是解释为什么工业会在特定地区而非其他地区诞生并繁荣起来,以及为什么这些地区出现了极高水平的产业集聚。偶然的历史事件似乎在很多情况下发挥了主要作用。最初选择某个地点作为工业建设的场地可能时常源于非常特定的条件,而与该地纯粹的经济优势并无多大关联。但是工业一旦建设起来,就会吸引其他参加者进入,这一过程就是所谓的"聚集经济(agglomeration economies)",当然在之后的发展阶段,偶然的历史事件与非经济因素仍然会时常影响该工业的增长速度。②

换言之,经济学家愈加承认事件、制度与偶然事件的力量,因此也就认识到了历史进程的重要性。这类模型时常假设说存在许多不同的路径可以导致多种不同结果,而且它们还论证路径的选择通常是"历史偶然事件",而并非独立经济规律运行的必然结果。不仅如此,这一领域的许多经济学家致力于论证微小且常具随机性的事件会对大规模的经济变迁产生影响。他们由此将混沌行为的一些方面纳入模型中,进而强化了如下观念,即变迁时常出自偶然而非理性选择。

超级模型的可靠性基于传统哲学观念对于因果关系性质的理解,而对于这些模型的进一步批评自然也针对这种观念。随着后现代主义近年来不断播下强烈的怀疑主义的种子,这类批评造成了更大的威胁。上述这两条推理思路都极力证明:根据重要性大小对原因进行排序是不可能做到的,而且真相是不可知的。约翰·斯图亚特·密尔在1843年曾说到,将某个现象的原因看作"正面与负面条件的总和;如果各种

217

① P. A. 大卫:《克利奥与 QWERTY 经济学》,《美国经济评论》,75(1985 年),第 332—337 页。该论文认为,QWERTY 打字键盘明显不是最有效的设计,但其普遍使用说明了"历史偶然事件"的重要性以及"制度约束"对最终结果或者"最终状态"的影响。

② 例如 P. A. 卡图曼:《向工业区转型过程中历史的作用:印度自行车业的一个案例》,收入 P. 卡登和 M. 霍姆斯特姆编:《印度的分散生产:工业区、灵活的专业化与就业》(本地治里,1998 年)。

可描述的偶然性全部实现，结果就必然会发生"。[①] 因此由事件往后和往外可以延展出一条无穷的原因链，而事件愈加具有整体性，其延伸的原因链就更长更广。所以这些"原因"无法根据重要性大小进行排序，因为它们中的每一个都在决定这一特定结果方面发挥了不可或缺的作用。即使我们相信原因可以排序，但实际上却总是无法做到：首先，绝大多数原因的影响或力量本身难以量化；其次，即便其影响力理论上说可以量化，但现存资料欠缺，因此量化几乎不可能做到充分准确。既然任何一项原因都不能说比其他原因更重要，那么所有原因就必然具有同等价值。

　　狂热的后现代主义者会更进一步，认为历史写作并无客观性，而且历史真相永远无法再现。[②] 这些知识圈子之中流行这样的观点，认为每个现存的历史文本都能有多种不同的解读方式——这一立场很少有历史学家会反对。即便历史文本的作者或历史文件的编撰者有少数既勤勉又专业，尝试捕捉真相与真实，然而他们最终也只是成功地完成了一项建构工作而已。这些被建构的文本乃是历史学家必须依赖的证据，然而它们关于过去的信息乃是通过语言传达，而语言和语法是含义和意图的纯粹主观性表达，因此这类材料绝非完美。因此，历史学家（他们中无人能够做到真正客观）尝试基于现存文本复原过去，进而发现历史事实与真相，然而此举实际上只是基于诸多其他建构来创造出新的建构而已，这意味着他们的历史必然无法反映过去的真实。

　　既然所有的历史阐释实质上都是想象的结果，那么其中自然没有任何一种可被证明是真实的，所有阐释也必然同等有效和无效。不仅如此，既然我们能以几乎无数种方式来阅读每份文件，其中没有任何一种方式可被证明比其他方式更为正确，因此所有"文本"必然被视作基本相同，无论是同时期的原始资料（例如税收登记表、法庭卷档或关税

---

① S. H. 里格比：《历史原因：一事比另一事更重要?》,《历史》,80(1995 年)，第 234—235 页。
② R. J. 埃文斯近来对后现代主义历史理论及其对历史写作的影响进行了讨论，见其著作《捍卫历史》(1997 年)，可重点参阅第 224—253 页。该书提供了一份有用的书目，涵盖该领域的主要作品以及作者对其质量的评论（第 291—301 页）。

账簿），小说或其他创造性写作作品（例如乔叟的《骑士故事》或兰格伦 *219*
的《农夫皮尔斯》），或现代历史著作（例如 G. M. 屈威廉的《威克里夫时
代的英格兰》或 R. H. 希尔顿的《农奴获得自由》）。正如后现代主义者
所说，接受这些观念必然导致历史学这门学科走向毁灭，因为历史学既
无法"论证一种阐释或故事类型优于另一种"，也不能完全确定究竟是
证据提供了观点还是"历史学家的观点本身就是证据"。历史学绝不是
对真理的纯粹客观的探索，而是"一种话语模式……与小说和其他表达
形式的立足点是相同的"。因此我们必须敦促历史学家"不再幻想能够
客观准确地再现过去"。①

　　这些来自混沌理论、历史哲学、后现代主义与路径依赖理论的批评
对于我们解释数个世纪里所有国家经济社会兴衰问题究竟有什么意义
呢？ 在这本小书里，我们一直极力批评超级模型简单化的缺点，但这些
模型恰恰因为以此为目标反而广受推崇，所以我们是否偏离了重点？
寻求历史解释的种种努力尝试是否因为从未获得成功而应该被彻底抛
弃呢？

　　答案必然是否定的。历史上的重大问题要求我们继续追寻答案，
无论这些答案最终是多么误入歧途或片面。其他人当然有权指出已有
答案的不足，并且就其改进方式提供建议。虽然历史上的重大问题很
少能得到彻底解答，正如生命或自然世界的大问题一样，但历史写作仍
然存在行规纪律，这种行规纪律因为从业者与读者的集体判断而得到 *220*
强化。哪些东西可获得认可或值得认真研究并非出自单个史学家的观
点或偏见，而是集体评估过程产生的结果。英格兰与欧洲的经济社会
在中世纪与近代早期的发展道路为何如此？ 对这些问题的解答存在诸
多不足，这些不足既反映了研究问题本身的极端复杂性，也体现了尝试
解决这些问题的历史学家与社会科学家的能力不足。

　　历史学家有常识，也受过专业训练，且对所研究的历史时段有充分

---

① E. 染川与 E. A. 史密斯：《将历史写作理论化，或"我无法想象它为何会如此沉闷，因为它
的很大一部分必须是创造"》，《社会历史杂志》，22(1988 年)，第 150、153、159 页。

认知，他们可以以此来克服后现代主义的虚无主义(nihilism)。后现代主义学说或许能够为我们提供诸多有价值的启示教益，但这些不应该包括如下奇异观点，即所有解释同样有效并且同样无效(这些解释当然也包括后现代主义者自己提出的观点)。我们可借用一个新的历史模型来很好地说明这一观点。该模型应该被称为白镴理论(the Pewter Theory)，目的是解释西方世界的兴起。根据这一模型，历史的驱动力不是人口的升降、阶级之间的斗争或商业技术的进步，而是白镴餐具与家用餐具的采用与最终弃用，包括盘子、碗、杯子、罐子、水壶等等。[①] 白镴是锡铅合金，有时添加少量锑或铜。人体如果摄入过量的铅，就会产生铅中毒或铅毒症(lead-poisoning or plumbism)，在严重的情况下还会导致脑损伤，包括动脉硬化和不孕不育。因此白镴模型认为，贵族领导无方而且丧失生育力是罗马帝国衰落的重要原因，而这些现象又在很大程度上源于铅中毒。因为统治阶级不仅使用含有高含量有害铅的白镴器皿吃喝，而且将酒水储藏在这类容器中，还涂抹铅质化妆品和药膏，所以其脑力和生育能力受到伤害。该理论还进一步说，在中世纪和近代早期的世界，经济技术进步缓慢，这也与当时白镴的普遍使用存在因果关系。意大利的一项反例进一步强化了这种说法，因为该地区虽然位于欧洲内部，但在当时竟然极少使用白镴，而该地区又是伟大的文艺复兴学术文化的发源地。最后，到十八、十九世纪，不列颠的技术、工业化和城市化飞速发展，人口随之发生爆炸式增长，与此同时价格低廉的新式硬釉陶器也取代了白镴，这两者竟然同时发生是否纯属巧合？

　　白镴理论如果依托系统性的学术工具与细致脚注，还可得到进一步扩充发展。一些后现代主义者及其理论家同志们也许会认为，该理论和有关西方世界兴起的其他假说一样，虽然有价值，但最终无法完全证明是真是假。但是这套理论的核心内容前后并不连贯一致，而且道理浅显，因此对于实践型历史学家并无太大吸引力，历史学家能很快意

① J.哈彻与 T.C.巴克的《不列颠白镴史》(1974 年)一书对白镴使用的兴衰进行了研究。

识到其内在的荒谬性。该理论如果与卡尔·马克思、亚当·斯密与托马斯·马尔萨斯等人构建的那些内容丰富的模型相比，则更是显得可笑。

密尔有关因果关系性质的命题对于历史学的威胁性也并不像初看时那么大。即使因果关系真是呈现链条状而不是网状，该链条也未必一定以相同的力量向无数个连接点无穷延伸。因果关系当然是个复杂而有争议的话题，但人们在日常生活中仍会经常区分主要与次要原因，以及条件与原因。我们可以通过一个人们常讨论的案例，即玻璃瓶被石头击中后会破碎，来说明这个问题。[①] 瓶子为什么会破？这个问题的答案也许显而易见：因为它被石头击中，而且因为它是易碎的。但是潜在的原因实际上相当多，远多于上述两项。首先为什么有人会想到扔石头？这些石头为什么能击中瓶子，又为什么会有足够的力量击碎它？石头的大小和重量很显然是重要的，玻璃瓶的厚度以及投掷者同玻璃瓶的距离也同样重要，当然还有尝试击中它的次数。如果投掷者没有好视力，或者手臂受伤，或是光线不好，瓶子可能根本就不会被击中。要想彻底回答瓶子被击碎的原因，还需要知道瓶子、石头以及投掷者是怎么来到这儿的，以及为什么没有人从中阻碍，为什么投掷者前一天没有被车撞倒，为什么投掷者出生等一系列问题。

人们希望诸如常识、知识、经验与良好的历史判断力等素质能有助于解释历史事件，能确定在何处切断因果关系链，哪些因素适于做深入考察，而哪些则是次要的甚至无关的，进而应该被忽略或者留作背景知识。切割因果关系链的截点会有所不同，这当然会受到历史解释所涉及的事件性质以及研究本身的性质的影响，也自然离不开历史学家自身的成见与偏见，只是后一种情况可能不那么合理恰当。正如我们反复指出的，本书讨论的超级模型确实往往采用极其短小的因果关系链。如果继续使用破瓶子的例子做类比，有关它为何会破碎的争论可简化为投掷的势头与脆弱的瓶子（两个因素），甚至断言其中只有一个是真

222

223

---

① 见里格比：《历史原因》，第 234—235 页。

正原因,而另一个只是条件。换言之,原因的解释可简化为两个选项。一是认为既然人们总是朝瓶子投掷石头,所以瓶子的脆弱程度以及玻璃的厚度等因素决定瓶子是否破碎。另一种看法与此相反,认为既然所有瓶子都是脆弱的,所以石头及其抛出的方式决定了瓶子是否破碎。

历史争论往往缺乏明确的聚焦点,结果就是参与者大部分时间都在各执一词,但是布伦纳与其批评者们却在争论中集中讨论了人口与阶级因素在导致前工业化时期欧洲经济社会变迁中的相对作用,涉及因果关系问题的理论和实际两个层面。布伦纳在文章开篇就采用了比较方法,并且举出两个例子:首先,在十三世纪这个人口高水平时期,法国北部农民的自由增加了,而英格兰的农奴制却得到加强;其二,在十五世纪这个人口低水平时代,东欧很多地区的农民被奴役,而英格兰的农奴却获得自由。布伦纳进而断言,因为"在不同时期以及欧洲不同地区,相似的人口趋势却引发了不同结果",所以应该质疑如下观点:人口变化应该"理所应当成为一项原因,甚至核心变量"。[1] 另一篇学术论文则用一个反问句回应了他的指责:"布伦纳是否认为,某因素一定要在完全不同的情况下产生了相同结果才能被证明是原因呢?"布伦纳就"礼尚往来"地同样以问句来做出回应,"波斯坦与哈彻是否真的认为,只有某个被算作原因(人口增长/下降)的因素被证明在非常相似的条件下产生了相反的结果(收入分配),一个历史解释方才能被视作有效呢?"[2]

这种交流清晰地展示了争论参与者之间对立矛盾的动机观念,因为该争论关注的不仅仅是长时段经济社会变迁的原因这一基本问题,而且涉及如下具体问题,即是否存在唯一原因以及该原因可能是什么。布伦纳初看起来可能只是说相似的人口下降或上升趋势可能导致不同的结果,但他事实上是在有力驳斥如下极端看法,即认为人口因素是经

---

[1]《农业阶级结构与经济发展》,第 21 页(为此可忽略东欧农奴制兴起的时间,因为大多数历史学家认为其发生的时间晚于布伦纳的说法)。

[2] 波斯坦与哈彻:《人口与阶级关系》,第 66 页;布伦纳:《欧洲资本主义的农业根基》,第 220页。

济社会变迁的唯一驱动力或认为人口水平的大幅波动带来的结果是完全可以预测的。此外，他又否定了人口因素的影响，仅仅因为它并非某结果的唯一决定因素，他在这一点上很显然是错的。历史上有无数实例（甚至还能想到更多）说明诸多强大因素造成了变化，但是这种变化的性质会受到其所处条件以及所受力量作用的影响，因此会随着地点与时间的不同而存在差异。让我们举个有关中世纪农业的简单例子。如果一年里降雨量过大，而且发生在错误的时间，作物便会受到伤害。在1315—1317年间的饥荒时期，骤雨几乎下个不停，各地的收成几乎都遭受了史无前例的灾难，有些地方的产出量甚至少于播种量。然而即便如此，例如汉普郡的费勒姆等一些庄园却因为位于干燥的白垩土壤上，通常缺乏水分，这一时期的收成反倒超过平均水平。① 是否因此就可以质疑如下说法，即过量降雨"必然是（年产量增长与下降）的原因之一"？

225

　　布伦纳认为人口变化并非经济社会变迁的唯一的重要决定性因素，波斯坦与哈彻非常同意这一客观性结论。他们甚至还会进一步说，人口的作用实际上更为有限，并且强调社会、政治、文化与意识形态等一系列因素都会对历史进程产生重要影响。② 但布伦纳明确表达了相反的立场：有关中世纪与近代早期欧洲发展原因的争论不应该是两军之间的战争，两派各有一套自己的解释，并各自包含一系列原因与条件；这场争论应该是一场你死我活的角斗比赛，两派各自声称是最高的原动力。布伦纳先是否认人口力量是长时段历史变迁的唯一原动力，随即将财产与阶级关系作为替代。对于布伦纳来说，财产与阶级关系是一项真正独立的变量："人口或商业趋势的变化通常不会决定或改变它们。"但它们却恰恰决定人口变化可能产生的影响，因为人口升降产生的力量必须以它们为媒介发生作用，而不是相反。③

———————

① J. Z. 蒂托：《温彻斯特的谷物产量：关于中世纪农业生产率的一项研究》（剑桥，1972年），第43—49、53—59、63—69页。
② 《人口与阶级关系》，第64—66页；参看上文第197—198页。
③ 《农业阶级结构与经济发展》，第12页。

226 如果回到玻璃瓶与石头的例子，我们可能会观察到石头与人口下降之间、瓶子是否脆弱与财产阶级关系之间存在相似性。有人会想当然地认为，石头掷向瓶子（即人口升降），而瓶子被石头击中后是否破碎仅仅取决于玻璃的厚度（即起决定作用的阶级结构）。因此，既然中世纪后期或德国三十年战争期间出现了人口下降，那么正是阶级力量决定了地主的命运以及农民的法律经济地位。照此推理，英格兰农奴制的最终消亡源于农民阶级的强势以及地主的相对弱势，而东欧则因为阶级力量格局恰恰相反，故而最终出现了相反的结果。因此，对布伦纳来说，就是地主与农民的相对强弱决定了农民是得到解放还是受到奴役，也决定了地主是否富足成功。他进而将人口因素以及所有其他的可能因素降低到背景条件的地位。

但是他究竟通过什么客观标准来证明财产关系和阶级斗争是原因而非条件，人口以及所有其他相关因素只是条件而非原因？为什么英格兰与东欧阶级力量的现有格局不能被看作是已有条件，而这一情况下的新因素——人口崩溃又不能被看作两个地区农奴制兴衰的首要原因？[①] 但是这种角色互换同样没有道理。我们不妨在此强调一个重要但又极其浅显的看法：如果某个（英格兰）瓶子因为受到石头（人口下降）打击而破碎（农奴制消亡），而另一个（东欧）瓶子因为受到类似的石头（人口下降）打击而掉落（农奴制强化），石头以及瓶子的构造均不能因为后续情况相反而被单独看成是首要原因。即便有可能同样的石头227 以同等力量投掷，而且击中附近两个瓶子的同一部位，一个瓶子破碎而另一个仅仅被打翻，这种情况显然源于两项事实：瓶子的结构不同而且它们受到石头击打。同样，如果英格兰与东欧两地阶级力量的格局和人口状况有任意一项的实际情况不同，那么前一个地区农奴制的衰落与后一个地区农民的奴役化就都不会在此时以此种方式发生。这两项因素对于特定结果而言都是不可或缺的，选此而弃彼，并将其视作主

---

① 从东欧角度进行的探讨，可参见 A. 克里玛：《前工业化时期波希米亚地区的农业阶级结构与经济发展》，收入阿斯顿与菲尔品编：《布伦纳争论》，第 192—212 页。

要原因、促成因素或仅仅是背景条件不过是选择者的个人偏好而已。

我们仅仅指出通过一个巨型变量无法完全解释欧洲农奴制与自由这类重大复杂的历史进程问题,其实对真正做出解释并无多少益处。人口水平的变化与地主农民之间的力量对比对于英格兰和德意志农民的生活水平来说自然极其重要,但对因果关系的分析不能仅限于此。例如,为了解释英格兰农奴制的衰落,我们需要研究该国地主相对弱势、农民相对强势的原因,以及人口下降的准确时间表与规模。这类研究需要考虑贵族和教会地产的分散性、王权、法律制度以及大领主行为背后的心态等问题。为了研究人口为何有如此规模的下降,我们需要考察生育率与死亡率的多重影响。如果生育率对于人口下降起到了重大作用,生育率下降的潜在原因就成为相关因素,包括促使女性结婚年龄提升的一系列因素,例如女性的就业机会增加,也有可能只是因为当时人不太愿意在中世纪后期的痛苦环境里生育孩子。另一方面,如果认为人口下降的基本原因是第二次鼠疫流行病的持续攻击施虐,这一思路就会引导人们研究引发瘟疫的芽孢杆菌的结构变迁、携带芽孢杆菌的跳蚤的行为变化、跳蚤的寄主的行为变化、跳蚤或其昆虫寄主的交流路线的变化以及跳蚤及其啮齿动物携带者生活的气候环境的变化等等。这一思路自然是非线性的,甚至最终走向混沌。生活在亚洲偏远高原啮齿动物脊背上的跳蚤体内微生物的随机性突变竟然最终导致西方世界封建体系的崩溃,这种说法强有力地证明了混沌系统不可预测的机制会导致巨大浩劫,甚至比东京蝴蝶引发纽约飓风这一常用例子更为有力。

228

虽然我们期待对历史进程做出完整而令人满意的解释,但这一任务过于巨大,几乎不可能实现。我们越是了解混沌理论的最新进展及其有关复杂系统甚至简单系统运行的研究,那些巨型的单一因果式历史超级模型的基础就显得越是脆弱。而有人试图脱离无穷范围的潜在变量,集中研究一小群独立变量的活动来对极其复杂的进程进行解释,此举也会显得愈加荒谬。有人可能认为现在用于分析中世纪经济的线性模型恰恰适合简单的系统,但正如我们之前所指出的,即便在最简单

229　的马尔萨斯系统中，如果允许其中的三个变量彼此互动，平衡也会让位于动荡与混沌。各国的经济从本质上说并不简单，实际上是非常复杂的系统。中世纪经济的复杂性显然不如后来高度工业化、城市化的经济，但近些年来的研究却又证明它并不像此前认为得那么原始。此外，经济并非存在于无摩擦的真空中。它由人经营，会遭到事件冲击，受到政治、宗教和文化制度等一系列因素的影响，也为习俗、实践以及市场力量所影响，并且还会受到天气、疾病与战争等外部力量的打击。

　　针对中世纪经济可能是何种体系这一问题，混沌理论以及数学、自然与社科科学领域同时出现的大量进展可提供一个广阔的概要式图景，该图景会突出网络与集群而非因果链条，强调相互依存而非独立特征，强调变量的多样性及其互动会产生不可预测的力量与方向，而且强调这种互动还会引发正面与负面后果。如今数学编程与计算机模拟可以通过新式有趣的方式对复杂系统进行建模。然而，其他学科领域在研究方法上的飞跃无疑有助于历史学家更多地研究中世纪经济究竟如何运行，但对于研究其为何如此运行的贡献却可能会小得多。

　　对中世纪研究者而言，新方法的利弊可以通过一个例子来清楚地说明。冯·杜能的模型涉及城市市场附近农业土地的使用，而 A. W. 威尔逊最近对其进行了数学级数运算。[①] 冯·杜能的原始框架只是简单描述到单个市场中心有数个同心环，但现实更为复杂，事实上会存在多个
230　相互竞争的市场中心，而且这些中心形成的影响范围会相互重叠，此外还存在多样且不规则性的地理格局、土壤类型、运输系统等等。[②] 而如今威尔逊使用最新的数学技术与计算机模拟，展示了"交互式建模"如何模拟诸多复杂系统的运行，包括多个市场与一系列其他动态变量。

　　建模的这些进步为中世纪伦敦的研究者们提供了更加现实的概念框架，便于他们研究粮食与能源供给以及这个大都市对其农业腹地产生的影响。但这些模型基于复杂的数学运算，因此它们的解释力和预

---

① A. G. 威尔逊：《复杂的空间系统：城市与区域分析的建模基础》（哈洛，2000 年）。
② 上文第 131—133 页。

测性取决于其背后预设的合理性以及纳入数据的范围大小。如今复杂空间系统建模的基础数据不仅多，而且基本得到了有序整理，因此大致可靠。这类数据有如此规模和如此数量，意味着社会科学家、城市地理学家、规划与社会政策的设计师可以支配大多数（如果不是全部）相关信息来测试、修缮模型，调整每个变量的权重并改变变量之间相互作用的强度。但对于从事中世纪"供养城市"项目的研究者来说，关于重要问题的硬数据通常是不可能获得的。他们或许可以通过地图较为准确地展示十三世纪末与十四世纪南部与东部诸郡土地使用模式的变化，不过几乎没有直接证据涉及到究竟是谁购买了自营地农场的产品，而关于这些产品到底去往何方的证据更是接近没有。中央广场理论（Central Place Theory）也类似地假设存在不同层级的市场，较小的市场供养上一层级的市场，直到最高级别的大都市，但是如下问题必然还是基于猜测而非事实：大城镇的食物供应在多大程度上来自小市场的交易，以及生产贸易有多少比例是服务于当地而非外地消费者。

此外，这类空间建模试图重现的系统具有相当的复杂性，但相比于那些用于复原经济整体运行原理的模型而言还是极其简单的。英国政府使用"财政部模型（the Treasury Model）"来刺激经济并预测其变化，该模型总计包含超过 1000 多个方程和桓等式。然而有一点很重要，我们自然要强调混沌理论与复杂系统模型的进展对于概念发展的益处，但同时不应该夸大它们对于更为传统的分析方法的负面影响。绝大多数传统方法仍然有用，因此不应该被抛弃，但我们在使用时需要有更强的鉴别力。因此，虽然近来的研究进展强调线性分析存在严重的局限性，而且指出我们对其不合理的使用会导致错误，但这类分析并非因此变得多余。供求平衡、边际效益递减、比较优势等规律并不因为我们认识到过去的复杂性而全然失效，但是我们却因此更加清楚地认识到这些原理只能部分回答历史提出的大问题。如果人口上升或下降，那么土地相对劳动力会变得相对稀缺或富余，但是如下问题却远远超出了理论经济规律的范围：土地或劳动力的价格是否以及多大程度上呈现升降趋势、总产出或人均产出情况如何，以及更加难以预测的佃农的身份地位或地主的收入情况。

我们期望回答重大问题，而探讨一般与具体之间的关系、基于成批的地方性证据构建出全国性的整体趋势是其中的重要组成部分。但我们越了解现实世界的复杂性，这项工作似乎变得越困难。剑桥人口与社会结构历史研究小组投入了巨大的资源，根据英格兰堂区记事簿（parish registers）的记录来研究十六、十七、十八世纪的人口情况。[1] 剑桥小组的开创性研究无疑大大加深了我们对于人口变化进程的理解，[2]但这又绝非最终的确切结果。我们想要完满地解释经济变化与人口变化之间的关系以及英格兰的人口如何以及为何沿着这样的路径发展，事实上还有很长的路要走。

里格利与斯科菲尔德合作完成的第一本书收集了 404 个堂区的洗礼、婚姻与葬礼清单，旨在清晰地揭示全国性的人口趋势。他们基于这一巨大的数据库，使用数学与人口建模之强大工具描绘了英格兰人口的演进过程，衡量了生育率和死亡率变化对于人口的影响。他们还使用宽泛的马尔萨斯模型的低压式版本来解释"全国性"人口运行的变化。他们对于该人口变化趋势的观察主要基于"全国"实际工资水平的变化，而工资变化的计算则根据修订版的菲尔普斯·布朗与霍普金斯指数（the Phelps Brown and Hopkins index）。他们得出的总体结论是：生育率在决定人口增长率方面所起到的作用比死亡率要更大，而生育率的转变很大程度上受到结婚年龄与次数变化的影响，而这反过来又明显反映了实际工资的波动。里格利与斯科菲尔德的第二本书对二十六个堂区记事簿进行了复原，进而补充了一个主要结论，即英格兰

---

[1] 特别参考 E. A. 里格利与 R. S. 斯科菲尔德：《英格兰人口史，1541—1871 年》（1981 年）和 E. A. 里格利、R. S. 戴维森、J. E. 奥本和 R. S. 斯科菲尔德：《基于家庭复原法的英格兰人口史，1580—1837 年》（剑桥，1997 年）。

[2] 剑桥小组使用复杂的"反向投影法（back-projection）"技术对大量的新数据进行了分析，从而对 16 至 18 世纪英格兰的总人口做了重新估算（里格利与斯科菲尔德：《英格兰人口史》，第 528—529 页），但这些估算与以前的数据非常接近，后者是凭借诸多有问题的证据与研究者的直觉猜想。这一过程又恰恰证明了历史学家的集体力量。D. C. 科尔曼：《英格兰经济，1450—1750 年》（牛津，1977 年）第 12 页提及了一些历史学家的估算，这些数据同"反向投影法"计算结果的差距一般在 10% 的范围之内。

的人口发展经历"具有很强的内在相似性"。

　　这一极具野心的研究必然会引起争议,例如这 404 个堂区集合与二十六个复原的堂区是否能够准确代表英格兰村庄与城镇的一系列复杂情况,而该研究在探究"全国性"人口进程的根源时却忽略了这些样本的代表性问题。鉴于因果关系并不像数字那样可以简单累加,而探究综合人口指数与综合经济指数之间的因果关系可能导致所谓的"合成型谬误(the fallacy of composition)"。里格利与斯科菲尔德参考有关实际工资、家佣、移民等项目的"全国性"数据,尝试解释有关出生、死亡、婚姻、合法生育、独身现象、婴儿死亡率、私生子等项目"全国性"数据的变动,但这种尝试受到了质疑,因为基层社区层面的微观分析相比大规模的综合分析更体现明显优势,更加接近事实真相。事实上,我们将地区间的差异做平均化处理以及探寻宏观变量之间的因果关系,可能无助于捕捉到任何特定的事实。[1]

　　当前研究开始揭示英格兰社会、经济与宗教经验的多样性,有助于展示地方人口事件发生的背景。通过详细研究单个共同体的所有可用记录而不只是堂区记事簿,并且探究"经济、社会、文化与人口变化进程之间更为直接的联系,我们可以展示新的因果关系世界与旧的关系世界十分不同,后者只是强调聚合变量(aggregated variables)和大规模的因果分析"。[2] 事实上,我们开始意识到人口经验是如此复杂且迥异,一个堂区内几乎同样的小群体与家庭之间却有着鲜明反差甚至往往相互矛盾的行为。诸多历史解释强调"普遍经济力量的首要性",但不少研究却揭示"植根于地方方言的人际关系的力量影响着历史",这对前者提出了强有力的挑战。[3]

　　但历史学家寻求从具体到一般、从单个地区或部门到整体图景,这

234

----

[1] J. 施伦博姆:《前工业化时期欧洲人口系统的微观史与宏观模型:十七至十九世纪贝尔姆堂区(德国西北部)的生命历程模式》,《家庭史杂志》,1(1996 年)。
[2] P. 哈德森与 S. 金:《两个制造业城镇(约 1660—1820 年):一项比较人口学分析》,《经济史评论》,第 2 系列,53(2000 年),第 706 页。
[3] P. 哈德森与 S. 金:《两个制造业城镇(约 1660—1820 年)》,第 737 页。

种作法也会面临同样巨大的困难。即便幸存的证据足够好，我们可以据此研究青年女性生命周期的轨迹，进而发现她们在黑死病后迁徙到约克，而且还能揭示这些女性的工作机会因为劳动力的严重短缺而得到改善，她们的结婚年龄也因此上升，生育率进一步下降，但这本身并不能证明英格兰的整体生育率下降了，更不能证明低生育率而非高死亡率是英格兰人口水平低以及下降的原因。[①] 在任何特定时间里，有可能存在着一系列不同的因素会对社会经济阶层与群体的人口行为产生影响，并且以不同的力量推动人口趋势朝向不同的方向发展。在这种情况下，我们不知道所有英格兰女性中晚婚或不婚的人数占多大比重，也不知道农村夫妇的结婚年龄发生了怎样的变化以及其他力量对于婚生子女数量产生了怎样的影响，也无法知道出生的孩子的存活率是多少。用混沌理论的语言来说，在任何系统中都存在按照已知定律运行的活动序列，但这些活动如何同其他因素产生联系、它们形成的联系会产生怎样的力量却会非常难以预测。

235

有学者会怀疑模型是否能真正达到其本身的诸多目的，但对于这一问题的合理怀疑不应该带有极度的悲观主义情绪，进而彻底质疑我们复原和解释过去的能力。我们仍然有可能写出好的历史，并在发现正确答案方面取得进步。历史写作以及中世纪经济史研究明显受益于专业化、分工和技术进步，我们现在拥有更好的历史工具，我们的图书馆藏有一大批优秀的研究著作，涵盖土地市场、殖民与定居、农业活动、地产管理、自由与农奴制、农民的不满与叛乱、贵族与乡绅的生活方式、骑士精神、修道院、世俗人士的宗教虔诚、国内外贸易、城市与工业发展等各个领域。正是在这里，超级模型恰恰体现了其积极性价值，可以为我们的研究提供框架，有助于分析所选部门或关系的运行活动。因此，历史学家如果对定居模式、粮食产量与价格、土地耕种的方式等主题有特别的兴趣，可从人口资源模型的理论基础以及相关概念式研究中获

---

① P. J. 戈德堡：《中世纪经济中的女性、劳动与生命周期：约克与约克郡的女性，约 1300 年—1520 年》（牛津，1992 年）。

益许多。同样,研究乡村市场与庄园法庭的历史学家会从斯密式分析
与马克思主义式分析的传统中获益甚多。虽然将这些多样的元素编织
起来、进而对中世纪经济社会的主要发展过程提供一项整体的描述与
解释仍然是一项充满挑战的任务,但是将特定主题和部门的研究融汇
起来无疑会使我们最后的归纳总结更加准确深刻。

此外,如果从哲学的角度来看,许多方法论问题可能会损害我们对 　　236
因果关系的研究。但是如果有学者不仅对证据熟悉,在研究方法上也
有充分经验,他们在此基础上深入研究特定的历史事件或对其做出解
释,那么危险就会小得多。我们要想在解释乃至简单描述历史事件方
面获得实质性进步,自然会面临困难,如果我们又只是抽象地谈论案
例,但缺乏明确的聚焦点、界限或重点,那么难度就会成倍增加。如下
事实绝非只是偶然:哲学家与后现代主义者就历史活动提供了最为消
极负面的描述,但他们在写作中很少引述具体的历史事件或相关证据。

历史写作的方法有许多种,可供写作的历史也有多种类型。从事
研究与写作的历史学家首先选出一些有限的工作任务,进而提出各种
具体的问题,随后再通过不同的方法对其进行研究,也可能产生不同却
同样合理的答案。一些事件导致石头击碎了一个特定的瓶子,历史学
家如果想要详细地还原这些事件,就必须留意各种相关信息,甚至包括
石头投掷者所穿鞋子的尺寸与颜色。但历史学家如果旨在解释瓶子被
石头撞击时为什么会破碎,或人们为什么会向瓶子投掷石头,那么这类
信息就变得无关紧要。我们对于中世纪的分析也是如此。人口为什么
会下降或领主为什么如此强势或软弱等问题同如下问题并不相同,即
中世纪后期的历史为什么会沿着此种路径前进。如果我们要解释英格
兰的农奴制为什么会衰落,那么研究人口下降的规模与时间表则自然
是重要的,而人口下降的原因机制问题则不太重要,简单分析生育率与
死亡率、黑鼠泛滥等因素的各自作用即可。

任何专业学科领域的快速革新也会带来危险,使得从业者们对新 　　237
奇事物过分狂热。很多经济学家热衷于路径依赖分析,进而证明那
些看似微不足道的随机因素拥有巨大力量,但此举可能过分夸大了

小事件的潜在重要性而忽略了大事件的作用。这一做法借鉴了一些自然科学家的经验，后者热衷于通过构建模型来展示偶然与奇异因素的作用。东京（或北京）的一只蝴蝶拍动翅膀，就可能导致纽约发生一场飓风，这一说法在思想上有启发性，但事实上，加勒比海的天气系统绝对比万里之外的昆虫更有可能造成纽约的飓风，而且飓风事实上也很少在纽约发生。极小的事件只有在引发了异常强大的反应之后方才能有机会对重大事件产生影响，而大事件无需太多外部力量支持便能做到这一点。

三个主要的解释模型在中世纪史学领域仍然如此有影响力，其中一项主要原因便是三者包含了当时经济社会中诸多拥有极大影响力的关键性因素。正是因为这些模型中每一个都只包含一项或一组不可或缺的主要因素，所以它们又无法独自提供完整的答案。这本小书曾反复指出，三个超级模型在很多广阔的研究领域达成了共识。近年来出现了诸多研究作品，旨在解释中世纪经济社会的主要发展趋势，其中一些最具前景的成果就探究了这些不同模型所涉及的主要因素之间的相互联系。例如马克思主义历史学家希尔顿和布瓦在后期的研究之中十分重视人口力量，而布里特内尔的商业化研究也明显对其观点进行了有意识的折衷处理。这些研究不能简单地归入单个模型，正是因为它们充分考虑了多个反馈系统的运行情况以及不同力量之间相互作用的影响，所以更有可能准确反映历史现实的复杂性。

但是这种多元主义（pluralism）模糊了传统争议战线的界限，将清水搅浑，因此也受到批评。布瓦勇于承认人口升降趋势对于中世纪经济社会的巨大影响，布伦纳因此训斥他偏离了真正的马克思主义原理，但同时具有讽刺意味的是，勒华拉杜里又欢迎他加入新马尔萨斯主义阵营。[①] 与此类似，哈彻说社会、法律与政治影响同经济、人口趋势波动之间存在着互动关系，故而是决定历史结果的关键性因素。他仅仅

---

① 布伦纳：《欧洲资本主义的农业根基》，第 231—232、242—246 页；勒华拉杜里：《布瓦的著作〈封建主义危机〉之书评》，《法国世界报》，1977 年 3 月 11 日。

因为表达了这一观点而被指责剽窃了他人的立场，该立场被视作马克思主义者独享的特权。[1] 贝利最近的一篇论文被批评说"明显有失偏颇"，很显然是因为该文章说死亡率在降低和压低中世纪晚期人口方面起到的作用极有可能高于生育率。[2]

　　即便最复杂、最深刻的争论也会反复出现肤浅愚蠢的现象。一个人仅仅因为坚信财产关系的力量，就能最大限度地弱化人口因素的作用？一方面坚信人口的影响力，但另一方面又强调非经济力量的突出作用，这是否矛盾？历史研究方法的这种人为划分会长期延续下去，因为中世纪学者渴望将其同行的研究划入不同的意识形态阵营，这些阵营据称会分别效忠该学科特定研究范式的创始人，例如马克思或马尔萨斯，或者其观点在当代的重要倡导人，如 R. H. 希尔顿或 M. M. 波斯坦。初来乍到的学科新人可能会有如下鲁莽的观点：对于一些历史学家来说，一篇论文或一本书是否对所选领域做出了精确描绘似乎并不太重要，更重要的是从一个（通常）已经去世已久的大师那里获得思想上的支持，或者通过研究支持其观点。

239

　　我们不能因为一个历史学家承认农民大众的生活水平在十三、十四世纪之交不仅低下而且不稳定以及当时人口规模较大是主要问题，就将其看作是马尔萨斯主义者、"停滞主义者"或"波斯坦学派"的信徒。同样的，我们不能因为一个历史学家选择研究领主与农民、富农和小农、精英和无产阶级之间的斗争并且强调"弱者"的事业，就将其看作是马克思主义者或"希尔顿学派"的成员。

　　我们如果抱残守缺，继续依赖这些简单化的模型并强化它们之间的差异，便会有陷入边际效益递减困局的危险。用于模拟中世纪经济社会运行的模型如若想持续推进，就必须丢掉自身的诸多说教特征，变得更加复杂且更具包容性，要强调变量之间的相互依存关系而不是独立性。实现该目的的一种行之有效的方法便是融合历史写作的两种传

---

① 布伦纳：《欧洲资本主义的农业根基》，第 222 页，注释 11。

② C. 戴尔：《中世纪晚期的生活水平：英格兰的社会变迁，约 1200—1520 年》（剑桥，1998 年修订版），第 326 页。

统范式，而在历史领域，这两种方法至今仍然保持着大体分离的局面。在为重大历史问题探索更好答案的过程中，我们总是需要采用一种优化或者辩证的方法。既然我们的目的是为了弄清前后进程的演变，那么我们关注的重点自然是不同时期之间的变化。但该方法不应该以放弃"谱写一个时代的全景图"为代价。功能主义方法将某个制度或活动放置在一个广阔的背景之下进行研究，将其与同一个时期、同一个社会中的其他制度与活动联系起来。例如在中世纪，前一个方法可能集中展示十七世纪的资本主义农业系统为何以及如何会从中世纪的农奴制中发展出来，而后者又是从黑暗时代与古典时代的奴隶制中发展而来；而后一种方法则尝试将十三世纪的农奴制、庄园自营地的管理或公有地的运作纳入到当时的法律、政治、宗教、社会与文化环境之中。

240

我们前进的最佳道路显然是将这两种方法融合起来。深入理解制度或活动存在的广阔背景及其与其他制度活动之间关系的复杂性，对于我们考察各种变量的重要性十分关键，也有助于我们认识到：混沌理论、复杂性理论与路径依赖理论所说的那些具有强大影响力的小事件可以影响大规模的长时段历史结果。在理想情况下，我们如果想对数个世纪里的历史变化做任何分析，就应该对经济社会的诸多相关方面在连续时间点的整体情况做大量的横向研究。但这一建议仍然过分理想化，因为该任务涉及的工作量巨大，而且困难重重。这也是我们的模型为何总是先得到构建而后才逐渐流行的主要原因之一。至此我们几乎又回到了起点。

然而经验证明，历史写作作为一门技艺，整体而言是在不断进步的，而且将来还会继续进步。有一点看来是确定无疑的，我们要想对中世纪发生的重大历史变革做出更加真实的解释，就必须避免视野狭隘，并放弃追寻简单的答案。

拓展阅读指南

一、历史上的人口与资源

理论基础

十八世纪末两位经济学家 T. R. 马尔萨斯与李嘉图的著作为该类模型提供了许多灵感。这类建模基于人口与资源之间的关系,并以土地、劳动力与资本相对稀缺性为条件。李嘉图对该领域的主要贡献体现在其于 1817 年首次出版的著作《政治经济学原理》,而马尔萨斯则体现在其于 1798 年首次出版的著作《关于人口原理的一篇论文》。本书使用如下现代版本:T. R. 马尔萨斯:《关于人口原理的一篇论文》,D. 温奇编(剑桥,1992 年);《大卫·李嘉图著作与通信集》,P. 斯拉法编,共 11 卷(剑桥,1952—1973 年)。D. 温奇的《马尔萨斯》(牛津,1987 年)是一部通俗著作,对于马尔萨斯的思想提供了简单介绍。对于马尔萨斯与李嘉图著作的更加详细的知识性介绍包括 D. P. 奥布莱恩:《古典经济学家》(牛津,1975);M. 布劳格:《李嘉图经济学:一项历史研究》(纽黑文,1958 年);J. 度帕奎尔、A. 福夫—夏莫与 E. 格里布尼克编:《马尔萨斯的过去与现在》(1983 年);W. 彼得森:《马尔萨斯》(1979 年)。E. A. 里格利的《人口与历史》(1969 年)和 D. B. 格里格的《人口增长与农业变迁:历史的视角》(剑桥,1980 年)考察了马尔萨斯理论在历史情景中的应用。更为高级深入的阅读文献,可参考 M. S. 泰特尔鲍姆与 J.

M. 温特所编的《西方思想传统中的人口与资源》(剑桥,1989 年)中的论文;M. 特纳编:《马尔萨斯及其时代》(纽约,1986 年);D. 科尔曼与 R. 斯科菲尔德编:《人口理论的状况：从马尔萨斯出发》(牛津,1986 年)。

核心历史作品

M. M. 波斯坦是中世纪经济发展之新马尔萨斯—李嘉图解释的主要设计师。他的许多重要论文收入《中世纪农业与中世纪经济的基本问题论文集》(剑桥,1973 年)与《中世纪贸易与财政论文集》(剑桥,1973 年)。这两部论文集,连同他为其本人主编的《剑桥欧洲经济史(第一卷),中世纪的农业生活》(第二版,剑桥,1966 年)所写章节"中世纪全盛时期的农业社会"(548—659 页)乃是其学术贡献的最佳概述。波斯坦在晚年写了一部教科书《中世纪的经济与社会：不列颠经济史,1100—1500 年》(1972 年),该书缺乏其早期作品的敏锐性。波斯坦认为英格兰农民有一大部分日渐陷入贫困,而 J. Z. 蒂托的《英格兰乡村社会,1200—1350 年》(1969 年)则为之提供了一个强有力的案例支撑。有关欧洲史的新马尔萨斯式解释有如下优秀代表：W. 阿贝尔的《十三至二十世纪欧洲的农业波动》(1980 年版,首次出版于 1935 年);E. 勒华拉杜里的《朗格多克的农民》,共 2 卷(巴黎,1966 年);E. 勒华拉杜里的《在上诺曼底地区：马尔萨斯还是马克思?》,《经济·社会·文化年鉴》,33(1978 年);E. 勒华拉杜里的《历史学家的领域》,共 2 卷(巴黎,1973—1978 年)。

243　　**相关阅读文献**

E. 米勒:《十三世纪：近来研究的意义》,《过去与现在》,28(1964 年);E. 米勒与 J. 哈彻:《中世纪英格兰：乡村社会与经济变迁,1086—1348 年》(1978 年);J. L. 博尔顿:《中世纪英格兰经济,1150—1500 年》(1980 年);B. M. S. 坎贝尔编:《黑死病之前：关于十四世纪早期"危机"的研究》(曼彻斯特,1991 年);W. C. 乔丹:《十四世纪初欧洲北部的大饥荒》(普林斯顿,1996 年);J. 哈彻:《瘟疫、人口与英格兰经济,

1348—1530 年》(1977 年);H. E. 哈勒姆编:《英格兰与威尔士农业史
(第二卷),1042—1350 年》(剑桥,1988 年);E. 米勒编:《英格兰与威尔
士农业史(第三卷),1348—1500 年》(剑桥,1991 年)。

　　后文会继续罗列有关中世纪的各种主要且相互对立的阐释。波斯
坦对于十四世纪初马尔萨斯式危机的论述遭受了一系列直接批评,包
括 H. E. 哈勒姆的《英格兰乡村,1066—1348 年》(1981 年),特别是第
10—16、245—264 页;B. 哈维的论文《导论:十四世纪初的"危机"》,收
入坎贝尔编:《黑死病之前:关于十四世纪早期"危机"的研究》(曼彻
斯特,1991 年),第 1—24 页;M. 德赛:《中世纪英格兰的农业危机:马
尔萨斯式悲剧或错误的归因?》,《经济研究公报》,43(1991 年)。波斯
坦对于中世纪后期的解释也遭受了批评,见 A. R. 布里德伯里:《经济
增长:中世纪后期的英格兰》(第二版,1975);P. 南丁格尔:《英格兰与
十五世纪中叶欧洲的萧条》,《欧洲经济史杂志》,26(1997 年);N. J. 梅
休:《英格兰的人口、货币供应与流通强度,1300—1700 年》,《经济史
评论》,第 2 系列,48(1995 年)。M. 李维—巴吉的《人口与营养:关于
欧洲人口史的一篇论文》(剑桥,1990 年)从更广泛的层面反驳了生活
或营养水平与死亡率之间长期的相互关系,并强调流行病学周期
(epidemiological cycles)的重要性。

244

二、历史上的阶级力量与财产关系

理论基础

　　马克思论述封建经济与资本主义转型的核心文本可在《资本论》与
《政治经济学批判大纲》中找到,前者在 1867—1894 年分三卷出版,后
者写于 1857—1858 年但直到 1953 年方才出版。本书使用的是如下现
代版本:卡尔·马克思著、F. 恩格斯编:《资本论:政治经济学批判》,
共 3 卷(伦敦:劳伦斯和威斯哈特,1979 年版);H. J. 霍布斯鲍姆编:
《卡尔·马克思:前资本主义经济形态》(1964 年)。有关这些著作的
众多评论作品,我们特别推荐 B. 法恩的《马克思的〈资本论〉》(第二版,

1984 年)和 A. 布鲁尔的《马克思的〈资本论〉导读》(剑桥,1984 年),因为这两本书内容简洁、可读性强。有关马克思理论与马克思历史理论的更加详细的知识性介绍,可看 G. A. 科恩的《卡尔·马克思的历史理论：一种辩护》(牛津,1978 年);S. H. 里格比的《马克思主义与历史学：一种批判性的介绍》(曼彻斯特,1987 年);W. H. 肖的《马克思的历史理论》(1978 年);J. 埃尔斯特的《理解马克思》(剑桥,1985 年)。也有学者从马克思主义的视角写作了非常理论性的历史著作,见 B. 辛迪斯和 P. Q. 赫斯特的《前资本主义的生产方式》(1975 年)。

核心历史作品

有关英格兰中世纪史的经典马克思主义解释包括 M. 多布的《资本主义发展研究》(1963 年)与 E. A. 科斯敏斯基的《十三世纪英格兰农业史研究》(牛津,1956 年)以及 E. A. 科斯敏斯基的论文《十一至十五世纪英格兰封建地租的演变》,《过去与现在》,7(1955 年)。而近些年来,罗伯特·布伦纳做出了一系列重要的贡献,包括《前工业化时期欧洲的农业阶级结构与经济发展》,《过去与现在》,70(1976 年)与《欧洲资本主义的农业根基》,《过去与现在》,97(1982 年),这两篇论文都收入 T. H. 阿斯顿和 C. H. E. 菲尔品编的论文集《布伦纳争论：前工业化时期欧洲的农业阶级结构与经济发展》(剑桥,1985 年),还有论文《资本主义发展的起源：对新斯密式马克思主义的批判》,《新左派评论》,104(1997 年)。R. H. 希尔顿是顶尖的马克思主义史学家,以英格兰历史作为研究对象。在他发表的大量作品中,我们认为如下内容与本书讨论的问题最为相关:《1381 年之前英格兰的农民运动》,《经济史评论》,2(1949 年),收入 E. M. 卡鲁斯—威尔逊编:《经济史论文集》,第 1 卷(1962 年);《英格兰的自由与维兰制》,《过去与现在》,31(1965 年);《中世纪英格兰农奴制的衰落》(1969 年);《农奴获得自由：中世纪农民运动与英格兰 1381 年起义》(1973 年);《中世纪后期的英格兰农民:福特演讲及相关研究》(牛津,1975 年)与《阶级矛盾与封建主义危机》(1985 年)。希尔顿的论文《封建主义危机》,《过去与现在》,80(1978

年)受到 G. 布瓦的著作《封建主义危机：诺曼底东部的经济与社会，约
1300—1550 年》之观点的很大影响，即十三世纪的领主在增加农民负
担方面遇到了极大困难。

马克思主义者群体内部以及马克思主义者与非马克思主义者之间
存在很多争论，有关作品特别推荐如下：多布的著作《资本主义发展研
究》出版后引发了争论，与该争论相关的作品在罗德尼·希尔顿编的
《从封建主义向资本主义的过渡》（1976 年）有收录；阿斯顿和菲尔平编
的《布伦纳争论》是一部极为重要的论文集。还有许多作品对中世纪史
做了马克思主义式的概述，包括 R. J. 霍尔顿的《从封建主义向资本主
义的过渡》（1985 年）和 J. E. 马丁的《从封建主义到资本主义：英格兰   *246*
农业发展中的农民与地主》（1983 年）。

相关阅读文献

R. H. 希尔顿和 T. H. 阿斯顿编的《英格兰 1381 年起义》（剑桥，
1984 年）强调了领主权的压迫性及其遭至的反抗，特别是其中的如下
论文：C. 戴尔的《1381 年乡村起义的社会经济背景》、R. 费思的《1377
年的"大谣言"》；C. C. 戴尔的《中世纪英格兰的日常生活》（1994 年），
尤其是其中的论文《中世纪村庄里的权力与冲突》、《萨福克郡的 1381
年起义：其根源与参与者》；R. 费思的《英格兰农民阶级与领主权的增
长》（莱斯特，1997 年）。E. B. 弗里德的《中世纪后期英格兰的农民与
地主》（斯特劳德，1996 年）和 J. A. 拉夫蒂斯的《英格兰庄园体系中的
农民经济发展》（蒙特利尔，1997 年）提供了不同视角。有观点认为英
格兰乡村地区是领主与佃农持续斗争的战场，但不少学者对这一观点
进行了批评，包括第一部分罗列的核心作品，而"多伦多学派"历史学家
的批评则最为持久。见 J. A. 拉夫蒂斯的《土地保有权与流动性：中世
纪英格兰乡村的社会史研究》（多伦多，1964 年）；J. A. 拉夫蒂斯的《沃
博伊斯村：一个中世纪英格兰乡村两百年的生活》（多伦多，1974 年）；
E. B. 德温特的《Hollywell-cum-Needingworth 村的土地与人民》（多伦
多，1972 年）；E. 布里顿的《乡村共同体：关于十四世纪英格兰家庭与

乡村生活的一项历史研究》（多伦多，1977 年）。Z. 拉兹的论文《多伦多学派对中世纪农民社会的复原：一种批判性的观点》，《过去与现在》，85（1979 年）批评了这些研究使用的方法，并且对其依靠的证据提供了另一种替代性解释。

三、历史上的商业化、技术与市场

247

理论基础

亚当·斯密的《国民财富的性质和原因的研究》于 1776 年首次出版，《道德情操论》出版于 1759 年。本书引用的《国富论》现代版本是由 R. H. 坎贝尔与 A. S. 斯金纳编的（牛津，1976 年），这两位学者还就斯密的思想写作过一部有价值的书，即《亚当·斯密》（1982 年）。另外值得推荐的还有：D. P. 奥布莱恩的著作《古典经济学家》（牛津，1975 年）中有关斯密的一篇文章；A. S. 斯金纳与 T. 威尔逊编的《亚当·斯密研究论文集》（牛津，1973 年）；E. G. 韦斯特的《亚当·斯密：其人其作》（纽约，1969 年）。一些颇有影响力的理论著作阐释了市场与效率、技术改良在经济发展中的作用，包括 P. 霍尔编的《冯·杜能的孤立国》（1966 年）；E. 博塞洛普的《人口与技术》（牛津，1981 年）；E. 博塞洛普的《人口与技术变革：对于长期趋势的一项研究》（芝加哥，1981 年）。J. 希克斯的《经济史理论》（牛津，1969 年）以论述市场的演变为核心，而 I. 沃勒斯坦的《现代世界体系》，共 2 卷（纽约，1974—1980 年）也强调说贸易是历史发展的一项重要动力因素。K. 波兰尼的《大转型》（1944 年）与《人的谋生方式》（纽约，1977 年）就数个世纪里交换与市场的作用提供了具有挑战性的解释。K. G. 佩尔松的《前工业化时期的经济增长：欧洲的社会组织与技术进步》（牛津，1988 年）从商业化与技术进步的视角解释了中世纪的经济发展。

核心历史作品

248

关于中世纪英格兰商业化与技术进步的现代研究成果在理论与实

证深度方面,是无法同依据人口与马克思主义视角写作的著作相比的。但是如下书籍与论文却包含了这一领域的最新研究和解释:B. M. S. 坎贝尔、J. A. 加洛韦、D. 基恩与 M. 墨菲:《中世纪的首都及其谷物供应:1300 年前后伦敦地区的农业生产与消费》,历史地理研究系列,30(1993 年);B. M. S. 坎贝尔:《中世纪的土地与人民:1066—1500 年》,收入 R. A. 道奇森与 R. A. 巴特林编:《英格兰与威尔士的历史地理》(1990 年);B. M. S. 坎贝尔:《中世纪英格兰的农业进步:诺福克郡东部的一些证据》,《经济史评论》,第 2 系列,36(1983 年),第 26—46 页;R. H. 布里特内尔与 B. M. S. 坎贝尔编:《商业化经济:1086 至 1300 年前后的英格兰》(曼彻斯特,1995 年);R. H. 布里特内尔:《英格兰社会的商业化,1000—1500 年》,第 2 版(曼彻斯特,1996 年);J. 兰登:《牛马与技术革新:1086 至 1500 年英格兰农业中役畜的使用》(剑桥,1986 年);J. 马斯谢尔:《农民、商人与市场:中世纪英格兰的内陆贸易,1150—1350 年》(贝辛斯托克,1997 年);G. W. 格兰瑟姆:《特权领域:前工业化时期欧洲的农业生产率与乡村的供应区域》,《经济·社会·文化年鉴》(1997 年)。小 L. 怀特的《中世纪的技术与社会变革》(牛津,1962 年)极力主张技术进步的革命性影响。

相关阅读文献

C. 戴尔:《中世纪后期的生活水平:英格兰的社会变化,约 1200—1520 年》(剑桥,1989 年);S. 雷诺兹:《英格兰中世纪城镇史导论》(牛津,1977 年);E. 米勒与 J. 哈彻:《中世纪英格兰:城镇、商业与手工业,1086—1348 年》(1995 年);P. 斯布福德:《中世纪欧洲的货币及其使用》(剑桥,1988 年);J. 戴:《中世纪的市场经济》(牛津,1987 年);M. 贝利:《英格兰经济的商业化,1086—1500 年》,《中世纪史杂志》,24(1998 年)。

四、历史方法与新解释

J. L. 安德森的《长时段经济变迁的解释》(贝辛斯托克,1991 年)对一些主要模型有简要介绍。S. H. 里格比的《中世纪后期的英格兰社会：阶级、地位与性别》（1995 年）利用社会理论来诠释中世纪后期的社会史，对于经济史写作的诸多方法也提出了机智的批评。N. 海贝尔的《危机还是变迁？中世纪后期英格兰农业结构重组背景下的危机观念》（奥胡斯，1989 年）对中世纪英格兰经济史的许多主要著述进行了评述。

　　运用社会科学的方法与理论写就的历史作品，见 M. M. 波斯坦的《事实与相关性：历史学方法论文集》（剑桥，1971 年）；D. C. 科尔曼的《历史与经济的过往：经济史的兴衰》（牛津，1987 年）；C. M. 奇波拉的《两种文化之间：经济史导论》（牛津，1991 年）；W. N. 帕克编的《经济史与现代经济学家》（牛津，1986 年）。K. 詹金斯的《历史的再思考》（1991 年）与 A. 孟斯洛的《解构历史》（1997 年）代表了近来学者对于后现代主义与结构主义历史的探索；R. J. 埃文斯的《捍卫历史》（1997 年）则尝试极力驳斥这些流行的思潮。J. 格莱克的《混沌——一门新科学》（1987 年）对于混沌理论发展的概述颇受欢迎。还有两篇有价值的论文涉及混沌理论对于社会科学的影响：S. J. 格纳的《混沌与深层生态学》，收入 F. D. 亚伯拉罕与 A. R. 基尔根编的《心理学中的混沌理论》（康涅狄格州韦斯特波特，1995 年）以及 D. 帕克与 R. 斯泰西的《混沌、管理与经济学：非线性思考的意义》，经济事务研究所霍巴特论文，125（1994 年）。

　　诸多有关经济社会发展的替代性理论或模型在本书中尚未得到详细论述，其中最重要的有：D. C. 诺斯与 R. 托马斯的《西方世界的兴起：新经济史》（剑桥，1973 年）与 D. C. 诺斯的《经济史上的结构与变革》（1981 年）；佩里·安德森的《从古代到封建主义的过渡》（1974 年）和《绝对主义国家的系谱》（1974 年）；I. 沃勒斯坦的《现代世界体系（第一卷），十六世纪的资本主义农业与欧洲世界经济体的起源》（佛罗里达州奥兰多，1974 年）。

索引

(条目后的页码是原书页码,见本书边码)

译后记

《中世纪的模型：英格兰经济发展的历史与理论》是对中世纪英国经济史理论的介绍性著作，主要涉及马克思主义、马尔萨斯主义与斯密主义三大模型，也论及制度、货币、排斥、混沌、路径依赖、后现代主义等理论。该书篇幅不大，内容精炼简洁，是中世纪经济社会史研究的极佳入门书和学术指南。该书在 2001 年由牛津大学出版社出版，随后在英美学界受到颇多关注，《英国历史评论》《经济史评论》《反射镜》（由美国中世纪史学会主办）等知名学术杂志均有刊登书评。这些书评对于该书的褒贬态度虽然有所区别，但均承认其学术价值。

该书的两位作者都是英国中世纪经济社会史领域的权威学者。约翰·哈彻目前是剑桥大学历史系荣休教授，英国不列颠学院院士，曾担任剑桥大学历史系系主任、英国《经济史评论》主编。他的研究兴趣广泛，涉及人口史、黑死病、乡村与城市经济以及经济史理论，主要学术成果包括《瘟疫、人口与英格兰经济：1350－1530 年》《中世纪英格兰：乡村社会与经济变革，1086－1348 年》（与爱德华·米勒合著）、《中世纪英格兰：城镇、商业与手工业，1086－1348 年》（与爱德华·米勒合著）、《1700 年之前英国煤炭工业史》《黑死病：一部秘史》。[①] 马克·贝利是哈彻的学生，学术研究领域同老师相近，现为东英吉利亚大学历史学院教授，2019 年担任久负盛名的牛津大学"詹姆斯·福特不列颠史讲座"

[①] 有关哈彻教授的更多介绍，可参看许明杰、黄嘉欣：《英国经济社会史的新趋势——剑桥大学约翰·哈彻尔教授访谈》，《经济社会史评论》2020 年第 3 期。

(The James Ford Lectures in British History)主讲人，主要学术成果有《边缘经济？：中世纪晚期东英吉利亚的布雷克兰地区》《中世纪的英格兰庄园，1200－1500年》《中世纪的萨福克郡：一部经济社会史，1200－1500年》《中世纪后期英格兰农奴制的衰落》。

该著作是这两位史学家的代表作，有鲜明的学术特色，集中体现为如下两个方面。其一，出自专业史学家之手，二人不仅熟悉理论家的基本思想，而且对这些理论在史学研究上的应用与实践更是如数家珍。在书中，作者对这些理论以及相关的史学研究成果进行了介绍，并使用了很多典型的案例，例如著名的"从封建主义向资本主义的过渡"问题，因此读者通过阅读此书可对中世纪经济社会史的理论基础与学术脉络的整体面貌有系统性的认识。

其二，作者秉持中立态度对不同的理论进行介绍，并评述其优缺点，力求做到不偏不倚。二人的如此取向可谓非常难得，须知他们均是人口学派代表人物、剑桥大学著名学者 M. M. 波斯坦的传人，但他们在书中对于后者的学术理论与看法也提出了不少批评。与此同时，他们也充分承认马克思以及马克思主义史学家的学术贡献，这种态度可见二人的学术胸怀。

坦白来说，我本人的学术研究明显受益于这本书。我依然清晰地记得第一次认真阅读该书是在 2012 年 3 月，当时是我在剑桥大学跟随哈彻教授攻读博士的第 2 年，以 1381 年剑桥郡的民众起义为研究课题。我当时沉浸在研究之中，但心里也一直暗自忧虑，担心若缺乏较为深入的理论思考，博士论文很有可能沦为碎片化的个案研究。为此，我购买了该书并认真细读，同时努力思考博士研究的学术意义。最终我理顺了思路，发现这个有关剑桥郡的地区性个案研究可以回应"过渡问题"的大争论。这一思路得到了哈彻教授的认可，贝利教授后来也担任了我的博士论文答辩的主考官，对我的论文给予了较高的评价。① 因为这种经历，我对哈彻、贝利两位教授有着特殊的感激之情，对于这本

---

① 笔者的博士论文具体信息如下：Mingjie Xu, "Disorder and Rebellion in Cambridgeshire in 1381", the unpublished PhD dissertation, University of Cambridge, 2015.

书也厚爱无比。数年来我一直将它放在自己的常用书架上,不时翻阅。与此同时,我也逐渐萌生了翻译此书的想法。

我回国后,便来复旦大学工作,开设了研究生课程"西欧中世纪经济社会史专题",将此书列为学生的必读书。在教学的过程中,翻译该书的想法在我心中坚定下来。随后我将此想法告知两位作者,他们欣然同意,而且哈彻教授后来还专门写作了中译本序言,以表支持。我同时也将此事告知了向荣师,他立即表示支持。同门师妹黄嘉欣当时有志从事中世纪英国经济社会史研究,而且已确定在复旦攻读博士,我便邀她一同翻译。我们的分工如下:许明杰承担前言目录、第 1 章、第 2 章、第 6 章和拓展阅读指南;黄嘉欣负责中文版序、第 3 章、第 4 章、第 5 章;许明杰负责全书校对工作。

本书的顺利出版离不开其他师友的帮助。最初我苦于无从联系出版社,上海师范大学陈恒教授施以援手,促成了与上海三联书店的合作。上海三联书店工作效率极高,不仅很快解决了版权问题,而且随后便与我们签订了翻译合同。我们因为个人原因,翻译进度曾有所拖延,上海三联书店不仅予以理解,而且宽限了交稿时间,使我们能更安心地打磨译文、修订错误。感谢"西欧中世纪经济社会史专题"课上的陶晋、殷心怡、田娜、杜万鑫、陈剑、刘璐瑶、田梦美、袁尚、华烨、邓丽珊、安永娜、沈亦楠、林煜堃等同学对译文提出了宝贵的修改建议。在这里也要感谢爱人苗梦对这项工作的支持理解。该书获得天津师范大学张乃和教授许可,忝列其主持的国家社会科学基金重大项目"英国经济社会史文献学专题研究"(项目号 17ZDA225)的阶段性成果。该书还得到国家社会科学基金青年项目"法律视角下中世纪晚期英格兰民众与国家关系研究"(项目号 19CSS002)资助。这虽然只是本小书,但整个翻译工作历时两年有余。在此过程中,我们深感学术翻译之不易。我们虽然竭尽心力,但仍感学力不足,译文难免存在不足乃至错漏之处,还请各位学友不吝批评指正。

许明杰

2020 年 9 月于沪北尚景园

上海三联人文经典书库

已出书目

1. 《世界文化史》(上、下)　［美］林恩·桑戴克　著　陈廷璠译

2. 《希腊帝国主义》　［美］威廉·弗格森　著　晏绍祥　译

3. 《古代埃及宗教》　［美］亨利·富兰克弗特　著　郭子林　李凤伟　译

4. 《进步的观念》　［英］约翰·伯瑞　著　范祥涛　译

5. 《文明的冲突：战争与欧洲国家体制的形成》　［美］维克多·李·伯克　著　王晋新　译

6. 《君士坦丁大帝时代》　［瑞士］雅各布·布克哈特　著　宋立宏　熊莹　卢彦名　译

7. 《语言与心智》　［俄］科列索夫　著　杨明天　译

8. 《修昔底德：神话与历史之间》　［英］弗朗西斯·康福德　著　孙艳萍　译

9. 《舍勒的心灵》　［美］曼弗雷德·弗林斯　著　张志平　张任之　译

10. 《诺斯替宗教：异乡神的信息与基督教的开端》　［美］汉斯·约纳斯　著　张新樟　译

11. 《来临中的上帝：基督教的终末论》　［德］于尔根·莫尔特曼　著　曾念粤　译

12. 《基督教神学原理》　［英］约翰·麦奎利　著　何光沪　译

13. 《亚洲问题及其对国际政治的影响》　［美］阿尔弗雷德·马汉　著　范祥涛　译

14. 《王权与神祇：作为自然与社会结合体的古代近东宗教研究》

（上、下）　〔美〕亨利·富兰克弗特　著　郭子林　李　岩　李凤伟　译

15.《大学的兴起》　〔美〕查尔斯·哈斯金斯　著　梅义征　译

16.《阅读纸草，书写历史》　〔美〕罗杰·巴格诺尔　著　宋立宏　郑　阳　译

17.《秘史》　〔东罗马〕普罗柯比　著　吴舒屏　吕丽蓉　译

18.《论神性》　〔古罗马〕西塞罗　著　石敏敏　译

19.《护教篇》　〔古罗马〕德尔图良　著　涂世华　译

20.《宇宙与创造主：创造神学引论》　〔英〕大卫·弗格森　著　刘光耀　译

21.《世界主义与民族国家》　〔德〕弗里德里希·梅尼克　著　孟钟捷　译

22.《古代世界的终结》　〔法〕菲迪南·罗特　著　王春侠　曹明玉　译

23.《近代欧洲的生活与劳作（从 15—18 世纪）》　〔法〕G.勒纳尔　G.乌勒西　著　杨　军　译

24.《十二世纪文艺复兴》　〔美〕查尔斯·哈斯金斯　著　张　澜　刘　疆　译

25.《五十年伤痕：美国的冷战历史观与世界》（上、下）　〔美〕德瑞克·李波厄特　著　郭学堂　潘忠岐　孙小林　译

26.《欧洲文明的曙光》　〔英〕戈登·柴尔德　著　陈　淳　陈洪波　译

27.《考古学导论》　〔英〕戈登·柴尔德　著　安志敏　安家瑗　译

28.《历史发生了什么》　〔英〕戈登·柴尔德　著　李宁利　译

29.《人类创造了自身》　〔英〕戈登·柴尔德　著　安家瑗　余敬东　译

30.《历史的重建：考古材料的阐释》　〔英〕戈登·柴尔德　著　方　辉　方堃杨　译

31.《中国与大战：寻求新的国家认同与国际化》　〔美〕徐国琦　著　马建标　译

32.《罗马帝国主义》　〔美〕腾尼·弗兰克　著　宫秀华　译

33.《追寻人类的过去》 [美]路易斯·宾福德 著 陈胜前 译

34.《古代哲学史》 [德]文德尔班 著 詹文杰 译

35.《自由精神哲学》 [俄]尼古拉·别尔嘉耶夫 著 石衡潭 译

36.《波斯帝国史》 [美]A. T. 奥姆斯特德 著 李铁匠等 译

37.《战争的技艺》 [意]尼科洛·马基雅维里 著 崔树义 译 冯克利 校

38.《民族主义:走向现代的五条道路》 [美]里亚·格林菲尔德 著 王春华等 译 刘北成 校

39.《性格与文化:论东方与西方》 [美]欧文·白璧德 著 孙宜学 译

40.《骑士制度》 [英]埃德加·普雷斯蒂奇 编 林中泽 等译

41.《光荣属于希腊》 [英]J. C. 斯托巴特 著 史国荣 译

42.《伟大属于罗马》 [英]J. C. 斯托巴特 著 王三义 译

43.《图像学研究》 [美]欧文·潘诺夫斯基 著 戚印平 范景中 译

44.《霍布斯与共和主义自由》 [英]昆廷·斯金纳 著 管可秾 译

45.《爱之道与爱之力:道德转变的类型、因素与技术》 [美]皮蒂里姆·A. 索罗金 著 陈雪飞 译

46.《法国革命的思想起源》 [法]达尼埃尔·莫尔内 著 黄艳红 译

47.《穆罕默德和查理曼》 [比]亨利·皮朗 著 王晋新 译

48.《16 世纪的不信教问题:拉伯雷的宗教》 [法]吕西安·费弗尔 著 赖国栋 译

49.《大地与人类演进:地理学视野下的史学引论》 [法]吕西安·费弗尔 著 高福进 等译 [即出]

50.《法国文艺复兴时期的生活》 [法]吕西安·费弗尔 著 施诚 译

51.《希腊化文明与犹太人》 [以]维克多·切利科夫 著 石敏敏 译

52.《古代东方的艺术与建筑》 [美]亨利·富兰克弗特 著 郝

海迪　袁指挥　译

53.《欧洲的宗教与虔诚:1215—1515》　[英]罗伯特·诺布尔·
斯旺森　著　龙秀清　张日元　译

54.《中世纪的思维:思想情感发展史》　[美]亨利·奥斯本·泰
勒　著　赵立行　周光发　译

55.《论成为人:神学人类学专论》　[美]雷·S.安德森　著　叶
汀　译

56.《自律的发明:近代道德哲学史》　[美]J.B.施尼温德　著
张志平　译

57.《城市人:环境及其影响》　[美]爱德华·克鲁帕特　著　陆
伟芳　译

58.《历史与信仰:个人的探询》　[英]科林·布朗　著　查常平　译

59.《以色列的先知及其历史地位》　[英]威廉·史密斯　著　孙
增霖　译

60.《欧洲民族思想变迁:一部文化史》　[荷]叶普·列尔森普
著　周明圣　骆海辉　译

61.《有限性的悲剧:狄尔泰的生命释义学》　[荷]约斯·德·穆
尔　著　吕和应　译

62.《希腊史》　[古希腊]色诺芬　著　徐松岩　译注

63.《罗马经济史》　[美]腾尼·弗兰克　著　王桂玲　杨金龙
译

64.《修辞学与文学讲义》　[英]亚当·斯密　著　朱卫红　译

65.《从宗教到哲学:西方思想起源研究》　[英]康福德　著　曾
琼　王　涛　译

66.《中世纪的人们》　[英]艾琳·帕瓦　著　苏圣捷　译

67.《世界戏剧史》　[美]G.布罗凯特　J.希尔蒂　著　周靖波　译

68.《20世纪文化百科词典》　[俄]瓦季姆·鲁德涅夫　著　杨明
天　陈瑞静　译

69.《英语文学与圣经传统大词典》　[美]戴维·莱尔·杰弗里
(谢大卫)主编　刘光耀　章智源等　译

70.《刘松龄——旧耶稣会在京最后一位伟大的天文学家》　[美]
斯坦尼斯拉夫·叶茨尼克　著　周萍萍　译

71.《地理学》 [古希腊]斯特拉博 著 李铁匠 译

72.《马丁·路德的时运》 [法]吕西安·费弗尔 著 王永环 肖华峰 译

73.《希腊化文明》 [英]威廉·塔恩 著 陈恒 倪华强 李月 译

74.《优西比乌:生平、作品及声誉》 [美]麦克吉佛特 著 林中泽 龚伟英 译

75.《马可·波罗与世界的发现》 [英]约翰·拉纳 著 姬庆红译

76.《犹太人与现代资本主义》 [德]维尔纳·桑巴特 著 艾仁贵 译

77.《早期基督教与希腊教化》 [德]瓦纳尔·耶格尔 著 吴晓群 译

78.《希腊艺术史》 [美]F·B·塔贝尔 著 殷亚平 译

79.《比较文明研究的理论方法与个案》 [日]伊东俊太郎 梅棹忠夫 江上波夫 著 周颂伦 李小白 吴玲 译

80.《古典学术史:从公元前6世纪到中古末期》 [英]约翰·埃德温·桑兹 著 赫海迪 译

81.《本笃会规评注》 [奥]米歇尔·普契卡 评注 杜海龙 译

82.《伯里克利:伟人考验下的雅典民主》 [法] 樊尚·阿祖莱 著 方颂华 译

83.《旧世界的相遇:近代之前的跨文化联系与交流》 [美] 杰里·H.本特利 著 李大伟 陈冠堃 译 施诚 校

84.《词与物:人文科学的考古学》修订译本 [法]米歇尔·福柯 著 莫伟民 译

85.《古希腊历史学家》 [英]约翰·伯里 著 张继华 译

86.《自我与历史的戏剧》 [美]莱因霍尔德·尼布尔 著 方永 译

87.《马基雅维里与文艺复兴》 [意]费代里科·沙博 著 陈玉聃 译

88.《追寻事实:历史解释的艺术》 [美]詹姆士 W.戴维森 著 [美]马克 H. 利特尔著 刘子奎 译

89.《法西斯主义大众心理学》 [奥]威尔海姆·赖希 著 张
峰 译

90.《视觉艺术的历史语法》 [奥]阿洛瓦·里格尔 著 刘景联
译

91.《基督教伦理学导论》 [德]弗里德里希·施莱尔马赫 著
刘 平 译

92.《九章集》 [古罗马]普罗提诺 著 应 明 崔 峰 译

93.《文艺复兴时期的历史意识》 [英]彼得·伯克 著 杨贤宗
高细媛 译

94.《启蒙与绝望:一部社会理论史》 [英]杰弗里·霍松 著
潘建雷 王旭辉 向 辉 译

95.《曼多马著作集:芬兰学派马丁·路德新诠释》 [芬兰]曼多
马 著 黄保罗 译

96.《拜占庭的成就:公元330～1453年之历史回顾》 [英]罗伯
特·拜伦 著 周书垚 译

97.《自然史》 [古罗马]普林尼 著 李铁匠 译

98.《欧洲文艺复兴的人文主义和文化》 [美]查尔斯·G.纳尔
特 著 黄毅翔 译

99.《阿莱科休斯传》 [古罗马]安娜·科穆宁娜 著 李秀
玲 译

100.《论人、风俗、舆论和时代的特征》 [英]夏夫兹博里 著
董志刚 译

101.《中世纪和文艺复兴研究》 [美]T.E.蒙森 著 陈志坚 等译

102.《历史认识的时空》 [日]佐藤正幸 著 郭海良 译

103.《英格兰的意大利文艺复兴》 [美]刘易斯·爱因斯坦 著
朱晶进 译

104.《俄罗斯诗人布罗茨基》 [俄罗斯]弗拉基米尔·格里高利
耶维奇·邦达连科 著 杨明天 李卓君 译

105.《巫术的历史》 [英]蒙塔古·萨默斯 著 陆启宏 等译
陆启宏 校

106.《希腊-罗马典制》 [匈牙利]埃米尔·赖希 著 曹 明
苏婉儿 译

欢迎广大读者垂询,垂询电话:021—22895540

图书在版编目(CIP)数据

中世纪的模型：英格兰经济发展的历史与理论/(英)约翰·哈彻,(英)马克·贝利著;许明杰,黄嘉欣译. —上海:上海三联书店,2021.8

(上海三联人文经典书库)

ISBN 978-7-5426-7241-4

Ⅰ.①中… Ⅱ.①约…②马…③许…④黄… Ⅲ.①经济史-研究-英国-中世纪 Ⅳ.①F156.193

中国版本图书馆 CIP 数据核字(2020)第 209146 号

中世纪的模型：英格兰经济发展的历史与理论

著　　者 / [英]约翰·哈彻　[英]马克·贝利

译　　者 / 许明杰　黄嘉欣

责任编辑 / 殷亚平

装帧设计 / 徐　徐

监　　制 / 姚　军

责任校对 / 张大伟　王凌霄

出版发行 / 上海三联书店

　　　　　(200030)中国上海市漕溪北路 331 号 A 座 6 楼

邮购电话 / 021-22895540

印　　刷 / 上海展强印刷有限公司

版　　次 / 2021 年 8 月第 1 版

印　　次 / 2021 年 8 月第 1 次印刷

开　　本 / 640×960　1/16

字　　数 / 200 千字

印　　张 / 14

书　　号 / ISBN 978-7-5426-7241-4/F·824

定　　价 / 68.00 元

敬启读者,如发现本书有印装质量问题,请与印刷厂联系 021-66366565